그리스도를 본받아

KB192076

세계
기독교
고전

DE IMITATIONE CHRISTI

그리스도를 본받아

토마스 아 켐피스 | 박문재 옮김

CH북스
크리스천
다이제스트

세계 기독교 고전을 발행하면서

한국에 기독교가 전해진 지 벌써 100년이 넘었습니다. 그동안 수많은 기독교 서적들이 간행되어 한국의 교회와 성도들에게 많은 공헌을 해 왔습니다. 그러나 기독교 역사 100년을 넘어선 우리의 교회와 성도들에게 더 큰 영적 성숙과 진정한 신앙을 심어주기 위해서는 가치있는 기독교 서적들이 많이 나와야 한다고 생각합니다. 그리하여 영혼의 양식이 될 수 있는 훌륭한 기독교 서적들이 모든 성도들의 가정뿐만 아니라 믿지 아니하는 가정에도 흘러 넘쳐야만 합니다.

믿는 성도들은 신앙의 성장과 영적 유익을 위해서 끊임없이 좋은 신앙 서적들을 읽고 명상해야 하며, 친구와 이웃 사람들의 구원을 위하여 신앙 서적 선물하기를 즐기고 읽도록 권해야 할 것입니다. 이것은 하나님의 백성으로서 살기 원하는 사람은 누구나 마땅히 해야 할 의무라고도 하겠습니다.

존 웨슬리는 "성도들이 책을 읽지 않는다면 은총의 사업은 한 세대도 못 가서 사라져 버릴 것이다. 책을 읽는 그리스도인만이 진리를 아는 그리스도인이다"라고 말했습니다. 우리는 이제 한국에서 최초로 세계의 기독교 고전들을 총망라하여 한국의 교회와 성도들에게 소개하고자 합니다. 전세계의 기독교 고전은 모든 기독교인들에게 영원한 보물이며, 신앙의 성숙과 영혼의 구원을 위하여 이보다 더 귀한 것은 없을 것입니다.

이러한 취지로 어언 2천여 년의 세월이 지나는 동안 세계 각국에서 저술된 가장 뛰어난 신앙의 글과 영속적 가치가 있는 위대한 신앙의 글만을 모아서 세계기독교 고전 전집으로 편찬하고자 합니다.

우리는 이 세계 기독교 고전 전집을 알차고, 품위있게 제작하여 오늘날 한국의 교회와 성도들에게 제공하고 후손들에게도 물려줄 기획을 하고 있습니다. 우리는 다시 한번 다니엘 웹스터가 한 말을 깊이 생각해 보아야 할 것입니다.

"만약 신앙 서적들이 우리 나라 대중들에게 광범위하게 유포되지 않고, 사람들이 신앙적으로 되지 않는다면, 우리나라가 어떤 나라가 될지 걱정스럽다 … 만약 진리가 확산되지 않는다면, 오류가 지배할 것이요, 하나님과 그의 말씀이 전파되고 인정받지 못한다면, 마귀와 그의 궤계가 우세할 것이요, 복음의 서적들이 모든 집에 들어가지 못한다면, 타락하고 음란한 서적들이 거기에 있을 것이요, 우리나라에서 복음의 능력이 나타나지 못한다면, 혼란과 무질서와 부패와 어둠이 끝없이 지배할 것이다."

독자들의 성원과 지도 편달을 바라마지 않습니다.

CH북스
발행인 박명곤

차 례

4권 성찬에 관한 경건한 권면

해제

해럴드 C. 가디너(미국 예수회 신부)

1392년의 어느 날 토마스 해멜켄(Thomas Haemerken)이라는 12살 가량의 독일 소년이 네덜란드의 데벤터 시에 있는 플로렌트 라데빈스(Florent Radewijns)의 집 문을 두드렸다. 그는 뒤셀도르프에서 북서쪽으로 24km 가량 떨어진 그의 고향 켐펜(Kempen)에서 이곳까지 긴 여행을 한 것이다. 그의 형인 요한도 몇 년 전에 고향을 떠나 긴 여행을 해서 이곳에 왔는데, 헤르트 흐로테(Geert Groote)가 처음 설립해서 1376년 그레고리우스 11세의 인준을 받았고 지금은 라데빈스(Radewijns)가 지도하는 한 작은 공동체에 가입하기 위해서였다. 이 공동체에서는 라틴어 연구라든지 책의 필사(筆寫), 책의 삽화 그리는 일 등이 활발히 진행되고 있었다.

우리는 그 당시의 장면을 다소 그려볼 수 있다. 중세적인 도시의 자갈이 깔린 도로, 그 도로를 따라 늘어서 있는 단순하면서도 고풍스러운 집들, 그 가운데 한 집의 대문 앞에 독일계 농부를 연상시키는 옷을 입고 있는 한 조그만 독일인 소년이 서 있었다. 그는 딱 벌어진 어깨와 건강한 체구, 다소 부끄러움을 타면서도 조용하고 결심이 굳은 듯한 용모를 지니고 있었다.

토마스가 만년에 지은 그의 작품들은 이러한 그의 성격과 생활 환경을 반영하고 있는데, 다소 검은 듯한 건강한 얼굴 표정, 조용하지만 결심이 확고한 성격, 학구적이고 성찰이 깊은 생활 태도 등이 반영되고 있다. 이처럼 아직 어린 시절에도 토마스는 교육받기를 갈망했고 독서와 명상의 조용한 생활을 원했다. 그가 즐겨 말하던 삶의 좌우명은 "나는 작은 책과 더불어 좁은 구석에 앉아 있는 것 이외에는 어디에서도 결코 휴식을 찾지 못했다"는 것이었다.

아마도 그가 종교적인 생활이나 수도 생활에 대한 부르심을 느낀 것도 그처럼 어린 시절이었는지도 모른다. 이러한 두 가지 생활에 대한 충동 중에서 어느 것이 더 그의 관심을 끌었는지는 우리가 결코 알 수 없다. 그러나 그 당시 생활이 기독교인의 생활이나 수도 생활의 역사, 또는 서구 문학의 역사적 과정을 위하여 매우 중요한 시기였음은 말할 필요도 없다.

토마스는 1379년에서 1380년 사이에 요한과 겔트루데 해멜켄(해멜켄은 "작은 망치"를 뜻한다)의 아들로 태어났다. 그의 아버지는 대장장이였고 그의 어머니는 조그만 어린아이들을 위한 학교를 운영하고 있었다. 토마스는 그가 데벤터 시로 떠나기 전까지는 아마도 어머니가 경영하는 학교에 다녔던 것 같다.

그가 데벤터에 도착한 지 7년이 지났을 무렵 그는 종교적인 생활에 몰입하기로 마음을 먹었다. 그의 형인 요한은 당시 츠볼레 시의 외곽에 위치한 아그네텐베르그의 성 아그네스 산(山) 수도원에서 부원장으로 있었다. 그러나 당시의 규칙에 의하면 특별한 허락이 없는 한 두 형제가 같은 수도원에 머무는 것을 금하고 있었다.

그러나 두 형제의 훌륭한 성품이 공식적으로 인정되어 함께 머물러도 좋다는 허락이 내렸다. 토마스는 1406~1407년 동안에 세 가지 종교의 서약을 했는데, 즉 청빈, 순결, 순종이 그것이었으며 1413년에는 33세의 나이로 사제 직분을 부여받았다.

1425년에 그는 수도원 부원장으로 임명되었으며, 갓 들어온 수도사들을 훈련시키는 직분도 맡게 되었다. 또한 얼마 동안은 수도원의 서무장으로 일하기도 했으나 이러한 행정적인 종류의 일에는 그가 거의 소질이 없다는 것이 곧 판명되었다.

이러한 시기에 그가 몸소 체험한 세계는 특별한 혼란과 방황의 세계였다. 앞에서 우리가 이미 본 바와 같이 한 조그만 독일 소년이 독서와 명상의 화평한 생활을 원하면서 1392년에 데벤터 시의 한 오래된 집 문을 두드렸을 때 참으로 한가롭고 목가적인 분위기를 느꼈을 것이다.

그러나 토마스의 삶은 결코 한가롭지 못했을 뿐만 아니라 그가 살고 있는 세상도 결코 한가롭고 전원적인 분위기가 아니었다. 교회 — 여기에서는 서구 문화 — 의 가장 근본적인 기초마저 흔들리고 무너져 내리는 것 같았다.

14세기 말에서 15세기 초엽에 필립 공과 교황 보니파키우스 8세의 사이가 좋지 못했으며, 바바리아의 루이 황제는 세 명의 교황 즉 요한 22세, 베네딕투스 12세, 클레멘트 6세와 싸움을 벌였다. 기독교도 국민들은 두 명 또는 세 명의 "대립 교황들"(anti-Popes) 가운데서 성 베드로의 진정한 후계자를 찾고자 했다.

그 시대의 방황과 혼란은 비단 정책이나 외교의 세계에만 국한된 것은 아니었다.

수도원들이나 수녀원들이 때때로 내부적인 불화로 인하여 분열되었고, 외부 세계의 격동은 하나님의 평화가 지배해야 할 장소나 영혼 속까지 파고들었다.

종교란 결코 건전한 상태가 아니었다. 그러나 그리스도의 교회에서 종종 일어나는 것처럼 영적인 마비와 혼란의 와중에서 하나님께서는 위대하고 고귀한 영혼들을 깨워 일으키셨으니, 곧 이탈리아 시에나의 성 카타리나, 독일의 하인리히 주조와 작센의 루돌프, 프랑스의 장 샤를르 드 제르송과, 네덜란드의 헤르트 호로테를 비롯한 '오늘의 헌신 운동'(Devotio Moderna)의 추종자들이 바로 그들이었다.

켐펜의 토마스가 1392년의 바로 그날부터 접촉을 갖기 시작한 이 단체는 어떤 종교적인 체계를 구성하거나 집단을 형성하지는 않았고 단지 초기 기독교인들의 경건한 삶을 가능한 한 많이 본받아서 살아가겠다는 결심을 굳혔다. 이러한 운동이 확산되자 이에 동조하는 많은 사람들이 자신의 가정에서 조용히 살아가면서도 영적인 삶과 군건한 신앙을 유지하기 위하여 노력했고, 특히 사제직을 맡은 사람들은 자신이 속한 공동체에서 옛 사도들을 본받아 더욱 경건한 삶을 살기 위해 애썼다.

그들의 성격은 아마도 그들이 즐겨 사용한 '공동 생활 형제단'(The Brothers of the Common life)이라는 단순한 명칭에 의해 가장 잘 드러나는 것 같다. 그들의 가르침은 '오늘의 헌신'이라고 부르는데, 이 운동으로 인하여 그들은 그들의 생각으로는 지나치게 과장되고 우월한 신비주의에 몰두하는 사람들로부터 구별되기를 바랐다. 그들의 주요한 목적들 가운데 하나는 그 시대에 팽배되어 있는 종교적 방종에 대한 하나의 치료책으로 경건한 종교 생활을 심화시키는 것뿐만 아니라 건전한 가르침을 증진시키는데 있었다. 15세기 말엽에 공동 생활 형제단이 주관하는 학교는 독일 전역은 물론 네덜란드까지 확산되었고 에라스무스 같은 사람도 그들의 영향을 받았다. 그들의 가르침이, 플란더스의 산문이 뛰어난 순결성의 단계에 이르렀다고 평가되던 시대에까지 영향을 미쳤다는 사실은 주목할 만한 일이라 하겠다.

이 공동 생활 형제단이 모든 곳에서 존경스러운 눈길을 받는 것은 아니었다. 그들은 하나님의 사랑으로 자유로이 가르쳤으며, 물건이나 헌금을 요구하거나 받는 것이 허용되지 않았고 오직 일용할 양식을 얻기 위해서만 일했다. 이러한 이유 때문에 이해 관계가 있는, 적지 않은 종교적 혹은 일반적인 단체 모두가 그들을 곧장 위험스러운 개혁자들로 몰아붙이기 시작했다. 그러나 그들은 1376년에 교황 성 그레고리우스 11세의 승인을 얻었고 차츰차츰 성장하여 쿠사의 니콜라스 같은 위대한 추기경들의 후원을 받기도 했다.

1384년 헤르트 흐로테가 44세 초반에 죽을 병으로 눕게 되었을 때, 그는 그의 형제단이 좀 더 확고하고 안정된 조직이 필요하다고 생각했고, 그리하여 그들로 하여금 성 아우구스티누스의 교회 법규를 채택하도록 촉구하였다. 그러므로 토마스가 성 아그네스 수도원에 들어가 서약을 했을 때, 그는 엄격한 의미에서 참된 종교 생활을 시작했지만 그의 수도원 생활은 아직도 여전히 공동 생활 형제단의 정신을 간직하고 있었다.

흐로테의 소망은 1387년 츠볼레로부터 남쪽으로 6km 가량 떨어진 빈데샤임이라는 곳에 형제단 건물이 설립됨으로써 최초로 실효를 거두게 되었다. 빈데샤임과 츠볼레에 있는 두 형제단 수도회의 연대기로부터 토마스의 일생에 대한 여러 가지 사실적인 기록들이 발견되었다.

그가 처음 공부를 시작한 데벤터 시는 형제단의 한 독립적인 기관이었다. 18세기 말엽에는 단지 두 곳의 기관만이 남게 되었으니, 종교개혁의 거대한 물결이 80여 개에 이르는 다른 기관들을 전부 일소해 버렸고 한때는 2,000여 명이 넘는 학생을 보유했던 데벤터의 기관도 같은 길을 걷고 말았다. 마지막으로 남아 있던 두 기관은 1811년 11월 14일 나폴레옹에 의해서 탄압을 받아 없어졌고 최후로 남아 있던 형제들마저도 1854년 제베나(Zevenaar)에서 세상을 떠나고 말았다.

당대의 종교적인 격동은 1422년에 토마스의 눈 앞에 직접적으로 다가왔으니, 때마침 위트레흐트 교구에 있는 4개 교회의 참사회 의원들은 사망한 블랭큰헴의 프레드릭 공을 계승하여 대주교의 자리에 디폴트의 루돌프를 지명했다. 그러나 교황 마르틴 5세는 루돌프가 배운 것이 없고 거의 저능아에 가까울 정도로 무능하다는 사실을 알아내고는 그들의 지명을 무시하고 쿨렌보그(Culenborg)의 소이더(Seuder)를 임명했다. 그러나 그 교구의 시민들은 루돌프를 원했으며 소이더를 맞이하는 것을 거절했다. 교황은 즉시 그 교구를 파문에 처해 버렸으므로, 죽음이 임박했을 때와 같은 심각한 필요가 있는 경우를 제외하고는 성찬식이 금지되었다. 그 교구의 주민들은 영성체나 고해성사는 물론 그들이 교황에게 복종할 때까지 미사를 드리는 것조차 금지되었다.

위트레흐트의 시민들은 마침내 그 교구에 속한 성직자들에게, 그들에게 성례를 베풀든지 아니면 나가라고 요구했다.

토마스가 속해 있던 수도회는 교황에게 불복종하는 것보다는 차라리 망명을 택하여 1429년 6월 11일에 하링겐 부근의 루넨케르크(Lunenkerk)의 수도원으로 옮겨갔다. 그의 형인 요한의 건강이 나빠지고 있었으며 망명으로 인한 환경의 변화 때문에 더욱 악화되어 갔다.

마침내 그는 3년 후에 아른하임 근처의 베다니에서 사망하고 말았다. 토마스는 15년 동안이나 그의 선배이자 상관으로서 매우 가깝게 지내던 그의 친형이 죽은 직접적이고도 고통스러운 경험을 통하여 당대의 종교적 무질서가 무엇을 의미하며 무엇을 초래하고 있는지를 깊이 깨달았다. 이것이 바로 그의 저서「그리스도를 본받아」가, 좋고 건전하긴 하지만 동떨어지고 이론적인 영적 교훈이 아니라, 아주 진실하고 경험적 어조의 설득력 있는 책이 된 한 가지 이유가 될 것이다. 토마스는 속세로부터 물러나 수도 생활을 할 것을 강력히 권하고 있으나 이러한 은둔 생활은 토마스가 뜻하고자 했던 바 그대로 이해되어야 하며 몇몇 주석가들이 자기 나름의 생각을 삽입시켜 설명하는 대로 이해되어서는 안 될 것이다.

그의 형이 사망한 이후 토마스는 그 수도원에서 여러 가지 다른 직분을 부여받았으며 1448년에는 두 번째로 부원장의 자리에 선출되기도 했다. 그러나 그 이후의 20년 동안에 그는 학생이자, 상담자, 필사자 및 저자로서 매우 조용한 생활을 영위했다. 그의 펜 끝으로부터 「그리스도를 본받아」 이외에도 많은 훌륭한 작품들이 쏟아져 나왔는데(그 저술들 중에「그리스도를 본받아」는 단지 10분의 1 정도의 분량이다), 그 중에는 설교집, 수도사와 초신자의 훈육을 위한 글들, 그리고 성 리드빈(St. Lydwine)과 헤르트 흐로테의 전기 등이 포함되어 있다.

그는 1471년 6월 25일에 사망했는데, 성 아그네스 수도원의 연대기에는, "이로써 그의 삶은 완성에 이르게 되었으니, 이 때가 성 야고보의 축제일이었으며, 그의 나이 91세, 종교생활 63년째, 수도생활 58년째 되는 해였다"라고 기록되어 있다.

그의 주검은 수도원의 묘지에 안치되었다가 종교개혁 이후 2세기가 지난 뒤에 그 수도원이 폐허에 이르자 츠볼레로 옮겨서 성 미카엘 교회에 안치되었다. 1897년에 그의 무덤 앞에 하나의 기념비가 세워졌는데 이것은 전 세계 각지에서 모금된 기금으로 세워진 것이었다. 그 비문은 이러했다.

토마스 아 켐피스를 기념하기 위해서가 아니라 그의 명예를 위해서. 그의 이름은 어떤 기념비보다도 오래 남으리라.

물론 그의 가장 영구적이고 참된 기념비는 성경 다음으로 세상에서 가장 널리 읽혀지고, 가장 많은 사랑을 받는 종교적으로 알려진 불멸의 작품 「그리스도를 본받아」라고 할 것이다. 1427년경에 이 책이 완성된 이후 「그리스도를 본받아」는 시대와 장소를 뛰어넘어 전 세계로 퍼져나가기 시작했다. 1450년 초기에는 250여 종의 사본들이 만들어졌고, 오늘날에는 700여 종 이상의 사본이 세상에 남아 있다.

이 책은 1472년에 최초로 인쇄되었고, 1483년 베니스에서 또 다른 책이 인쇄되어 1500년 이전까지 50번 이상이나 재판되었다. 1779년에는 대략 1,800여 종류의 책과 번역본이 나오게 되었다. 그 이후 이 책이 얼마나 자주 편집되고 번역되었는지 계산한다는 것은 불가능하다.

이제 토마스 아 켐피스의 걸작은 그 자신을 제외하고는 이 세상에 사는 거의 모든 사람에게 알려지고 또한 제각기 소유하고 있을 정도로 매우 놀랍고 탁월한 수훈을 성취하기에 이르렀다. 몇세기를 지나는 동안 토마스 아 켐피스가 아닌 또 다른 스물다섯 명 가량의 "저자"들이 제시되었는데, 그들중에는 성 베르나르, 성 보나벤투라, 작센의 루돌프, 장 드 제르송, 헤르트 흐로테 등등이 포함되어 있다. 사실 이 황금 같은 메시지를 누가 썼느냐 하는 것은 그다지 중요한 일이 아니므로 학자들이나 따지고 논쟁할 일이며, 독자들은 누가 그것을 썼든 다만 이 책을 충분히 탐독하여 놀라운 생명의 잔치에 나아가야 할 것이다.

여기에서 이 책의 저자가 과연 누구인가 하는 의문을 깊이 파고들 필요는 없다. 「그리스도를 본받아」의 가장 오래된 원고에는 저자의 이름이 적혀 있지 않다. 1434년에 요한 드 벨레르베가 쾰른 근처에 있는 바인바하 수도원의 공동 생활 형제단에게 이 책을 선사했을 때, 그는 마치 저자가 일부러 알려지기를 원치 않는 것처럼 말했다.

"저자는 그 자신의 이름을 나타내기를 원치 않았다. 그러나 예수 그리스도께서는 그의 이름을 잘 알고 계시므로 그는 영원한 보상을 받게 될 것이다."

다른 사람들에 의해서 토마스의 이름이 저자로서 처음 나타나게 된 것은 1447년의 원고로부터 시작된다. 그러나 그 후에 쏟아져 나온 수많은 번역본에는 "이 책은 츠볼레 근처의 성 아그네스 수도원의 수도사였던 토마스 아 켐피스에 의해 만들어졌다"라는 내용의 추신이 포함되어 있다.

이 책의 저자일지 모른다고 많은 사람들이 여기고 있는 다른 두 사람은 파리대학의 총장이었던 장 드 제르송(Jean de Gerson, 1363-1429)과 공동 생활 형제단의 창시자인 헤르트 흐로테이다. 제르송의 이름이 나오게 된 것은 15세기로 거슬러 올라가는데, 1460년에 나온 한 번역본에 그의 이름이 나타난 것에 기인하여 그 후 많은 저서에서 그의 이름이 등장하였다. 최근의 연구에 의하면, 그가 저자일지도 모른다는 가능성을 강력히 배제하고 있다. 그 이유는 「그리스도를 본받아」가 명백하게 수도사의 작품이기 때문이며(제르송은 한 교구의 사제였다), 그 문체가 네덜란드어의 관용적 표현에서조차 토마스의 다른 작품에 쓰여진 문체와 매우 흡사하며, 또한 이 책의 저자는 공동 생활 형제단의 오늘의 헌신 운동의 정신에 깊이 몰입했을 뿐만 아니라 그들이 즐겨 사용하던 성경 구절이나 빈데샤임 근처에 있던 무리들에게 큰 영향력을 지녔던 성 아우구스티누스와 성 베르나르의 문구들에 상당히 의존하기 때문이다.

1924년경에 이르러 헤르트 흐로테가 저자라는 주장이 많은 학자들의 관심을 끌기 시작했다. 이러한 주장은 1441년 토마스 자신의 손으로 썼다고 여겨지는 한 원고에 근거를 두고 있는데, 그 원고는 다음과 같이 끝을 맺고 있다. "츠볼레 근처의 성 아그네스 수도원에서 토마스 아 켐피스 형제의 손에 의해 1441년에 완성되다."

실제로 「그리스도를 본받아」는 이보다 전에 완성되었고 토마스는 그 당시에 곧잘 행해지던 하나의 작업으로서 자신이 직접 또 하나의 사본을 만들었을는지도 모른다. 그러나 어떤 사람들은 이러한 행동은 그가 다만 필사자에 불과함을 증명하고 있다고 주장한다.

그들은 또한 이 1441년의 원고에는 성찬식에 대한 내용이 제4권으로 되어 있는데, 사실상 사고와 문체의 진행을 고려할 때 제3권이 되어야 더 적절하다는 점을 지적하고 있다. 필사자들은 내용의 흐름에 대해서는 별로 아는 게 없거나 관심을 두지 않기 때문에 그러한 실수를 저지를 수 있다는 것이다.

또한 그들이 궁극적으로 주장하는 것은 「그리스도를 본받아」에 나타난 주된 교훈은 속세로부터 벗어나 내적인 명상과 고독 속으로 침잠하라는 것인데, 이것이야말로 흐로테가 자신의 영적 생활이나 공동 생활 형제단의 근거로 삼은 뛰어난 교훈이라는 것이다. 그러나 이러한 이론은 무려 700여 종류가 넘는 사본들 중에서 어느 하나도 흐로테의 이름을 저자로 삼지 않았으며, 빈데샤임 수도원 및 수녀원에 소속한 연대기 편자나 저술가들이 「그리스도를 본받아」가 그곳을 창설한 사람의 작품이라고 기록한 적이 한 번도 없다는 사실과 충돌하고 있다.

내가 보기에는 일찍이 논의되지 않은 또 하나의 어려움이 「그리스도를 본받아」를 쓸 당시의 토마스의 나이에 관한 문제이다. 언뜻 보기에 이 책은 꽤 나이 지긋한 사람 혹은 최소한 성숙한 어른의 명상들을 소중하게 다룬 것처럼 보인다. 이 책은 사실상 몇몇 사람들이 생각하는 것처럼 젊은 사람을 위한 책이 아니다.

그러므로 저자는 젊은 시절을 보낸 지 오랜 세월이 지난 어른임에 틀림없으며, 또한 그가 사용한 문체나 액센트는 그의 젊은 시절 혹은 당대의 젊은이들 사이에 이해될 수 있는 것들을 사용하지 않았다. 만약 토마스가 이 책을 썼다면, 그가 이 책을 완성했을 당시의 나이는 47세 가량 되었을 것이다. 언뜻 생각하면 이러한 추정은 터무니없는 것처럼 보이지만 우리는 최근에 일어난 일들을 기억할 수 있다.

토머스 머턴(Thomas Merton)이 겟세마네의 트래피스트 수도원에 들어갔을 당시 그의 나이는 스물여섯 살이었다. 이 현대의 토마스는 그와 이름이 같은 옛날의 토마스처럼 곧고 직선적인 신앙의 길을 걷지는 않았다. 그는 여기저기를 방황했으며 많은 것들을 추구하고 탐색하는 등 켐펜의 토마스가 일찍이 결코 상상도 하지 못한 길을 따라 돌아다녔다.

그러나 토머스 머턴은 그의 「칠층산」(Seven Story Mountain)이라는 작품에서 옛날의 토마스가 이야기했던 것과 똑같은 이야기들, 즉 방황하는 마음과 천국의 사냥

개에 대해서 말하고 있다. 20세기의 토머스 머턴이 서른세 살의 나이에 그와 같은 이야기를 할 수 있었을진대, 14세기에 살았던 또 한 사람의 토마스가 47세의 나이에 그러한 내용을 말하지 못할 까닭이 무엇이겠는가? 결국 한 아우구스티누스회 수도사가 46, 7세의 나이에 이 책의 내용을 말했던 것이다.

「그리스도를 본받아」는 1460년에 어느 알려지지 않은 번역가에 의해 라틴어에서 영어로 번역되었는데 그는 제4권을 빠뜨리고 있다. 이 번역은 필사본이었다. 최초로 인쇄된 영어판 번역본은 1502년에 윌리엄 앳킨슨(William Atkinson)이라는 케임브리지 출신의 학자에 의해 만들어졌는데 이 책도 역시 처음의 3권만 포함하고 있다.

1503년에 헨리 7세 대왕의 어머니인 마가레트 뷰포르트 왕비(Lady Margaret Beaufort)가 프랑스 판에서 제4권을 번역했다. 앳킨슨 - 뷰포르트 번역의 합본이 16세기 초엽에 수없이 인쇄되었다. 1530년에는 휘트퍼드(Whitford) 번역본이 등장했는데, 이 번역본이 오늘날 출판되는 많은 책들의 근간이 되고 있다.

여기서 잠깐 리처드 휘트퍼드(Richard Whitford)의 생애를 살펴보기로 하자. 그는 1476년에 웨일스 지방의 홀리웰 부근에 있는 플린트셔에서 태어났다. 그는 1495년에 케임브리지에서 퀸스 칼리지의 특별 연구원으로 선출되었다. 다음 해에 그는 5년 동안의 휴가를 얻어 마운트조이 영지의 4번째 영주인 윌리엄 블론트를 따라 신부로서 대륙으로 건너갔는데, 그가 언제 어디서 성직 임명을 받았는지는 알려지지 않고 있다.

1498년에 그가 영국으로 돌아오자마자 그는 곧 윈체스터 주교인 리처드 폭스의 보좌 신부로 임명되었다. 1507년에 그는 미들섹스 지방, 일스워드에 있는 시온 하우스의 브리지틴 수도원에 들어갔는데(그는 종종 자기 자신을 가리켜 익살스럽게 "시온의 걸인"이라 칭하곤 했다), 여기서 그는 풍부한 저술의 경력을 쌓기 시작했고 1555년에 사망함으로써 그의 일생은 막을 내렸다.

그의 경건한 논문들은 널리 읽혀졌으며 영어 문장의 뛰어난 매력과 호소력 있는 표현으로 인하여 유명해졌다. 이러한 그의 뛰어난 자질은 「그리스도를 본받아」를 옮긴 그의 번역본에서 아름답게 나타나고 있으며, 「전국 인명사전」(Dictionary of National Biography)에서는 그의 저서를 "문체와 느낌에 있어서 유명한 고전의 원본을 가장 훌륭하게 영어로 옮긴 저서"라고 부르고 있다.

휘트퍼드의 번역본이 가장 학문적인 저서로서 등장한 것은 참으로 획기적인 일이 아닐 수 없으며, 에드워드 J. 클라인 신부(Rev. Edward J. Klein)는 1939년 초기영어교재협회(Early English Text Society)를 위하여 이 책을 준비했다. 이 책이 지닌 많은 아름다움 가운데서 그는 문체의 간결성과 솔직성, 성찬식을 묘사하는 부분에 나타난 언어의 운율이 마치 수도사들의 찬송가에 깃들어 있는 리듬을 연상시키는 점, 그리고 책 전반을 통해 솟아오를 듯한 영혼의 참신함이 흘러넘치는 점 등을 지적하고 있다.

재미있는 점은 휘트퍼드가 이 책을 번역하면서 즐겨 사용한 어휘가 "즐거운"(merry)과 "기쁜"(glad)이라는 점이다. 만일 그가 원본이 지닌 의미와 정신을 충실하게 나타내고자 노력했다면, 원저자인 토마스는 몇몇 주석가들이 제나름대로의 생각에 따라 우리에게 말하는 것처럼 반사회적인 은둔과 칩거의 생활을 설교하는 우울한 사람이라고 단정할 수는 없다.

휘트퍼드의 문학적 영향력은 마땅히 받아야 할 정도의 주의를 끌지 못해 왔다. 이는 그의 번역이나 작품이 연대적으로 잘못 기록되어 있어서 학자나 비평가의 관심을 끌지 못했기 때문이다. 클라인 신부는 그의 번역작품이 1556년에 완성되었다는 모든 그릇된 오류를 깨뜨리고 1530년이라고 확정적으로 설정해 놓았다.

16세기 초엽에 영국의 산문은 지나친 수식과 가식의 위험에 빠져 있었는데, 몇몇 의식있는 작가들이 문체에 지나친 장식어나 수식구 붙이는 것을 거부하고 명백하고 간결하며 신선한 문체를 유지하기 위해 노력하고 있었다.

이러한 작가들 가운데 뛰어난 인물이 바로 토머스 모어 경이다. 사실상 우리가 지금 알고 있는 바와 같이 그를 '영국 산문의 아버지'라고 부르는 데에는 충분한 이유가 있었던 것이다. 휘트퍼드와 모어는 친한 친구 사이였다. 이러한 사실은 예를 들면 에라스무스가 두 번째로 영국을 방문했을 때 그가 휘트퍼드에게 써보낸 편지 내용에서 명백히 나타나 있다.

에라스무스는 모어와 자기 자신에 대해 말하면서 휘트퍼드에게 이렇게 썼다. "당신은 우리 둘을 똑같이 사랑하고 있소. 또한 우리 둘에게 당신은 똑같이 귀중한 사람이오." 또한 모어는 「그리스도를 본받아」에 대한 휘트퍼드의 번역판을 거의 틀림없이 알고 있었을 것이다. 만약 그가 이 번역판을 확실히 알고 있었다면 그의 나무랄 데 없이 뛰어난 감각과 예리한 판단력은 여기에 참으로 귀중한 영어 문체의 보석이 있음을 간파했을 것이다.

휘트퍼드가 미친 영향력은 아주 다른 또 하나의 방향에서 광범위하게 추적될 수 있다. 그의 번역본은 16세기를 통틀어 빈번하게 인쇄되었으므로 일반 독자들이나 저술가들 사이에 광범위한 독자층을 보유하게 되었고, 의문의 여지 없이 1611년에 성경 번역을 준비했던 사람들도 그것을 아주 잘 알고 있었다. 클라인 신부의 말에 의하면, "이 성경 번역가들은 이 책의 알기 쉬운 문체, 간결하고 생생하며 신선한 표현에서 깊은 영향을 받았다. 그것은 휘트퍼드의 표현을 사용하면 '빨리 솟아나오는 샘물'과 같은 것으로서 그곳으로부터 영어 문장의 주요한 흐름이 아름다움과 생명력을 지니고 흘러나오는 것이다."

「그리스도를 본받아」는 문체 이외에도 또 다른 면에서 상당한 문학적 영향력을 지니고 있다. 예를 들어, 토머스 드퀸시(Thomas DeQuincey)는 이 책이 성경 구절들을 아주 적절하고 효과있게 이용한 것에 대하여 칭찬을 아끼지 않고 있다(이 책의 제4권에 이르기까지 통틀어 850군데의 성경 구절들이 직접 인용되거나 또는 암시되어 있다). 찰스 킹슬리(Charles Kingsley)는 이 책이야말로 고귀한 영혼을 위한 학교라고 말하였고, 새뮤얼 존슨, 토머스 칼라일, 그리고 다른 여러 사람들이 이 책의 이같은 특성에 대하여 같은 뜻으로 말했다. 이 책은 이 책을 읽는 각각의 독자들에게 제각기 특별한 메시지를 지니고 있으며 적극적이고 영감을 주는 교훈을 전달하고 있다.

비록 휘트퍼드가 이 책을 번역하면서 "즐거운", "기쁜" 등의 어휘를 즐겨 사용했지만, 이 책은 종종 염세적이고 반(反) 지성적이며 패배적이고 부정적인 면이 많다고 일컬어져 왔다. 이 책의 배경으로 깔려 있는 오늘의 헌신 운동에 대해 언급하면서 필립 휴 신부는 그의 「교회사」에서 다음과 같이 말했다.

"이 책이 지니는 가장 주목할 만한 약점은 어디에서도 가톨릭의 교리와 직접적으로 연관된 신앙심을 찾아볼 수 없다는 점이다. 이는 마치 이 책에 나오는 대부분의 내용이 가톨릭적이거나, 특별하거나, 필수적인 것들이 없다는 말과도 같다. 교회가 하나님의 은총에 의하여 창건되는 근거가 되는 교리들과 신앙심을 연관시키는 데에 어떠한 주의도 기울이지 않았다는 점은 그것이 의도적이었기 때문에 더욱더 심각한 면을 지닌다. 그러나 물론 이 책을 저술하거나 번역한 작가들이 가톨릭의 교리에 대해 무관심했거나 적대적이었던 것은 아니다. 그들은 모두가 뛰어난 기독교인들이었고 신앙심뿐만 아니라 열정과 사랑도 온전한 가톨릭교도들이었다. 그들은 아마도 교리적인 기초는 이미 알려지고 받아들여진 것으로 전제했을 것이다. 그러나 그들은 당시의 형식적인 신앙이나 과도한 형식에 대해서 격렬하게 반발하는 가톨릭교도들이었다."

휴 신부가 제시한 이러한 문제는 사실상 위험스러운 것임을 알 수 있는데, 왜냐하면 경건한 신앙심이 교리적인 기초로부터 벗어나면 자칫 감상적이고 잘못될 우려가 있기 때문이다. 그는 이렇게 말했다.

"'오늘의 헌신 운동'의 방향이 신학적으로 전혀 무지한 사람들의 손에 함부로 넘겨지면, 모든 종류의 탈선과 그릇된 신앙이 야기될 가능성이 많다. 그렇게 되면 오늘의 헌신이란 영적으로 유익하고 좋은 것이 아니라 단지 자연적으로 좋은 것에 대한 신앙, 즉 친절, 예의, 청결함 등등에 대한 신앙으로 변질될 수 있다. 즉 저자는 자신도 모르는 사이에 스스로 좋다고 생각하는 것을 가르치게 되며 이로 인해 기독교 신앙에 대한 혼란이 야기되는 것이다."

이것은 매우 타당하고 현명한 견해이며 처음으로 「그리스도를 본받아」를 접하게 되는 독자는 특히 마음에 새겨야 할 것이다. 이 작은 책은 결코 기독교 신앙의 전부가 아니며 다만 기독교 신앙의 지극히 작은 단편일 뿐이다. 이 작은 단편 자체도 교리적인 것이 아니며 현저하게 지적인 내용도 아니다.

휴 신부가 언급한 것은 이 책의 특별한 문학적 표현에 적용된다기보다는 이 책의 전체적인 흐름에 적용된다. 의심할 여지 없이 신앙의 교리적인 기초에 대하여 부주의했던 이러한 형태의 책은 종교개혁을 위한 길을 트고 있는 여러 가지 사상에 영향을 미쳤을 것이다. 그리하여 토마스는 종교개혁을 위한 선구자로 인정을 받기도 한다.

「그리스도를 본받아」가 그 영역이나 교리적인 기초에 있어서 한정되어 있는 하나의 이유는 이 책이 수도사들을 위하여 쓴 한 수도사의 저술이기 때문이다.

이 말은 모든 수도사들이 그들의 가르침이나 저술에서 건전한 교리적 기초를 갖고 있지 않다는 뜻이 아니다. 좁은 안목으로 이 책을 대하는 독자가 오해를 할 소지가 있다는 뜻이다. 예를 들어, 토마스가 "특별한 교제"를 피하라고 말했을 때, 그는 수도사들에게 속세에 살고 있는 사람들과의 "특별한 교제"라고 일컫는 것을 피하라고 권고하고 있다. 이러한 교제는 너무나 배타적이기 때문에 다른 사람들을 냉정하게 쫓아 버릴 수도 있고, 반드시 모든 사람들에게 고루 베풀어져야 할 자비심에 하나의 장애가 될 수도 있는 것이다.

그러나 확실히 우리가 토마스에 대하여 알고 있는 모든 것은 그가 결코 냉정하고 고립된 인간이 아니라는 사실을 지적해 주고 있다. 형에게 보여준 그의 친밀함은 그가 결코 친족이나 우정의 유대에 대하여 무감각한 사람이 아니라는 것을 나타내 준다.

한편 번역하는 과정에서 때때로 지나치게 과장된 어조가 나타나기도 한다. 예를 들어 "비천한"(vile)이라는 단어는 토마스가 육체적으로 "썩어질"(corruptible)이라는 단어와 자주 연관시켜 사용한 어휘인데, 원래 라틴어 어원인 "vilis"라는 단어의 뜻은 단순히 "아주 적은 가격으로 구입할 수 있는, 별로 가치가 없는"이라는 뜻이다. 실제로 수도사들은 육체를 비천하게 여기고 경멸했다기보다는 하나님이 만드신 아름다운 피조물 가운데 하나로서 잘 보존되어야 한다고 생각했으며, 영혼과 비교해 보아 진실로 가치가 적다고 생각했던 것이다.

또한 토마스의 반(反)지성주의가 지나치게 강조되어 있다. 그는 사실상 인간이 지닌 허망함에 대하여 이야기했으며, 무가치한 지식을 얻으려는 모든 학문을 나쁘게 평했던 것처럼 보인다. 아마도 「그리스도를 본받아」에서 가장 유명한 구절은, "나는 다만 회개에 대한 정의를 아는 것보다는 내 죄에 대하여 회개하는 편이 훨씬 낫다"라는 구절일 것이다.

어떤 사람은 이렇게 묻고 싶어질 것이다. 회개하는 것과 그것을 정의할 수 있다는 것이 도대체 무엇이 잘못된 것인가? 그런데 다른 구절들 속에서 토마스는 연구와 사색의 정당성을 이야기하면서, 지식의 추구에 지나친 억측과 자만심은 피해야 한다고 경고하고 있다.

토마스와 빈데샤임의 수도사들이 아마도 반(反)지성주의자들은 아니었을 것이라고 추측하는 사실적이고 역사적인 근거는, 츠볼레와 빈데샤임에 가난한 청소년들을 위하여 수도사들이 설립한 학교가 매우 번창했고 에라스무스 같은 사람들에게도 영향을 끼쳤다는 점이다. 만일 이러한 학교들이 문법이나, 작문, 읽기 이상의 것들을 가르치지 않았더라도, 이 정도의 범위에서 세상적인 지식을 전하려 했던 수도사들의 아낌없는 수고는 그들이 지식을 단지 헛되고 무용한 죄악의 근원으로 여기지 않았다는 사실을 강력히 나타내 주고 있다.

「그리스도를 본받아」에는 경건한 두려움뿐만 아니라 겸손과 평화의 정신이 숨쉬고 있다. 만일 토마스가 죄악에 대한 회개와 우리가 거역했던 하나님에 대한 경외심을 강력히 주장하고 있다면, 그는 그러한 회개와 경외심이 지니는 궁극적인 목표가 곧 기독교인의 신앙과 참된 기쁨이라는 사실을 기억하고 있는 것이다. 이러한 점에서 비추어 볼 때 그가 비록 교리에 근거하여 이런 것들을 설명하지 않았다고 할지라도 그는 올바른 입장에 서 있다고 말하지 않을 수 없다.

기독교인의 삶은 두 가지 양면성을 지니고 있다. 즉 자기 자신을 믿지 못하고 자신의 힘만으로는 죄악을 벗어나 은총 속에서 자랄 수 없다고 하는 무능의 고백이 그 하나요, 하나님의 은총에 대한 확고한 믿음을 지니고 그로 인하여 우리에게 모든 것이 가능하다고 믿는 자신감이 다른 하나이다.

「그리스도를 본받아」를 읽거나 이에 대해 깊이 생각할 때에 위와 같은 것들을 마음에 새겨 두었다면, 독자는 이 책이 얼마나 귀중한 고전인가를 발견하게 될 것이다. 이 책은 기독교 신앙에 대한 완전한 설명서가 아니라 우리의 영적인 생활을 심화시켜 주는 일련의 명상들이라고 이해되어야 할 것이다.

토마스 자신의 말 가운데 그는 우리에게 "거룩한 성경 말씀 속에서 문체에 대한 호기심보다는 영적인 유익을 구해야 한다"고 권하고 있다. 만일 독자들이 자신은 지금 훌륭한 신앙의 고전을 마주 대하고 있다는 사실을 인식하면서 이 책으로부터 무엇보다도 영적인 유익을 구하고자 노력한다면, 위와 같은 토마스의 권고를 망각해 버리는 결과는 초래하지 않을 것이다.

아무쪼록 이 책이 모든 독자들에게 영적인 유익과 참된 삶의 기쁨을 가져다주는 끊임없이 솟아나오는 샘물이 되기를 간절히 바란다.

토마스 아 켐피스의 배경 :

"오늘의 헌신" 운동

홍치모(전 총신대학교 교수)

오늘의 헌신(Devotio Moderna) 운동은 네덜란드의 데벤터(Deventer)에서 출생한 헤르트 흐로테(Geert Groote 1340-1384)의 회심에서 시작되었다. 이 운동의 중심지는 항시 데벤터였으며 흐로테는 자기의 집을 공동 생활 자매단(Sisters of the Common Life)의 숙소로 제공하였다. 흐로테는 자기의 제자 12인을 택하여 장차 수행할 사업을 준비하던 중 1384년 흑사병으로 죽었다. 그리고 그가 제자들에게 준 감화력은 대단한 것이었으며 그를 사모하고 추종하던 제자들은 그의 유언에 따라 공동 생활 형제단(Brethren of the Common Life)을 조직하기에 이르렀다.

그가 이와 같은 운동을 전개하게 된 동기는 어디까지나 순수한 종교적인 것이었고 그의 심령의 깊은 곳에서 우러나온 소명적 결과라 할 수 있겠다. 형식과 무지와 빈곤 속에서 방황하던 그 당시의 교회와 특히 수도원은 절망적인 질식 상태에 있었다. 흐로테는 교회와 수도원 개혁의 필연성을 절감하고 우선 수도사들의 무력하고도 타락한 생활에 대하여 경종을 울렸고 일반 평신도에게까지도 한층 더 열정적이고 청빈한 신앙생활의 필요성을 강조하였다.

Devotio Moderna는 "Present Day Devotion" 즉 "오늘의 헌신"을 의미하는 것이었다. 하나님에 대한 오늘의 헌신을 생활의 신조로 삼고 나아가는 흐로테와 그의 제자들에게 호응하여 데벤터와 츠볼레(Zwolle)에 운집한 젊은 성직자들과 수도사들 그리고 학생들은 각기 적합한 형제단에 가입하여 단체 생활의 첫걸음을 밟게 되었다. 형제단의 생활 목표는 원시 기독 교회를 모방한 것이었다. 기성 교회의 성직자나 수도사들도 형제단에 가입하여 같이 생활할 수 있었고, 그들은 주로 기독교 고전 문헌(사본)을 필사하여 그것을 판매한 수입으로 생활을 지탱하였으며 동지들의 적극적인 헌금이 도움이 되기도 하였다.

공동 생활 단원들의 일상 생활은 '3시에서 4시 사이에 기상'하는 것에서부터 시작하여 아침 식사 시간까지 자유로운 기도와 독서를 규칙으로 삼았으며 식사 시간에는 일체 침묵을 지키는 것이 통례로 되어 있었다. 저녁 때까지는 각기 맡은 일과에 전념하였다. 병자를 방문하는 일, 전도하는 일, 어린 소년들을 가르치는 일이었으나 무엇보다 중요한 과업은 고전을 필사하는 일이었다. 저녁 식사 후 8시까지는 각기 자유로운 시간을 가질 수 있었고 8시 이후부터는 형제들을 방문한 방문객들도 돌아가야만 했다. 8시 반이면 취침 시간으로 그날의 일과는 모두 끝이었다.

주일이 되면 형제들은 숙소마다 집회를 열고 성경을 낭독한 후 성경 구절을 해석하는 것을 예배의 중심으로 삼았다. 성경 구절의 해석은 형제들 중 누구를 막론하고 자유로운 의견을 제출할 수 있었고 논의의 대상이 될 수 있는 문제(학문 혹은 신앙)가 야기되었을 때에는 흉금을 터놓고 몇 시간이고 진지한 토론을 전개시켰다. 이와 같은 분위기 속에서 학문 연구의 기풍과 정신이 싹트지 않았을까?

더구나 흥미있는 사실은 만약 어떤 사람이 형제단에 가입하여 공동 생활에 참가할 것을 희망하면 형제 단원들은 입단하기를 청원하는 사람의 건강 상태를 시험하여 보고 정신력 여부를 테스트하였다. 그리고 라틴어로 문장을 자유자재로 읽으며 쓸 줄 아는 것과 독서를 진정으로 사랑하는가를 검토한 후, 적격자로 인정을 받게 될 때에는 1년을 테스트 기간으로 같이 생활할 것을 허락하였다. 훈련기간 중 아무 사고 없이 맡은 과업과 책임을 성실하게 완수했을 경우에야 비로소 정식 단원으로 인정하였다. 형제들과 생활하는 도중 어떤 사정으로 말미암아 공동생활에서 벗어날 수밖에 없을 때에는 언제든지 공동 생활에서 이탈할 수 있었고, 일단 이탈한 후엔 다시 가입할 수 없었다.

그러면 오늘의 헌신 운동의 주동적 구성원으로 되어 있는 공동 생활 형제단을 어떻게 평하여야 할까? 로이스브루크(Ruysbroeck), 타울러(Tauler), 주조(Suso), 에크하르트(Eckhart) 등과 같이 범신론적 신비주의자들로 갈파하여야 될 것인가? 이에 대하여 하이마(Hyma) 교수는 형제 단원들을 가리켜 "실천적 신비주의자들"(Practical Mystics)이라고 부르고 있다. 즉 그들은 정적 상태에서 신과 직통으로 연합하려는 노력이나 의지가 전혀 없었고 오히려 예수님의 말씀대로 이웃 사랑하기를 내 몸과 같이 하였고 낮에는 힘써 노동함으로써 그 대가로 얻는 수입으로 불쌍한 사람들을 구제하는 것이 그들의 목적이었다. 한 걸음 더 나아가, 타락한 교회를 개혁시키는 일이 그들의 궁극적 목표였으며, 그러기 위해서 가장 타당한 방법은 자라나는 청소년들을 교육시키는 일과 그들을 하나님께 인도하는 것이었다.

　흐로테가 활약한 분야는 비단 교회의 개혁과 개인을 영적으로 자각시키는 일만이 아니었고 향학열에 불타는 청소년들의 교육 문제에 지대한 관심과 열의를 품고 있었다. 특히 저녁이 되면 때때로 학생들을 자택에 초대하여 고전을 읽어 주고 학문 연구에 관한 토론도 시켰다. 데벤터나 츠볼레에 거주하는 지식인들 중에는 특히 교사들과 밀접한 교제를 가지면서 지식과 교양을 쌓는 사람이 적지 않았다. 교사 중에서 흐로테의 마음에 든 사람이 후에 데벤터 학교를 확장시키는데 큰 도움을 준 요한 켈레(John Cele)였다. 그는 본래 츠볼레의 시립학교에서 가르치던 중 흐로테의 종교 사상에 큰 감화를 받자 간접적으로 형제단과 관계를 맺게 되었다. 켈레는 여러 지방에 산재하고 있는 학생들을 800명이나 흡수하는데 성공하였고, 오늘날 우리들이 실시하고 있는 중등교육 제도를 창안하여 내놓은 선구자였다.

　흐로테와 켈레의 실천적인 교육 활동에 용기를 얻은 공동 생활 형제들의 관심은 점차 교육 방면으로 집중되었다. 그 당시 낡은 사상으로 고질화되어 버린 성인(成人)들과, 타락하여 교인들의 영혼에 대하여는 아무 관심 조차 없는 성직자나 수도사들을 재교육시킨다는 것은 매우 어려운 일이었다. 그러므로 교회를 개혁시키는 효과적인 방법은, 일선에서 활동하고 있는 수도사들을 대신할 수 있는 사람으로서, 세속에 물들지 않은 청소년들을 교육시키는 길밖에는 없었다.

　1450년까지 형제 단원들 중에서 직접 청소년들을 교육시키는 단원의 수는 실제적으로 제한되어 있었다. 대부분의 형제들은 합숙소에서 고전을 필사하여 학생들과 연구자들에게 판매하는 것이 중요한 사업이었으나 인쇄술의 발명으로 고전의 가격은 떨어졌으므로 1475년경부터 이들 공동 생활 형제들은 자신의 수입을 다른 곳에서 마련하지 않으면 안 되었다. 그리하여 다수의 형제 단원들은 일선 교사로 그들의 직업을 전향시켰다. 인쇄술의 발명과 고전의 다량 보급은 형제 단원들로 하여금 고전을 필사하는 처지에서 고전을 깊이 연구하고 가르치는 지위로 향상시켜 주었다.

15세기 중엽까지만 하여도 공동 생활 형제들은 인문주의자들의 교육원리에 영향을 받지 않았다고 하이마(Hyma) 교수는 언급하고 있다. 그들의 교육방법은 여전히 중세적이었고(그들의 학과 내용과 교과 과정은 Cele 이후 약간 변경되었으나) 교과서는 구태의연하였다. 그러나 1455년경부터 형제 단원 중 어떤 진보적인 형제는 이탈리아 인문주의 사상과 그 교육 원리에 접촉하기 시작하였으며 특히 이탈리아의 인문주의자 발라(Valla)와 피치노(Ficino)의 작품들을 탐독하기 시작하였다는 것이다.

오늘의 헌신 운동이 당대의 지도적인 인문주의자들의 교훈을 직접적으로 흡수하였다고 단정짓는 것은 아직 속단일지는 모르나 다수의 형제 단원 중에는 급진적인 개혁자들 측에 가담하여 교황과 스콜라주의를 공격하고 심지어는 자기네들이 사용하고 있는 교과서를 비웃고 있었다는 것만은 사실이었다. 이들은 이미 흐로테나 켈레가 시작한 저 숭고한 개혁 운동의 참된 대표들이라고 볼 수 없고 후대의 "성경적 인문주의자(Biblical Humanists)"나 "기독교 인문주의자(Christian Humanists)"의 전신이었다고 보아야 옳을 것이다.

이와 같이 오늘의 헌신 운동의 내부가 스스로 변화를 겪으면서 발전해 가고 있을 무렵 흐로테의 추종자들 중에서 다른 한 갈래의 집단을 형성하고 있는 무리가 있었다. 소위 "빈데샤임 회중의 아우구스티누스 참사회(The Augustinian Canons Regular of the Congregation of Windesheim)"라고 부르는 단체로서 아우구스티누스회 수도원의 정신과 규칙을 생활의 규범으로 삼는 준수도원적인 성격을 띠고 활약하는 무리들이었다. 그들이 아우구스티누스회의 규범을 선택한 것은 비교적 온건한 복음에 입각하고 있었기 때문이었다. 그들은 1386년 츠볼레 시 동남 5km 지점에 있는 빈데샤임(Windesheim)에 자리를 잡았다. 이리하여 1400년경에는 데벤터 시 북방 5km 지점에 있는 디펜벤(Diepenveen)에 수도원을 건립하였는데 이는 공동 생활 자매단(Sisters of the Common Life)보다 더 종교적이고 조직적으로 발전되어 나타났다.

15세기를 통하여 이 지역에 산재하고 있었던 수도원은 거의 흐로테의 제자들의 영향을 받아 빈데샤임의 회중(The Congregation of Windesheim)에 가입되었고 약 300 곳이 넘는 수도원이 직접 혹은 간접적으로 오늘의 헌신 운동의 영향 아래 있었다. 이미 기술한 바와 같이 오늘의 헌신 운동 자체에 있어서 두 갈래의 흐름을 다음과 같이 구분지을 수 있다. 즉 공동 생활 형제들 중의 어떤 이들과 빈데샤임 (Windesheim) 수도원의 대부분의 형제들은 로이스브루크나 에크하르트, 그리고 주조와 타울러의 신비적 요소가 농후한 친구들이었다고 볼 수 있으며, 이들을 대표하는 이가 곧 토마스 아 켐피스(Thomas A. Kempis)라고 할 수 있을 것이다.

반면 이들과는 달리 나머지 형제들은 진보적이며 좀 더 합리적인 요소를 내포하면서 정신적 또는 물질적인 의미에서 적극적인 활동을 전개시킨 형제들이었고 그들을 대표하는 사람들은 흐로테 자신을 비롯하여 라데빈스(Radewijns)와 제르볼트 (Zerbolt)였다고 볼 수 있다. 특히 후자에 속한 형제들은 그들의 활동 원리를 거의 성경과 초대 교회 교부들의 저서에서 끄집어 냈다는 사실이다.

공동 생활 형제단에는 기성 교회와 같이 어떤 강력한 권력의 뒷받침이나 조직체 같은 배경도 없었고 또한 체계적인 교리(Dogma)도 없었다. 오직 원시 기독교의 순수한 신앙과 생활로 돌아가려는 종교적인 정열과 학구적인 정신만이 충만되어 있었다. 그러나 이들의 운동이 종교적인 것에만 국한되었던 것이 아니고 고전 연구와 보급 및 헌신적인 교육 사업 등 다채로운 활동은 북구 문예부흥 운동의 모체로서 견고한 초석이 되어 주었다.

1권

영적 삶에 유익한 권면들

De Imitatione Christi

제1장

그리스도를 본받고,
세상과 그 모든 헛된 것들을 멸시함

1. 주님께서는 "나를 따르는 자는 어둠에 다니지 않을" 것이라고 말씀하셨습니다 (요 8:12). 이것은 그리스도의 말씀이고, 우리가 참된 빛을 받아서, 마음의 온갖 눈먼 것으로부터 벗어나고자 한다면, 그리스도의 삶과 성품을 본받을 것을 권면합니다. 그러므로 우리가 가장 힘써야 할 것은 예수님의 삶을 깊이 묵상하는 것입니다.

2. 그리스도의 가르침은 성인들의 모든 가르침보다 더 뛰어나고, 그리스도의 영이 있는 사람은 그분의 가르침 속에 숨겨진 만나를 발견합니다. 많은 사람들이 복음을 자주 들어도 감동을 별로 받지 못하는 것은, 그들에게 그리스도의 영이 없기 때문입니다. 그러므로 그리스도의 말씀을 온전히 제대로 깨닫고자 하는 사람은 자신의 삶 전체로 그리스도의 삶을 본받고자 하여야 합니다.

3. 하나님 앞에서 낮아지지 않고 겸손하지 않아서 삼위일체 하나님을 기쁘시게 해드리지 못하는 사람이, 삼위일체 하나님에 대한 해박한 지식을 고상한 말로 늘어놓는다고 해서, 그것이 무슨 유익이 있겠습니까? 해박한 지식과 고상한 말이 그 사람을 거룩하고 의롭게 만들어 주는 것이 아니라, 은혜 안에서 겸손한 삶을 살아가는 것이, 그 사람을 하나님 앞에서 사랑받게 만들어 줍니다. 그러므로 나는 어떤 것들에 대한 심오한 정의에 대하여 잘 아는 사람이 되기보다는, 내 심령 안에서 회개가 일어나 실제로 낮아져서 진정으로 겸손한 사람이 되고 싶습니다.

   어떤 사람이 성경 전체를 줄줄이 다 꿰고 있을 뿐만 아니라, 모든 철학자들의 금언들도 빠짐없이 다 암송하고 있다고 해도, 그 사람에게 사랑과 은혜가 없다면, 그 모든 것이 다 무슨 소용이 있겠습니까? 하나님을 사랑하고, 오직 하나님만을 섬기는 것 외에는, "헛되고 헛되며 모든 것이 헛됩니다"(전 1:2). 세상을 멸시하고, 천국을 향하여 나아가는 것이야말로, 최고의 지혜입니다.

4. 언젠가는 없어져 버릴 부를 추구하고, 재물을 의지하는 것은 헛된 일입니다. 명예를 탐하여, 높은 지위에 오르고, 자기 자신을 높여, 사람들의 칭송을 받는 것은 헛된 일입니다. 육체의 욕망들을 따라 살아가는 것은 헛된 일일 뿐만 아니라, 나중에 엄중한 벌을 받게 됩니다. 선한 삶을 사는 데에는 별로 관심이 없고, 오직 오래 살기만을 바라는 것은 헛된 일입니다. 오로지 현세의 삶만을 생각하고, 장래에 찾아오게 될 내세의 일들을 미리 준비하지 않는 것은 헛된 일입니다. 신속하게 지나가 버릴 일들에 대해서 연연해하면서, 영원한 기쁨이 있는 곳으로 발걸음을 재촉하지 않는 것은 헛된 일입니다.

5. "눈은 보아도 족함이 없고 귀는 들어도 가득 차지 아니하도다"(전 1:8)라는 잠언을 늘 마음에 새기십시오. 당신의 마음으로 하여금 눈에 보이는 것들을 사랑하는 것을 중단하게 하고, 눈에 보이지 않는 것들을 향하게 하십시오. 왜냐하면, 감각적인 것들을 좇는 사람들은 자신의 양심을 더럽히고 하나님의 은혜를 잃게 되기 때문입니다.

제2장

자기 자신을 하찮게 생각함

1. 사람에게는 누구나 알고자 하는 욕망이 있습니다. 그러나 하나님을 경외함이 없는데, 하나님에 관한 어떤 심오한 것을 안다고 해서, 그것이 그 사람에게 무슨 유익이 있겠습니까? 자기 자신이 낮아져서 하나님을 열렬히 섬기는 시골 농부가, 자기 자신을 살피는 데에는 관심이 없고, 오로지 천체의 운행을 관찰하고 연구하는 일에만 몰두하는 교만한 철학자보다 더 낫다는 것은 분명합니다.

   자기 자신을 잘 아는 사람은 스스로 자기가 보잘것없는 존재라는 것을 알기 때문에, 사람들의 칭찬을 기뻐하지 않습니다. 내가 세상에 있는 모든 것들을 안다고 해도, 내게 사랑이 없다면, 장차 나의 행실에 따라 나를 심판하실 하나님 앞에서 그러한 지식이 무슨 소용이 있겠습니까?

2. 무엇인가를 알고자 하는 지나친 욕망을 경계하십시오. 왜냐하면, 그러한 욕망 속에는 망상에 사로잡혀서 어떤 것이라도 들쑤시지 않으면 견디지 못하고 안절부절못하는 성향이 들끓고 있는 것이기 때문입니다.

   어떤 것들을 많이 아는 사람들, 즉 유식한 사람들은 사람들에게 자기가 유식해 보이는 것을 좋아하고, 지혜로운 자라는 말을 듣기를 좋아합니다. 하지만 지식들 중에는, 우리 영혼에 전혀 또는 별로 유익이 되지 않는 것들이 많고, 자신의 구원에 도움이 되지 않는 것들에 많은 힘을 쏟는 것은 정말 지혜롭지 않은 일입니다.

   많은 지식과 심오한 말은 우리 영혼을 만족시켜 주지 않지만, 선한 삶은 우리 마음을 시원하게 해 주고, 깨끗한 양심은 우리에게 하나님에 대한 큰 확신을 가져다줍니다.

3. 당신이 더 많이 알고 더 잘 이해하는데도, 당신의 삶이 그만큼 더 거룩해지지

않는다면, 당신은 더 혹독한 심판을 받게 될 것입니다. 그러므로 당신이 가지고 있는 어떤 뛰어난 재능이나 지식으로 인하여 교만해져서는 안 되고, 도리어 그러한 재능이나 지식이 당신에게 주어져 있다는 사실을 두려워하십시오. 당신이 많은 것들을 알고 잘 이해하고 있다는 생각이 든다면, 당신이 알고 있지 못한 것들이 훨씬 더 많다는 것도 명심하십시오. 스스로 안다고 생각하여 마음이 높아져서 자고하지 말고, 도리어 당신의 무지함을 고백하십시오.

성경에 대해서 당신보다 더 해박하고 깊게 아는 사람들이 많은데, 왜 당신은 자신이 다른 사람들보다 더 낫다고 생각하여 스스로 자고한 것입니까? 당신이 무엇인가 유익한 것을 알고 깨닫기를 원한다면, 남들이 당신을 알아주지 않는 것을 좋아하고, 남들이 당신을 아무것도 아닌 사람으로 생각하는 것을 좋아하십시오.

4. 자기 자신이 하찮은 존재라는 사실을 제대로 잘 아는 것이야말로 가장 온전한 최고의 지식입니다. 자기 자신을 아무것도 아닌 존재로 생각하고, 언제나 다른 사람들이 나보다 더 낫고 훌륭하다고 생각하는 것이 크고 온전한 지혜입니다.

어떤 사람이 대놓고 죄를 짓거나 극악무도한 범죄를 저지르는 것을 보더라도, 당신이 그 사람보다 더 낫다고 여겨서는 안 됩니다. 왜냐하면, 당신이 죄를 짓지 않고 괜찮은 상태로 살아가는 것이 얼마나 지속될 것인지는 아무도 장담할 수 없기 때문입니다.

사람이라면 누구나 다 연약하지만, 당신은 당신 자신보다 더 연약한 사람은 없다고 생각하여야 하고, 그 생각을 단 한순간이라도 놓아서는 안 됩니다.

제3장

진리의 교훈

1. 덧없고 허망한 수사들이나 말들이 아니라, 분명하게 드러나 있는 진리 그 자체로부터 가르침을 받는 사람은 복이 있습니다(시 94:12).

   우리 자신의 판단이나 느낌들은 흔히 우리를 속여서 진리를 제대로 볼 수 없게 만듭니다. 우리에게 감춰져 있어서 잘 알지 못하는 것들에 대해서, 입에 거품을 물고 열변을 토한다고 해서, 그것이 우리에게 무슨 유익이 되겠습니까? 우리가 그런 것들을 알지 못한다고 해서, 하나님께서 최후의 심판 때에 우리를 책망하시겠습니까?

   우리에게 꼭 필요하고 유익한 것들은 등한히 한 채, 호기심에 이끌려서 우리에게 해로운 것들에 마음을 쓰는 것은, 너무나 어리석은 일입니다. 그것은 눈이 있어도 보지 못하는 것입니다.

2. 생물을 분류하는 데 사용되는 "속"(屬)이나 "종"(種) 같은 사변적인 개념들이 우리와 무슨 상관이 있습니까? "영원하신 말씀"으로부터 듣는 사람은 온갖 사변으로부터 해방된 사람입니다.

   이 "말씀"으로부터 만물이 창조되어 존재하고, 만물이 이 "말씀"을 선포합니다. 이 "말씀"이 만물의 근원이고, 우리에게 말하고 있는 것도 이 "말씀"입니다.

   이 "말씀" 없이는 아무도 올바르게 깨달을 수도 없고 제대로 판단할 수도 없습니다. 만물이 이 "말씀"으로부터 나와서 이 "말씀"으로 돌아가고 이 "말씀" 안에 존재하는 것을 아는 사람은 안식을 얻고, 하나님 안에서 평안을 누릴 수 있습니다.

   "오, 진리이신 하나님, 나로 하여금 영원한 사랑 안에서 주님과 하나가 되게 해 주소서. 많은 것들을 읽고 듣는 것이 자주 나를 지치게 합니다. 내가 원하고 사모하는 모든 것은 주님 안에 있사오니, 주님 앞에서 모든 박사들로 입을 다물게 하시고, 모든 피조물로 잠잠하게 하시며, 오직 주님께서만이 내게 말씀하소서."

3. 마음이 단순해질수록, 사람은 애쓰거나 수고하지 않아도 더 많은 것들과 더 깊은 것들을 깨닫게 됩니다. 그런 사람은 위로부터 오는 명철의 빛을 받기 때문입니다. 그의 마음은 순전하고 단순하며 견고해서, 많은 일을 하여도 흐트러지지 않습니다. 왜냐하면, 그런 사람은 모든 일을 하나님의 영광을 위하여 하고, 전혀 자기 자신의 유익을 구하려고 하지 않기 때문입니다.

당신을 무엇보다도 더 방해하고 괴롭히는 것은, 당신의 마음속에서 죽지 않고 펄펄 살아 있는 육정이 아닙니까? 선하고 경건한 사람은 자기가 해야 할 일들에 앞서 그 마음이 정리되어 있기 때문에, 어떤 일들을 할 때에 악한 욕망에 끌려가지 않고, 모든 일을 올바른 이성의 판단에 따라 행합니다.

자기 자신을 이기려고 고군분투하는 사람보다 더 치열하고 힘든 싸움을 싸우는 사람이 어디 있겠습니까? 자기 자신을 이기고, 날마다 더 강해지며, 더욱 더 성장해 나가는 것이야말로 우리가 힘써야 할 일입니다.

4. 현세에서 완전하다고 하는 모든 것들은 불완전한 부분을 아울러 지니고 있고, 그것들을 관찰하고 사고하는 우리의 모든 능력에도 일정 정도 결함이 존재합니다. 그러므로 심오한 지식을 추구하는 것보다는, 자기 자신을 대단한 존재로 여기지 않고 스스로 낮아지는 것이, 하나님께로 나아가는 더 확실한 길입니다.

지식은 그 자체로는 좋은 것이고, 하나님께서 정하신 것이기 때문에, 지식을 나쁜 것으로 치부해서는 안 되지만, 우리가 언제나 가장 우선시해야 할 것은 선한 양심과 선한 삶입니다.

흔히 많은 사람들이 잘못된 길로 행하여 선한 열매를 전혀 또는 거의 맺지 못하는 이유는, 선한 삶을 사는 것보다 지식을 추구하는 것에 더 열심을 내기 때문입니다.

5. 만일 사람들이 논쟁을 일삼는 데 들이는 관심과 노력을, 악을 뿌리 뽑고 덕을 세우는 일에 쏟는다면, 이 세상에는 이렇게 많은 악한 일들과 추한 일들이 없을 것이고, 수도원에도 이러한 방종함이 없을 것입니다. 장차 저 최후의 심판의 날에 하나님께서는 우리에게 무엇을 읽었는지가 아니라 무엇을 행하였는지를 물으실 것이고, 얼마나 말을 잘하였는지가 아니라 얼마나 거룩하게 살았는지를 물으실 것입니다.

   당신이 잘 알고 있는 사람들 중에서, 이 세상에 살아 있는 동안에 학식으로 이름을 날렸던 대가들과 박사들이 지금은 어디에 있는지를 내게 한 번 말해 보십시오. 생전에 그들이 앉아 있던 자리들은 이미 다른 사람들이 차지하고 있고, 그 후임자들은 자신들의 선임자들이었던 그 대가들과 박사들을 단 한 번도 생각한 적이 없을 것입니다. 그들이 살아 있는 동안에는 꽤 중요한 사람들처럼 보였지만, 지금은 아무도 그들에 대하여 말하지 않습니다.

6. 세상의 영광은 너무나 신속하게 지나가 버립니다! 만일 그들이 자신들이 그토록 열심히 추구하였던 지식에 부합하는 삶을 살았더라면, 그들이 읽고 연구하였던 많은 것들이 그래도 그렇게 헛되지는 않았을 것입니다.

   이 세상에는 하나님을 섬기는 데에는 관심이 없고, 오로지 헛된 지식을 추구하다가, 스스로 멸망해 가는 사람들이 얼마나 많은지 모릅니다. 그런 사람들은 낮아지기보다는 높아져서 위대한 사람이 되고자 하였기 때문에, "그 생각이 허망하여졌습니다"(롬 1:21).

   자기 자신을 보잘것없는 자로 여기고, 온갖 최고의 명예를 아무것도 아닌 것으로 여기는 사람이 진정으로 위대한 사람입니다. 그리스도를 얻기 위하여 세상에 속한 모든 것들을 배설물로 여기는 사람이 진정으로 지혜로운 사람입니다. 자신의 뜻을 버리고 하나님의 뜻을 행하는 사람이 진정으로 아는 사람입니다.

제4장

사려 깊게 행함

1. 다른 사람들이 하는 말이나 우리 자신의 느낌을 모두 다 믿지 말고, 그것이 하나님으로부터 온 것인지 아닌지를, 인내심을 가지고 꼼꼼히 살펴야 합니다.

   안타깝게도, 우리 인간은 연약해서, 다른 사람들에 대하여 좋게 말하고 좋은 쪽으로 믿기보다는 나쁘게 말하고 나쁜 쪽으로 믿는 것이 몸에 배어 있습니다. 하지만 온전한 사람들은, 인간은 그 연약함으로 인해서 악에 이끌리며 말에 실수하기 쉬운 존재라는 것을 잘 알기 때문에, 다른 사람들이 하는 말들을 쉽게 믿지 않습니다.

2. 경솔하게 행하지 않고, 자기 생각을 고집하지 않는 것이 큰 지혜입니다. 하지만 다른 사람들이 하는 말들을 다 믿거나, 자기가 들은 말을 즉시 다른 사람들의 귀에 옮기는 것은 지혜가 아닙니다.

3. 자기 자신의 생각을 따르지 말고, 지혜와 양심을 지닌 사람에게 조언을 구하고, 자기보다 더 나은 사람으로부터 가르침을 받으십시오. 선한 삶을 살아가는 사람은 하나님이 보시기에 지혜로운 자가 되어서, 많은 것들을 경험하고 알게 됩니다. 스스로 낮아져서 하나님께 순종할수록, 그 사람은 모든 일에서 더 지혜롭게 되고 더 사리가 밝아지게 될 것입니다.

제5장

성경을 읽음

1. 우리가 성경에서 구해야 할 것은 고상하고 멋진 말들이 아니라 진리여야 합니다. 모든 성경은 그 말씀을 기록한 영을 따라 읽어야 합니다. 우리는 성경에서 고상하고 멋진 말들을 배우려고 하지 말고, 우리 자신에게 유익한 교훈들을 배우려고 하여야 합니다. 그러므로 우리는 심오하고 어려운 책들만 읽으려고 하지 말고, 경건하고 단순한 책들도 읽어야 합니다.

    저자가 학식이 많고 대단한 사람이든, 배운 것이 별로 없는 이름 없는 사람이든, 저자의 권위를 보고 책을 읽는 것이 아니라, 진리 그 자체를 사랑하는 마음으로 책을 읽어야 합니다. 또한, 어떤 말을 누가 했는지를 따지지 말고, 그 말이 무슨 말인지를 깨닫는 데 집중하십시오.

2. 사람들은 이 땅에 와서 잠시 살다가 가지만, 하나님의 진리는 영원합니다. 하나님은 사람을 차별하지 않으시고, 각 사람에게 이런저런 다양한 방법으로 말씀하십니다. "호기심"이 성경을 읽는 데 방해가 되는 일이 흔히 있는데, 그냥 넘어가도 될 부분을 어떻게든 이해하려고 꼬치꼬치 캐묻는 것이 바로 그런 경우입니다.

    성경을 읽어서 유익을 얻고자 한다면, 겸손하고 단순한 마음으로 하나님을 의지하는 가운데 읽어야 하고, 성경을 잘 아는 사람이라는 명성을 얻기 위하여 읽어서는 절대로 안 됩니다.

    성인들의 말을 기꺼이 구하고 잠잠히 경청하십시오. 옛 사람들의 경구나 금언들을 무시하지 마십시오. 그런 것들은 다 이유가 있어서 전해지는 것이기 때문입니다.

제6장

무절제한 욕망

1. 어떤 것에 대하여 지나친 욕망을 품게 되면, 그 즉시 그 사람은 불안해지게 됩니다. 교만하고 탐욕스러운 사람은 결코 안식을 누리지 못하는 반면에, 가난하고 겸손한 심령을 지닌 사람은 깊은 평안 가운데서 살아갑니다.

   자기 자신에 대하여 아직 완전히 죽지 않은 사람은 별 것 아닌 작고 사소한 일에도 쉽게 유혹을 받아 넘어집니다. 심령이 연약하고, 여전히 육신적이어서 감각적인 쾌락에 끌리는 사람은, 세상적인 욕망들로부터 완전히 벗어나기 어렵습니다. 그래서 그런 사람은 그 욕망들을 채우지 못하면 우울해하고, 그 욕망들을 채우는 것을 누가 반대하면 쉽게 분노합니다.

2. 사람이 자신이 끌리는 대로 행하였다면, 그 즉시 양심의 정죄를 받아서 괴로워하게 됩니다. 왜냐하면, 그것은 자신의 욕망을 채운 것일 뿐이고, 욕망을 채운다고 해서, 자신이 원하였던 평안을 얻을 수 있는 것은 결코 아니기 때문입니다. 따라서 마음의 참된 평안은 욕망을 채울 때가 아니라, 욕망을 대적할 때에 찾아옵니다.

   그러므로 육신을 따라 살아가면서 외적인 일들에 몰두하는 사람의 마음에는 평안이 없는 반면에, 성령을 따라 그 마음으로 하나님을 열렬히 섬기는 사람의 마음에는 평안이 있습니다.

제7장

헛된 야망을 버리고,
자기를 높이는 것을 피함

1. 사람이나 그 어떤 피조물을 의지하여 살아가는 것은 허망한 삶입니다. 우리 주 예수 그리스도의 사랑으로 말미암아 다른 사람들을 섬기는 것을 부끄러워하지 말고, 이 세상에서 보잘것없는 사람으로 취급받는 것도 부끄러워하지 마십시오. 자기 자신을 믿지 말고, 하나님께 소망을 두십시오.

   지금 할 수 있는 일을 하십시오. 그러면, 하나님께서 당신의 선한 의도를 도우실 것입니다. 자신이 아는 것이나 그 어떤 사람의 명철을 의지하지 말고, 겸손한 자를 도우시고 교만한 자를 낮추시는 하나님의 은혜를 의지하십시오.

2. 당신이 가지고 있는 부나 당신의 힘 있는 친구들을 자랑하지 말고, 모든 것을 주고자 하신 뿐만 아니라, 모든 것에 더하여 자기 자신을 주시기를 원하시는 하나님을 자랑하십시오. 풍채가 훌륭하거나 외모가 아름다운 것을 자랑하지 마십시오. 그런 것들은 조금만 아파도 망가져서 못쓰게 되어 버리고 맙니다.

   자신에게 뛰어난 재능이나 재주가 있든 없든, 그런 것들을 가지고 만족해하거나 못마땅해하지 마십시오. 우리가 가지고 있는 모든 천부적인 은사들은 다 하나님께서 자신의 뜻을 따라 각 사람에게 나누어 주신 것이기 때문에, 그런 것들을 만족해하며 자랑하거나 못마땅해하며 불평하는 것은 둘 다 하나님을 노여우시게 하는 일입니다.

3. 자기가 다른 사람들보다 더 낫다고 여기지 마십시오. 만약 당신이 그렇게 여긴다면, 사람 속에 무엇이 있는지를 아시는 하나님께서는 당신이 다른 사람들보다 더 못하다고 여기실 것입니다.

   선한 일들을 했다고 자랑하지 마십시오. 왜냐하면, 하나님의 판단은 사람들의 판단과 달라서, 사람들을 기뻐하게 하는 일들이 하나님을 노여우시게 하는 일들인 경우가 많기 때문입니다.

당신에게 선한 것이 있다면, 다른 사람들 속에는 선한 것이 더 많이 있다고 믿고서, 늘 겸손하십시오. 자신을 모든 사람들 아래에 두는 것은 전혀 해로운 일이 아니지만, 자신이 단 한 사람이라도 그 위에 있다고 여기는 것은 지극히 해로운 일입니다.

겸손한 사람에게는 늘 평안이 있는 반면에, 교만한 사람의 마음속에는 시기와 분노가 끊임없이 들끓습니다.

제8장

사람들과 지나치게 친밀하게 지내는 것을 경계함

1. 누구에게나 마음을 열어서는 안 되고, 오직 하나님을 경외하는 지혜로운 사람과 대화하십시오. 젊은 사람들이나 낯선 사람들과는 자주 어울리지 말고, 부자들에게 아부하지 말며, 유명인들과 어울리는 것을 좋아하지 마십시오.

   겸손한 사람들과 소박한 사람들, 경건하고 덕 있는 사람들과 사귀고, 그런 사람들과의 대화를 통해 서로의 덕을 세우십시오. 어떤 여자와도 친밀하게 지내지 말고, 모든 선한 여자를 다 똑같이 하나님께 부탁하십시오.

   오직 하나님과 그의 천사들과만 친밀하게 교제하기를 구하고, 사람들과의 사귐은 피하십시오.

2. 모든 사람에 대하여 사랑하는 마음을 가져야 하지만, 모든 사람과 친밀하게 지내는 것은 유익하지 않습니다. 우리가 어떤 사람을 직접 보지 않았을 때에는, 그 사람에 대하여 무척 존경하는 마음을 지니고 있다가도, 실제로 직접 눈으로 보고 난 후에는 실망하게 되는 일이 종종 일어납니다.

   우리는 우리 자신이 어떤 사람들과 함께 하며 친밀하게 지낼 때에 그 사람들을 기쁘게 해줄 수 있을 것이라고 생각하지만, 흔히 그 사람들은 우리와 친밀하게 지내는 동안에 우리 속에서 결점들을 발견하고서는 도리어 실망하게 됩니다.

제9장

순종과 복종

1. 우리가 우리 자신의 주인이 되어서 모든 것을 우리 자신이 결정하고 행하는 것이 아니라, 권세 아래에서 순종하며 살아가는 것은 정말 좋은 일입니다. 권세를 가지고 다스리며 살아가는 것보다, 권세 아래에서 복종하며 살아가는 것이 훨씬 더 안전합니다.

   하나님의 사랑으로 인하여 순종하는 삶을 사는 것이 아니라, 어쩔 수 없어서 복종하며 사는 사람이 많습니다. 그런 사람들은 불만에 가득 차서, 조그만 일에도 불평합니다. 하나님의 사랑으로 인하여 온 마음을 다하여 복종하는 삶을 사는 사람만이 마음의 평안을 얻습니다.

   자신의 뜻을 따라 이렇게 해보고 저렇게 해보아도 안식을 얻을 수 없고, 하나님께서 당신 위에 세우신 권세 앞에 겸손히 복종할 때에만 안식을 얻을 수 있습니다. 자신이 처해 있는 위치나 신분을 바꾸면 행복해질 수 있을 것이라는 거짓말에 많은 사람들이 속아 왔습니다.

2. 사람은 누구나 자기가 하고 싶은 일을 하고자 하고, 자기 마음에 드는 사람들에게 더 끌리는 법입니다. 그러나 우리가 하나님의 사람들이라면, 우리는 종종 평화의 복을 위하여 우리 자신의 생각을 고집하지 않고 포기하여야 할 때가 있습니다.

   모든 것에 대하여 완전한 지식을 갖고 있는 완벽하게 지혜로운 사람이 어디 있겠습니까? 그러므로 자신의 생각을 지나치게 믿지 말고, 다른 사람들의 생각을 기꺼이 경청하십시오.

   우리 자신이 생각해 낸 것이 좋은 것이라고 할지라도, 하나님의 사랑을 인하여 자신의 생각을 버리고, 다른 사람의 생각을 따른다면, 그것은 한층 더 큰 유익이 될 것입니다.

3. 나는 다른 사람들에게 조언을 하기보다는, 다른 사람들로부터 조언을 듣는 것이 더 안전하다는 말을 자주 들어 왔습니다. 우리 자신의 생각이 좋은 것일 수 있지만, 여러 가지 이유와 상황으로 인해서 다른 사람들의 생각을 받아들이는 것이 마땅한 데도, 그렇게 하지 않는다면, 그것은 우리가 교만하고 완악하다는 것을 보여 주는 증표입니다.

제10장

쓸데없고 무익한 말들

1. 사람들이 왁자지껄 떠드는 자리를 가급적 피하십시오. 아무리 별 뜻 없이 말한다고 하여도, 세상적인 일들에 관하여 얘기하다 보면, 우리의 마음은 어느새 흐트러지고 허영에 사로잡혀 더러워지게 됩니다. 내가 왜 그런 말들을 했을까 후회하고, 차라리 사람들이 많이 모이는 그런 자리에 처음부터 아예 가지 않았거나, 거기에 갔더라도 입을 꾹 다물고 있었어야 했다고 후회하는 마음이 들 때가 한두 번이 아니었습니다.

   우리는 서로 만나서 많은 말로 얘기하고 나면, 양심이 괴롭고 후회하게 되는 때가 많은데도, 왜 그토록 끊임없이 만나서 많은 말을 하고자 하는 것일까요? 우리가 사람들과 자주 만나서 많은 말을 하는 것을 좋아하는 이유는, 대화를 통해서 서로 위로를 얻고자 하고, 여러 가지 잡다한 생각으로 지친 우리의 심령을 달래고자 하며, 우리에게는 우리가 좋아하거나 원하는 것들, 또는 우리가 아주 싫어하는 것들에 대하여 말하고 생각하고자 하는 강한 욕구가 있기 때문입니다.

2. 하지만 안타깝게도, 사람들이 그렇게 서로 자주 만나서 많은 말들을 하는 것은 아무 쓸데없고 헛된 경우가 많습니다. 왜냐하면, 그렇게 함으로써 사람들이 얻게 되는 외적인 위로는 하나님으로부터 오는 내적인 위로를 얻는 데 큰 방해가 되기 때문입니다. 그러므로 우리는 사람들을 만나서 쓸데없고 무익한 많은 말들을 함으로써 허송세월하지 말고, 도리어 깨어 기도하여야 합니다. 말을 하는 것이 적절하고 합당한 때가 찾아온다면, 덕을 세우는 말을 하십시오.

   우리 자신의 몸에 밴 악한 습성과 영적인 진보에 대한 무관심은, 우리의 입을 제대로 지키지 못하게 하고, 함부로 입을 놀리게 만듭니다. 반면에, 영적인 일들에 관한 경건한 대화, 특히 한마음과 한 영을 가진 사람들이 하나님 안에서 함께 교제하면서 나누는 대화는, 영적인 진보에 큰 도움이 됩니다.

제11장

마음의 평안을 구하고, 영적인 진보를 위하여 열심을 냄

1. 다른 사람들의 말과 행동이나, 우리와 상관없는 일들에 관여하거나 참견하지 않는다면, 우리는 큰 평안을 누릴 수 있습니다. 자기와는 상관없는 다른 사람들의 일에 참견하고, 그렇게 참견할 기회를 얻기 위해서 밖으로 나돌아 다니면서, 정작 자신의 내면을 들여다보는 데에는 관심이 없는 사람이 어떻게 평안을 오래도록 유지하며 살아갈 수 있겠습니까? 한마음으로 하나님만을 바라보는 사람은 복 있는 사람입니다. 왜냐하면, 그 사람은 큰 평안을 누리게 될 것이기 때문입니다.

2. 어떻게 해서 몇몇 성인들은 온전히 하나님만을 바라보는 삶을 살 수 있었을까요? 그것은 자기 자신을 철저히 죽여서 모든 세상적인 욕망으로 벗어나서, 자기를 비우고, 온 마음을 다해 하나님만을 붙들려고 애썼기 때문입니다.

   우리는 우리 자신의 육정에 지나치게 사로잡혀 있고, 덧없는 일들에 너무 붙잡혀 있습니다. 또한, 우리는 단 한 가지 악도 제대로 이기지 못하고, 날마다 영적으로 진보하고자 하는 열망으로 불타오르지도 않습니다. 그래서 우리는 늘 냉랭하고 미지근한 상태에 머물러 있게 됩니다.

3. 우리 자신에게 온전히 집중하고, 외적인 일들에 별로 휘둘리지 않는다면, 우리는 하늘에 속한 신령한 것들을 상당한 정도로 맛보고 경험할 수 있게 될 것입니다.

   온전히 하나님만을 바라보며 살아가는 데 가장 큰 걸림돌, 아니 유일한 걸림돌은, 우리가 육신의 정욕과 욕망들로부터 벗어나지 못하였다는 것과 성도로서 마땅한 온전한 길을 걸어가려고 애쓰지 않는다는 것입니다. 그래서 사소한 역경을 만나도, 너무나 쉽게 낙망하고서, 인간적인 위로를 얻기 위하여 세상으로 뒤돌아가 버립니다.

4. 이 싸움에서 용맹한 전사들처럼 굳건히 서서 끝까지 싸운다면, 우리는 하나님의 도우심이 하늘로부터 오는 것을 보게 될 것입니다. 왜냐하면, 하나님께서 우리에게 싸울 기회를 주시는 것은 우리로 하여금 이기게 하시기 위한 것인 까닭에, 하나님의 은혜를 의지하여 끝까지 싸우는 자들을 언제나 도우실 준비가 되어 있으시기 때문입니다.

   단지 표면적인 것들을 지키는 것을 통해서 신앙의 진보를 이루고자 한다면, 우리의 경건은 머지않아 바닥나고 말 것입니다. 그러나 가장 근본적인 것과 맞닥뜨려 싸워서 이긴다면, 우리는 육신의 정욕으로부터 벗어나서 마음의 평안을 얻게 될 것입니다.

5. 해마다 우리에게서 한 가지 악이라도 뿌리 뽑는다면, 우리는 얼마 안 있어서 완전한 사람이 될 것입니다. 하지만 실상은 정반대인 경우가 많아서, 종종 우리는 신앙생활을 한 지 오래된 지금보다, 처음으로 회심하였던 때가 우리 자신이 더 나았고 순수했었다고 느낍니다.

   신앙의 열심과 진보는 하루하루 더 커지는 것이 마땅합니다. 그런데 어떤 사람이 첫 번째 회심 때의 열심 중에서 일부라도 유지하고 있다면, 그것만으로도 대단한 일이라고 여겨집니다. 영적인 싸움에서 처음에 조금 괴롭고 힘들어도 참고 견디면, 우리는 나중에 모든 일들을 기쁜 마음으로 수월하게 할 수 있게 됩니다.

6. 몸에 배어 있는 습관을 깨뜨리는 것은 어렵지만, 우리 자신의 의지를 거슬러 행하는 것은 한층 더 어렵습니다. 하지만 작고 쉬운 것들을 이겨 내지 못한다면, 어떻게 더 크고 어려운 것들을 이겨 내겠습니까? 악한 유혹이나 성향이 점점 더 크고 악한 것으로 자라나서, 몸에 밴 악한 습관이나 습성이 되기 전에, 애초에 그 싹을 잘라 버리십시오.

   우리의 선하고 거룩한 삶이 우리 자신에게는 큰 평안을 주고, 다른 사람들에게는 큰 기쁨을 준다는 것만 염두에 두어도, 우리는 영적 진보에 지금보다 더 큰 관심을 갖게 될 것이라고 나는 생각합니다.

제12장

역경이 주는 유익

1. 종종 고난과 역경을 겪는 것은 좋은 일입니다. 왜냐하면, 우리는 그런 일들을 겪으면서, 이 세상은 우리의 본향이 아닌 까닭에, 이 세상에서는 단지 나그네와 순례자로 살아갈 뿐이고, 따라서 세상에 속한 그 어떤 것에도 소망을 두어서는 안 된다는 것을 새삼 깨닫게 되기 때문입니다.

   종종 사람들로부터 반대와 공격을 받아 보는 것도 유익하고, 우리는 선한 의도로 잘 행하고 있는데도, 사람들로부터 오해를 사서 악한 자로 정죄당하고 욕을 먹는 것도 유익합니다. 왜냐하면, 그런 일들을 겪는 것은 우리가 더욱 낮아지고 겸손해지는 데 도움이 되고, 우리로 하여금 헛된 영광을 구하는 것을 막아 줄 뿐만 아니라, 사람들이 우리의 결백을 믿어 주지 않고, 우리를 악하다고 비난하며 욕하면, 우리는 우리의 결백을 아시는 하나님 앞으로 나아가서 하소연하게 될 것이기 때문입니다.

2. 우리는 온전히 하나님만을 의지해서, 하나님으로부터 오는 위로로 만족함으로써, 사람들로부터의 많은 위로가 필요하지 않게 되어야 합니다.

   선을 행하고자 하는데도, 마음에서 악한 생각들이 올라와서 우리를 괴롭히고 시험하며 짓누를 때, 우리는 하나님 없이는 그 어떤 선한 것도 행할 수 없다는 것을 절실히 느끼고서, 하나님이 우리에게 얼마나 절대적으로 필요한 분이신지를 한층 더 분명하게 깨닫게 됩니다. 그래서 우리 자신이 겪고 있는 고통스럽고 비참한 모습을 보면서, 신음하며 기도하게 됩니다.

   또한, 이 세상에서는 온전히 괴로움에서 벗어나는 것은 불가능하고, 이 땅에는 온전한 평안이 있을 수 없다는 것을 깨닫고, 사는 것에 지치고 미련이 하나도 남아 있지 않게 되어서, 하루 빨리 죽어서 그리스도와 함께 있게 되기를 소망하게 됩니다.

제13장

시험에 대적함

1. 이 세상에서 사는 동안에는 누구에게나 환난과 시험이 찾아옵니다. 그래서 욥기에서는 "이 땅에 사는 인생" 자체가 고난이고 시험이라고 말합니다(욥 7:1). 그러므로 우리는 누구나 시험을 경계하고, 깨어 기도해서, 마귀에게 틈탈 기회를 주지 말아야 합니다. 왜냐하면, 마귀는 잠도 자지 않고, 삼킬 자를 찾기 위하여 두루 다니고 있고, 아무리 온전하고 거룩한 사람이라고 할지라도, 누구나 다 시험을 받을 수밖에 없고, 시험을 받을 때에 넘어질 수 있기 때문입니다.

2. 시험을 감당하는 것은 어렵고 힘든 일이기는 하지만, 우리에게 큰 유익을 가져다줍니다. 시험을 통해서, 우리는 겸손해지고 정결해지며 교훈을 얻게 되기 때문입니다. 많은 환난과 시험을 통과한 성도들은 유익을 얻었고, 반면에 환난과 시험에 진 성도들은 배교하여 신앙을 떠났습니다.

   이 땅에는 시험과 역경이 닿을 수 없는 그런 거룩한 경지는 존재하지 않고, 시험과 역경으로부터 완전히 자유로운 곳도 존재하지 않습니다.

3. 살아 있는 동안 시험으로부터 완전히 자유로운 사람은 아무도 없습니다. 우리는 육신의 정욕을 지니고 태어나고, 그래서 시험의 뿌리가 우리 안에 내재되어 있기 때문입니다. 하나의 환난이나 시험이 지나가면, 또 다른 환난이나 시험이 찾아옵니다. 우리는 늘 이런저런 환난이나 시험으로 고통당할 수밖에 없습니다. 왜냐하면, 우리는 하나님이 우리를 처음으로 창조하셨을 때의 저 원래의 복된 상태를 상실해 버렸기 때문입니다.

   많은 사람들이 시험을 피하여 도망치려고 안간힘을 쓰지만, 그럴수록 더욱 더 깊숙이 시험에 빠져들 뿐입니다. 우리는 피하고 도망치고자 발버둥치는 것으로는 시험을 이길 수 없고, 오직 인내와 참된 겸손을 통해서만 우리의 모든 원수들보다 더 강해질 수 있습니다.

4. 단지 표면적으로만 시험과 싸울 뿐이고, 그 뿌리를 뽑으려 하지 않는 사람은, 별 성과를 거두지 못할 것입니다. 게다가, 얼마 안 있어서 숨 쉴 틈도 주지 않고, 이런저런 시험들이 더 빨리, 그리고 이전보다 더 맹렬하게 들이닥칠 것입니다.

성급한 마음에 격렬하고 극단적인 방식으로 시험과 싸우는 것보다는, 하나님의 도우심을 의지해서 인내로써 오래 참는 가운데 끈기 있게 조금씩 시험을 이겨 나가는 것이 좋은 방법입니다.

시험 가운데 있을 때에는 자주 상담을 받고 조언을 구하십시오. 시험 가운데 있는 사람들을 모질게 대하지 말고, 당신 자신이 만약 그런 처지에 있다면 위로를 받고 싶어 할 것임을 생각해서, 그들을 위로하십시오.

5. 모든 악한 시험은, 심령에 정함이 없는 것과 하나님에 대한 신뢰의 결여에서 시작됩니다. 키 없는 배가 파도에 휩쓸려서 출렁거리고 요동하듯이, 뜻이 확고하지 못한 사람은 이런저런 시험을 당합니다.

불이 쇠를 연단하는 것과 마찬가지로, 시험은 의인을 연단합니다. 흔히 우리는 우리 자신이 무엇을 소유하고 있고 무엇을 할 수 있는지를 알지 못하는데, 시험은 우리가 어떤 존재인지를 있는 그대로 드러내 줍니다.

무엇보다도, 우리는 특히 시험이 막 시작되었을 때에 정신을 바짝 차리고 경계하여야 합니다. 왜냐하면, 적이 우리의 마음속으로 들어오기 전에, 밖에서 우리의 마음 문을 두드리는 순간, 그 적과 맞붙어 싸운다면, 우리는 적을 좀 더 손쉽게 제압할 수 있기 때문입니다. 그래서 어떤 사람은 이런 말을 했습니다: "병은 초기에 다스려야 한다. 늦으면 약발이 듣지 않을 것이다."

처음에는 하나의 악한 생각이 마음속에서 문득 떠오르고 잠시 스쳐 지나가는 데 그치지만, 점차 그 생각은 힘을 얻어 자리를 잡게 되고, 그 생각 속에서 쾌락을 느끼게 되며, 이윽고 마음이 움직여서 그 생각에 동의함으로써, 시험에 빠지게 됩니다.

악한 원수가 우리의 마음을 조금씩 밀고 들어와서 결국 완전히 장악하게 되는 것은 우리가 처음에 대적하지 않기 때문입니다. 대적하는 것을 미룰수록, 원수를 대적할 수 있는 우리의 힘은 날마다 점점 더 약해지는 반면에, 우리를 장악하고자 하는 원수의 힘은 점점 더 강해집니다.

6. 회심하고 나서 초기에 큰 시험들을 겪는 사람들도 있고, 오랜 신앙생활을 하고 나서 말기에 큰 시험들을 겪는 사람들도 있습니다. 어떤 사람들은 거의 일생 동안 끊임없이 시험을 겪기도 하고, 어떤 사람들은 단지 가벼운 시험만 받고 넘어가는 경우도 있습니다.

   이 모든 것은 사람들의 영적 상태를 누구보다도 잘 아시는 지혜로우시고 공의로우신 하나님께서 자신이 택하신 자들로 하여금 최종적인 구원을 얻도록 하시기 위하여 그 섭리를 따라 안배하신 결과입니다.

7. 따라서 우리는 시험을 받을 때에 절망해서는 안 되고, 도리어 모든 환난의 때에 하나님께서 우리를 도와주시도록 더욱 간절하게 부르짖어 기도하여야 합니다.

   사도 바울이 말한 대로, "오직 하나님은 미쁘사" 우리가 "감당하지 못할 시험 당함을 허락하지 아니하시고 시험 당할 즈음에 또한 피할 길을 내사" 우리로 "능히 감당하게 하시기" 때문입니다(고전 10:13).

   그러므로 우리는 환난을 겪고 시험을 당할 때마다 하나님의 손 아래에서 우리 자신을 낮추어야 합니다. 하나님께서는 겸손한 심령을 환난과 시험에서 건져내셔서, 구원의 노래를 소리 높여 부르게 하시는 분이시기 때문입니다.

8. 사람이 어느 정도나 영적으로 진보하였는지는 시험과 환난을 통해서 검증되고, 그의 공로는 더욱더 커지게 되고, 그의 미덕은 한층 더 진전을 이루게 됩니다. 환난이나 괴로움을 겪지 않고 있을 때에 경건하게 행하고 열심을 내는 것은 대단한 일이 아닙니다. 그러나 역경의 때에 인내로써 잘 감당하면, 큰 진보를 이룰 수 있습니다.

   어떤 사람들은 큰 시험들은 잘 감당하지만, 일상적이고 소소한 시험들 앞에서는 자주 넘어집니다. 이것은 우리로 하여금 작은 일들에도 넘어지는 연약한 자들이라는 것을 깨닫고서, 큰 일들에 있어서 우리 자신을 신뢰하지 말고, 하나님 앞에서 낮아지고 겸손해져서 오직 하나님만을 의지하도록 하기 위한 것입니다.

제14장

경솔하고 성급한 판단을 피함

1. 우리 자신을 잘 들여다보려고 애쓰고, 다른 사람들의 행위를 판단하는 것을 피하십시오. 다른 사람들을 판단하는 것은 헛되게 힘을 쓰는 것이고, 흔히 잘못 판단하게 되며, 죄에 빠져들기 쉽습니다. 반면에, 자기 자신을 세밀하게 잘 살피고 점검하려고 애쓰는 것은 늘 유익한 열매를 맺습니다.

   어떤 일들을 판단할 때, 우리는 흔히 우리의 마음이 원하는 대로 주관적으로 판단합니다. 어떤 일에 대한 우리 자신의 개인적인 애증이 그 일에 대한 객관적이고 정확한 판단을 어렵게 만들기 때문입니다. 우리가 진정으로 원하고 바라는 것이 언제나 하나님뿐이라면, 우리는 우리 자신의 주관적인 생각이나 판단에 의해서 쉽사리 좌지우지되지 않게 될 것입니다.

2. 우리는 늘 마음속에 잠복해 있는 어떤 것, 또는 외부에서 벌어지는 어떤 일에 휘둘려서 끌려 다닙니다. 많은 사람들이 자기가 행하는 일들 속에서 자신의 이익만을 추구하면서도, 정작 자신은 자기가 그렇게 이기적으로 행하고 있다는 것을 모릅니다.

   그런 사람들은 자신이 뜻하고 바라는 대로 일들이 술술 풀릴 때에는 마음의 평안을 누리며 살아가는 것처럼 보입니다. 하지만 자기가 뜻하고 바라던 대로 일들이 풀리지 않는다고 느끼는 순간, 그들은 금세 심란해져서 울상이 되고 맙니다. 생각이나 견해가 서로 다르면, 친구들과 지인들, 심지어 경건한 신앙인들 사이에서도 종종 불화가 일어나게 됩니다.

3. 오랫동안 몸에 밴 습관을 벗어나는 것은 쉽지 않고, 자신의 눈으로 직접 보지 않은 곳으로 기꺼이 뛰어들려고 하는 사람은 아무도 없습니다. 예수 그리스도께 순종함으로써 오는 능력을 의지하기보다는 자기 자신의 생각이나 노력을

더 의지한다면, 하늘의 빛을 받아 깨닫기가 어렵고, 깨닫는다고 해도 오랜 시간이 걸릴 것입니다. 하나님께서는 우리가 온전히 순종하여 하나님을 뜨겁게 사랑함으로써 인간의 모든 이성을 뛰어넘게 되기를 원하시기 때문입니다.

제15장

사랑 안에서 행함

1. 세상에 속한 어떤 것을 위해서, 또는 자기가 사랑하는 사람을 위해서 악을 행하는 일은 없어야 하지만, 곤경에 처한 사람을 위해서는 때로는 선한 일을 미루거나, 더 선한 일을 위하여 계획을 변경하는 것은 합당합니다. 그렇게 하는 것은 선한 일을 중단하는 것이 아니라, 도리어 더 선한 일을 하는 것이기 때문입니다.

   사랑이 없이 외적으로만 행하는 것은 그 누구에게도 유익이 되지 않습니다. 반면에, 사랑으로 행하는 것은, 그 일이 아무리 사소하고 보잘것없어 보이는 일이라도, 온전한 열매를 맺습니다. 하나님께서는 어떤 사람이 얼마나 큰 일을 하였는지를 보시는 것이 아니라, 얼마나 큰 사랑으로 어떤 일을 행하였는지를 보시기 때문입니다.

2. 많이 사랑하는 사람이 많은 일을 하는 것이고, 일을 잘하는 것이 많은 일을 하는 것입니다. 그리고 자신의 뜻을 관철시키려고 하기보다는 공동체의 유익을 생각하여 일하는 것이 일을 잘하는 것입니다.

   외견상으로는 사랑(charitas)인 것처럼 보이지만, 사실은 육욕(carnalitas)인 경우가 많습니다. 왜냐하면, 사람이 하는 일들 속에서, 육체의 소욕이나 자기 자신의 의지, 보상에 대한 기대나 이기적인 욕심이 동기로 작용하지 않는 경우는 드물기 때문입니다.

3. 참되고 온전한 사랑을 지닌 사람은 그 어떤 일에서도 자신의 유익을 구하지 않고, 도리어 모든 일에서 오직 하나님만이 영광을 받으시기를 진심으로 원합니다. 또한, 그런 사람은 자신의 기쁨을 추구하거나, 자기 자신을 기뻐하지 않고, 오로지 하나님 안에서 즐거워하고자 하기 때문에, 아무도 시기하지 않습니다.

그는 그 어떤 선한 것도 사람의 공로로 돌리지 않고, 모든 선한 것을 전적으로 하나님 덕분으로 돌립니다. 왜냐하면, 하나님은 모든 선한 것이 흘러나오는 근원이신 분이시고, 마침내 모든 성도들은 하나님 안에서 큰 기쁨 가운데 안식을 누리게 될 것이기 때문입니다. 참된 사랑의 불꽃을 지닌 사람은 세상에 속한 모든 것들이 헛되고 헛될 뿐이라는 것을 생생하게 깨닫게 됩니다.

제16장

다른 사람들의 결점을 감당함

1. 자기 자신이나 다른 사람들 속에 있는 잘 고쳐지지 않는 결점들이 있다면, 하나님께서 그것들을 바꾸어 주실 때까지, 인내로써 감당해 나가는 것이 마땅합니다. 그러한 결점들이 있는 것이 연단을 위해서나 인내를 배우는 데 더 유익하다고 생각하십시오.

   연단과 인내가 없다면, 우리가 받을 상급은 많지 않을 것입니다. 그럼에도 불구하고, 우리가 그러한 장애물들 아래 있다면, 하나님께서 우리를 붙들어 주셔서, 그것들을 기쁜 마음으로 감당할 수 있게 해 달라고 간구하여야 합니다.

2. 어떤 사람의 결점을 보고서 한두 번 권면하였는데도 말을 들으려고 하지 않는다면, 그 사람과 논쟁하려고 하지 말고, 모든 것을 하나님께 맡겨 드려서, 하나님께서 친히 자신의 모든 종들을 통해 자신의 뜻을 이루시고 영광을 받으시게 하십시오. 하나님께서는 어떻게 해야 악을 선으로 바꿀 수 있는지를 잘 아시는 분이십니다.

   다른 사람들의 결점들과 약점들이 무엇이든지, 그것들을 인내로써 감당하려고 애쓰십시오. 당신에게도 다른 사람들이 참고 감당해야 할 많은 결점들과 약점들이 있기 때문입니다. 당신 자신조차 당신이 원하는 모습으로 변화시킬 수 없는데, 어떻게 다른 사람을 당신의 마음에 들게 바꾸어 놓을 수 있겠습니까? 우리는 다른 사람들이 완전하기를 바라지만, 정작 자신의 잘못들은 고치려고 하지 않습니다.

3. 우리는 다른 사람들에 대해서는 철저하게 뜯어 고쳐 놓으려고 하지만, 우리 자신을 고치려고 하지는 않습니다. 다른 사람들이 제멋대로 행하면 불쾌해하지만, 우리가 행하고자 하는 것을 누가 가로막거나 간섭하면 화를 냅니다. 엄격

한 법을 만들어서 다른 사람들의 행동을 제약하려고 하지만, 우리 자신은 그 어떤 것에 의해서도 제약을 받으려고 하지 않습니다.

이것은 다른 사람들과 우리 자신을 동일한 저울에 달아서 헤아리고 평가하는 경우는 거의 없다는 것을 분명하게 보여 줍니다. 만일 모든 사람이 온전하다면, 우리가 하나님을 위하여 다른 사람들에 대하여 인내하여야 할 일도 없지 않겠습니까?

4. 하나님께서는 우리로 하여금 서로의 짐을 지는 법을 배우도록 정하셨습니다. 결점 없는 사람은 아무도 없고, 짐 없는 사람도 없으며, 자기 자신만으로 충분한 사람도 없고, 홀로 온전히 지혜로운 사람도 없기 때문입니다. 그러므로 우리는 서로의 짐을 져 주고, 서로를 위로하며, 서로를 돕고 권면하지 않으면 안 됩니다.

어떤 사람에게 어느 정도의 경건의 능력이 있는지는 역경의 때에 가장 잘 드러납니다. 그러한 역경은 그 사람을 연약하게 만드는 것이 아니라, 그 사람의 경건의 능력이 어느 정도인지를 여실히 드러내는 계기가 되기 때문입니다.

제17장

수도원의 삶

1. 다른 사람들과 평화롭고 화목하게 지내고자 한다면, 많은 일들에서 자신의 뜻을 꺾는 법을 배워야 합니다. 수도원이나 신앙 공동체에서 살아가면서, 거기에서 불평이나 불만 없이 지내며, 죽을 때까지 신실하고 참된 삶을 견지해 나가는 것은 결코 쉬운 일이 아닙니다. 그런 곳에서 선하게 잘 살다가 행복하게 임종을 맞는 사람은 참으로 복된 사람입니다.

   끝까지 믿음 안에 견고히 서서 영적인 진보를 이루어 나가고자 한다면, 우리자신은 이 땅에서 나그네와 객으로 살아가고 있는 것임을 명심하십시오. 끝까지 경건한 삶을 관철해 나가고자 한다면, 그리스도를 인하여 세상 사람들의 눈에 미련하고 어리석은 자처럼 보이는 모습으로 살아가는 것에 기꺼이 만족하십시오.

2. 수도사의 옷을 입거나 삭발하는 것 등과 같이 외모를 변화시키는 것은 경건에별 유익이 없지만, 행실을 바꾸고 육정을 온전히 죽이면, 진정으로 경건한 사람이 됩니다. 하나님과 자기 영혼의 구원을 구하지 않고, 다른 것들을 구하는 사람은, 오직 환난과 슬픔만을 맛보게 됩니다. 가장 작은 자가 되어서 모든 사람의 종이 되고자 하지 않는 사람은 오랫동안 평안 가운데 지낼 수 없습니다.

3. 당신은 군림하기 위해서가 아니라 섬기기 위해서 이 땅에 태어났고, 하나님께서 당신을 부르신 것은 안일하게 살면서 쓸데없는 잡담으로 시간을 보내게 하기 위한 것이 아니라, 인내하고 수고하게 하기 위한 것입니다.

   사람들은 순금이 되기 위하여 이 세상이라는 용광로 속에서 연단을 받는데, 자신의 온 마음을 다하여 하나님 앞에서 낮아지고자 하지 않는다면, 마침내 이 용광로에서 순금이 되어 나올 수 없습니다.

제18장

거룩한 믿음의 조상들의 모범

1. 참되고 온전한 삶과 경건이 빛을 발하는 거룩한 믿음의 조상들의 생생한 모범을 깊이 묵상하십시오. 그러면, 우리 자신이 신앙 안에서 행한다고 하는 것들이 보잘것없는 것들일 뿐만 아니라, 실제로 하는 것이 거의 없다는 것을 알게 됩니다.

   그들이 살았던 삶에 비하면, 우리의 삶은 어떻습니까? 그리스도의 성도들이자 벗들이었던 그들은 주님을 섬기기 위해서, 굶주림과 목마름, 추위와 헐벗음, 수고와 피곤, 밤샘과 금식, 기도와 거룩한 묵상, 많은 박해와 치욕을 마다하지 않고 기꺼이 감내하였습니다.

2. 사도들과 순교자들, 성인들과 성처녀들을 비롯해서, 그리스도의 발자취를 따라 살고자 하였던 그들이 겪어야 했던 환난과 고난은 혹독하였고 헤아릴 수 없이 많았습니다. 그들은 영원한 생명을 얻기 위해서, 이 세상에서 살아가는 동안 자신의 목숨을 미워하였습니다.

   사막에서 살았던 저 거룩한 교부들은 세상으로부터 물러나서 극단적으로 금욕적이고 엄격한 삶을 살아가야 했습니다. 오랜 세월 동안 지독한 시험들을 겪어야 했던 교부들도 있었고, 시도 때도 없이 원수들에 의해서 괴롭힘을 당해야 했던 교부들도 있었습니다.

   그들은 늘 하나님께 간절한 기도를 드렸고, 금식을 밥 먹듯이 했습니다. 영적으로 진보하고자 하는 그들의 열심과 열망은 대단하였습니다. 자신 속에 있는 악들을 이기고 다스리기 위한 그들의 싸움은 치열하였고, 하나님에 대한 그들의 마음과 뜻은 순전하고 올바랐습니다. 낮에는 일하였고, 밤에는 하나님과 대면하여 오랜 시간 기도하였습니다. 심지어 일을 할 때에도 마음으로 기도하는 것을 쉬지 않았습니다.

3. 그들은 모든 시간을 유익하게 사용하였습니다. 조용히 물러나서 홀로 하나님과 함께 하는 모든 시간이 너무나 빨리 흘러가 버린다고 느껴졌고, 하나님을 묵상하는 즐거움이 너무나 커서, 밥을 먹는 것조차 잊어버릴 정도였습니다. 그들은 부와 권세와 명예와 친구들과 친지들을 모두 다 버렸습니다. 세상에 속한 것들은 아무것도 가지려고 하지 않았고, 목숨을 유지하고 살아가는 데 꼭 필요한 것들조차 제대로 챙기지 않았으며, 육신을 돌보는 데 꼭 필요한 일들을 하는 것도 마땅찮아 했습니다.

그래서 그들은 세상에 속한 것들에 있어서는 가진 것이 없이 가난하였지만, 은혜와 덕에 있어서는 대단히 부유하였습니다. 외면적으로는 궁핍하였지만, 내면적으로는 하나님의 은혜와 위로가 차고 넘쳤습니다.

4. 그들은 세상에 대해서는 외인들이었지만, 하나님에게는 가깝고 친밀한 벗들이었습니다. 그들 자신에게는 아무것도 아닌 존재처럼 보였고, 세상 사람들로부터는 멸시를 받았지만, 하나님의 눈에는 보배롭고 사랑스러운 사람들이었습니다. 그들은 참된 겸손에 토대를 두고서, 온전한 순종 가운데서 살아가고, 사랑과 인내로 행함으로써, 날마다 영적인 진보를 이루고, 하나님으로부터 큰 은혜를 입었습니다.

그들은 모든 신앙인들에게 생생한 모범으로 주어진 것이기 때문에, 우리는 그들을 보고 분발하여 영적인 진보를 이루어 나가고, 우리 주변에서 미지근한 신앙을 가지고 방종한 삶을 사는 사람들을 본받지 않는 것이 마땅합니다.

5. 수도원이라는 이 거룩한 기관이 시작되었던 초창기에는 너나 할 것 없이 누구나 다 그 열심이 대단하였습니다. 열렬하고 간절하게 기도하였고, 더 큰 경건의 덕을 이루기 위하여 서로 앞 다투어 경쟁하였으며, 아무리 엄격한 영적 규율도 철저하게 지켰고, 스승의 가르침과 지도 아래 모든 일에서 경외하고 순종하는 태도를 보였습니다.

지금도 남아 있는 그들의 발자취들은, 그들이야말로 세상과 치열하게 싸워서 이긴 진정으로 거룩하고 온전한 사람들이었다는 것을 여전히 증언해 줍니다. 하지만 지금 시대에서는, 범죄자가 되지 않고, 자신에게 맡겨진 의무들을 인내로써 감당하기만 해도, 위대한 인물이라는 말을 듣습니다.

6. 우리의 신앙은 미지근하고, 영적으로 나태합니다. 초창기의 그 뜨거웠던 열심은 온데간데없이 아주 신속하게 사라져 버렸고, 미지근한 신앙과 나태한 영적 상태로 말미암아, 수도원에서의 삶은 지겹고 힘든 것이 되어 버렸습니다.

경건한 사람들의 수많은 모범을 자주 보아 온 당신은, 영적으로 성장하여 더욱 깊은 덕으로 세움 받는 일에서 잠자는 자가 되지 않기를 바랍니다

제19장

신앙인의 경건 훈련

1. 신앙인의 삶은 온갖 덕으로 단장되어 있어서, 겉으로 사람들에게 보이는 모습과 내면의 모습이 동일하여야 할 뿐만 아니라, 한 걸음 더 나아가서 겉으로 보이는 모습보다 내면이 더 나아야 합니다. 왜냐하면, 하나님은 우리의 내면을 보시는 까닭에, 우리는 어디에 있든지 하나님을 지극히 공경하여야 하고, 천사들이 그런 것처럼, 늘 하나님의 임재 앞에서 순전하게 행하는 것이 마땅하기 때문입니다.

   매일매일이 회심한 바로 그날인 것처럼, 새롭게 결단하고, 더욱 분발하여 열심을 내고서, 이렇게 기도하여야 합니다: "하나님, 나의 결단이 늘 변함이 없게 하셔서, 한결같은 마음으로 주를 섬길 수 있도록 도와주소서. 내가 지금까지 한 일은 아무것도 없사오니, 이제 바로 이 날에 완전히 새롭게 다시 시작할 수 있게 해 주소서."

2. 얼마만큼 결단하느냐에 따라서, 영적인 진보의 정도가 결정됩니다. 뚜렷한 영적 진보를 이루고자 하는 사람은 매우 부지런해야 합니다. 확고한 결단 위에서 행하는 사람도 자주 실패하게 되는데, 아예 결단하지도 않거나 어정쩡하게 결단한 사람은 어떻겠습니까? 우리는 여러 가지 이유를 들어서 결단을 포기하곤 합니다. 하지만 심지어 경건의 훈련을 조금이라도 빼먹는 경우에도, 우리는 어떤 식으로든 영적 손실을 입게 됩니다.

   의인들이 자신의 결단을 변함없이 견지할 수 있는 것은, 그들 자신이 놀라운 의지력을 발휘해서 참고 견디기 때문이 아니라, 하나님으로부터 오는 은혜를 힘입기 때문입니다. 그들은 무슨 일에서든지 늘 하나님을 신뢰하고 의뢰합니다. 사람이 계획할지라도, 이루시는 분은 하나님이시고(잠 16:9), 사람이 자신의 뜻대로 자기 길을 갈 수 있는 것도 아니기 때문입니다(렘 10:23).

3. 어떤 신앙 활동을 꼭 해야 해서, 또는 형제를 꼭 도와야 할 일이 생겨서, 평소에 늘 하던 경건의 훈련을 빼먹을 수밖에 없었다면, 그 훈련은 나중에 다시 하면 되기 때문에 아무런 문제가 되지 않습니다. 반면에, 어떤 경건 훈련을 하기가 싫어서, 또는 한 번쯤 빼먹어도 괜찮겠지 하고 안일하게 생각해서, 그 훈련을 빠뜨린다면, 그것은 큰 잘못이며 죄악이기 때문에, 그렇게 함으로써 우리가 입게 되는 해악은 우리에게 그대로 느껴질 정도입니다.

   있는 힘을 다해서 애쓰고 힘써도, 많은 일들에서 많이 부족하고 너무나 쉽게 넘어집니다. 그렇더라도, 늘 확고한 결단 아래에서, 특히 영적인 진보를 이루고자 하는 우리를 가장 괴롭히고 큰 방해물로 작용하는 것들과 맞서 싸워 나가야 합니다.

   영적 진보를 외적으로 방해하는 것들과 내적으로 방해하는 것들을 둘 다 꼼꼼하게 살펴서 잘 정리해 놓아야 합니다. 영적 진보를 이루기 위해서는, 외적인 방해물들과 내적인 방해물들, 둘 모두로부터 똑같이 벗어나야 하기 때문입니다.

4. 자기 자신을 늘 살피고 되돌아볼 수 없다면, 적어도 하루에 한 번, 즉 아침이나 저녁에 자신을 돌아보는 시간을 가지십시오. 아침에는 새롭게 결단하는 시간을 가지시고, 저녁에는 오늘 하루 무엇을 말하고 행하며 생각하였는지를 돌아보는 시간을 가지십시오.

   우리는 하루를 살아가는 동안에 우리 자신의 말과 행위와 생각으로 하나님께 죄를 짓고 주변 사람들에게 죄를 지었을 것이기 때문입니다. 마귀의 공격들에 대적하는 용사답게 단단히 각오하고서, 마귀의 목줄을 쥐고 조이십시오. 그러면, 육체의 온갖 욕망을 좀 더 쉽게 제어할 수 있게 될 것입니다.

   절대로 아무것도 하지 않고 빈둥거리는 시간이 있어서는 안 됩니다. 글을 읽든 쓰든, 기도하든 묵상하든, 모든 사람의 유익을 위한 어떤 일이라도 하십시오. 하지만 신체와 관련된 훈련은 신중하게 행하여야 하고, 모든 사람이 다 똑같이 행하여서는 안 됩니다.

5. 공동으로 행하는 것이 아닌 훈련들은 사람들이 보는 앞에서 공공연하게 행해서는 안 됩니다. 그런 훈련들은 개인적으로 은밀하게 행하는 것이 더 안전하기

때문입니다. 혼자서 개인적인 경건 훈련이 더 하고 싶다고 해서, 공동으로 행하는 경건 훈련에 참석하는 것을 게을리하지 않도록 주의하여야 합니다.

하지만 자신에게 주어진 의무들과 명령들을 다 온전히 신실하게 행하였는데도 여전히 남는 시간이 있는 경우에는, 자기가 혼자 하고 싶었던 경건 훈련을 하는 데 사용하십시오. 모두가 동일한 경건 훈련을 할 수는 없습니다. 어떤 사람에게는 이런 경건 훈련을 하는 것이 적합하고, 어떤 사람에게는 저런 경건 훈련을 하는 것이 맞습니다.

또한, 어떠한 경건 훈련이 적합한지는 때에 따라서 달라지기도 합니다. 성일들에 적합한 경건 훈련들이 있고, 평상시에 적합한 경건 훈련들이 있습니다. 시험을 겪고 있을 때에 필요한 경건 훈련들이 있고, 고요하고 평안한 때에 필요한 경건 훈련들이 있습니다. 어떤 경건 훈련들은 우울할 때에 적합하고, 어떤 경건 훈련들은 주 안에서 기뻐할 때에 적합합니다.

6. 교회에서 지키는 중요한 절기가 다가오는 시기에는, 그 절기에 적합한 경건 훈련들을 다시 시작하는 것이 좋고, 성인들의 중보기도를 더욱 간절하게 구하여야 합니다. 절기 때마다, 마치 이 세상을 떠나서 영원한 혼인잔치로 나아가는 것처럼, 우리의 결단을 새롭게 하여야 합니다. 그러므로 절기가 진행되는 동안에, 우리는 이 땅에서의 우리의 수고에 대한 상을 하나님으로부터 받게 될 날이 머지않은 것으로 여기고서, 우리 자신을 더욱더 철저하게 다잡고서, 더욱더 경건한 삶을 살며, 모든 규범을 더욱더 엄격하게 지켜야 합니다.

7. 그날이 미루어졌다고 해도, 우리는 지금도 제대로 준비되어 있지 않고, 하나님이 정하신 때에 우리에게 나타나게 될 저 큰 영광을 받을 자격도 없다는 것은 여전히 사실입니다. 그렇기 때문에, 우리는 이 땅을 떠날 날에 대한 준비를 좀 더 제대로 잘하려고 애써야 합니다.

복음서를 기록한 누가는 이렇게 말했습니다: "주인이 와서 깨어 있는 것을 보면 그 종은 복이 있으리로다 내가 참으로 너희에게 이르노니 주인이 그 모든 소유를 그에게 맡기리라"(눅 12:37, 43-44).

제20장

고독과 침묵을 사랑함

1. 혼자 조용히 있을 수 있는 시간을 내어서, 하나님의 인자하심을 자주 묵상하십시오. 호기심이나 지식욕을 채우는 글들보다는 마음을 찔러서 통회하게 만드는 글들을 읽으십시오.

   불필요한 말들을 하거나, 호기심으로 여기저기를 기웃거리거나, 새로운 일들과 소문들을 얻어 듣고자 하는 것을 그만둔다면, 거룩한 묵상을 하기에 충분한 시간을 확보할 수 있습니다. 위대한 성인들은 가급적 사람들과 어울리는 것을 피하고, 홀로 한적한 곳으로 물러가서 하나님과 교제하는 삶을 택하였습니다.

2. 누군가는 이렇게 말했습니다: "나는 사람들과 어울려 함께 있다가 집으로 돌아올 때마다, 이전보다 더 초라하고 왜소한 사람이 되어 돌아오고 있는 나를 발견합니다." 사람들과 오랜 시간 함께 얘기를 나누었을 때, 우리는 종종 그런 경험을 합니다.

   너무 많은 말을 하지 않는 것보다는, 아예 말을 하지 않고 침묵하는 것이 더 쉬운 일입니다. 밖에 나가서 자신을 제대로 잘 지켜내는 것보다는, 아예 집에 머물러 있는 것이 더 쉬운 일입니다.

   그러므로 내면적이고 영적인 것에 도달하고자 하는 사람은, 예수님처럼, 소란한 무리를 떠나서 한적한 곳으로 가야 합니다. 혼자서 잘 지낼 수 있는 사람만이 사람들과 바르게 어울릴 수 있습니다. 침묵할 줄을 아는 사람만이 제대로 말할 줄 압니다.

   다른 사람 밑에서 아랫사람으로 잘 지낼 수 있는 사람만이 윗사람이 되어서 아랫사람들을 잘 이끌 수 있습니다. 순종하는 법을 배운 사람만이 제대로 다스릴 수 있습니다. 자기 자신 속에 선한 양심의 증언이 있는 사람만이 진정으로 기뻐할 수 있습니다.

3. 성도의 안전함은 하나님을 경외하는 삶으로부터 오고, 그들은 큰 덕들과 깊은 은혜 가운데서 살아가기 때문에, 그러한 안전함 가운데서도 세심하고 겸손합니다. 반면에, 악인들의 안전함은 교만과 주제넘음으로부터 생겨나고, 그 결국은 절망과 파멸입니다. 당신이 훌륭한 수도자이거나 경건한 은둔자 같이 생각될지라도, 현세에서의 안전을 기대하지 마십시오.

4. 사람들로부터 높이 추앙받는 사람들일수록, 그들의 지나친 자만심으로 인해서, 더욱 큰 위험에 빠지는 일이 비일비재하게 일어납니다. 그러므로 대다수의 사람들에게는, 내적으로 아무런 시험도 받지 않고 지내는 것보다는, 심심치 않게 시험을 받아 맞서 싸우는 것이 유익합니다. 아무런 시험이 없이 지내게 되면, 지나치게 안일한 삶을 살게 되고, 마음이 높아져서 지나치게 교만해지며, 세상이 주는 위로들을 지나치게 의존하고 집착하게 되기가 쉽기 때문입니다.

   덧없는 기쁨들을 구하지 않고, 세상에 속한 일들에 얽매이지 않을 때에만, 선한 양심을 잘 지켜낼 수 있습니다. 온갖 헛된 염려에서 벗어나서, 오로지 우리의 구원에 속한 일들과 하나님께 속한 일들만을 생각하고, 오직 하나님만을 신뢰하고 의뢰할 때에만, 큰 평안과 고요함을 얻을 수 있습니다.

5. 오직 부지런히 자기 자신을 살펴서 통회하는 사람만이 하늘의 위로를 받을 자격이 있습니다. 진정으로 가슴을 치고 통회하고자 한다면, 홀로 골방으로 들어가서, 세상의 요란함을 차단하십시오(사 26:20). 성경이 말씀하고 있는 대로, 잠자리에 들어서 침상에 누워 통회하십시오(시 4:4). 자신의 골방으로 물러나 있게 되면, 밖에서는 잊어버리고 있던 것들이 생각날 때가 종종 있습니다.

   오래 머물다 보면, 골방이 친근해질 것입니다. 반면에, 골방을 멀리하면, 그곳은 낯설고 피하고 싶은 곳이 될 것입니다. 신앙생활을 막 시작했을 때, 골방에 오래 머무십시오. 그러면, 그 후로는 골방이 당신의 사랑스러운 친구가 되어 주고, 즐거운 안식처가 되어 줄 것입니다.

6. 경건한 심령은 침묵과 고요 가운데서 진보하고, 성경에 감추어져 있던 것들을

깨달아 알게 됩니다. 그는 거기에서 눈물의 샘을 발견하고, 밤마다 그 샘에 자신을 씻어 깨끗하게 함으로써, 점점 더 세상의 요란함에서 벗어나서, 자기를 창조하신 이와 점점 더 친밀하게 됩니다.

사람이 자신의 지인들과 친구들로부터 멀어질 때, 하나님께서는 자신의 거룩한 천사들과 함께 그 사람에게 가까이 다가가십니다. 세상에 나가서 놀라운 일들을 행하여 이름을 떨치면서 자신의 영혼을 돌보는 일은 소홀히 하며 살아가기보다는, 아무도 알아주지 않는 곳에서 조용히 자신의 영혼을 돌보며 살아가는 편이 더 낫습니다.

신앙인에게는, 밖으로 나가는 일이 거의 없고, 사람들의 이목을 멀리하며, 사람들을 만나고 싶은 마음이 없는 것이 칭찬할 만한 일입니다.

7. 하나님께서 관여하지 말라고 명하신 것을 우리는 왜 그렇게 참견하고 싶고 상관하고 싶어 하는 것일까요? 세상도 지나가고, 세상의 정욕도 지나갑니다. 오감의 욕망들이 우리를 사로잡아서 밖으로 나돌아 다니게 만들지만, 시간이 지나서 집으로 돌아왔을 때, 무거운 양심과 심란한 마음 외에, 우리가 집으로 가져온 것이 무엇이 있습니까? 기쁜 마음으로 나갔다가 슬픔만을 가지고 돌아올 때가 다반사이고, 즐거운 저녁은 씁쓸한 아침으로 이어지기 일쑤이지 않습니까? 이렇게 모든 육신적인 기쁨은 달콤하게 시작되지만, 그 끝은 씁쓸한 괴로움과 허무함입니다.

8. 당신이 골방에서는 볼 수 없고, 밖으로 나가야만 볼 수 있는 것들이 있습니까? 만물은 하늘과 땅과 여러 요소들로부터 만들어졌고, 당신은 그것들을 볼 수 있습니다. 하지만 해 아래에서 영구한 것은 그 어디에서도 찾아볼 수 없습니다. 당신은 자신이 지금은 아니라도 언젠가는 만족을 얻을 수 있게 될 것이라고 믿고 있겠지만, 이 땅에서 당신을 만족시켜 줄 수 있는 것은 아무것도 없습니다. 만물이 당신의 눈 앞에 일시에 펼쳐진다고 해도, 그것은 단지 환영(幻影)에 지나지 않는 것이지 않습니까?

그러므로 눈을 들어 하늘에 계시는 하나님을 바라보고서, 당신의 죄들과 잘못들을 위하여 기도하십시오. 헛된 일들은 헛된 것을 구하는 사람들에게 맡겨 두고, 당신은 오직 하나님이 당신에게 명하신 일들에 마음을 두십시오. 골방으로 들어가서 문을 닫아걸고서, 당신이 사랑하는 예수님을 당신에게로 부르십시오. 당신의 골방에서 예수님과 함께 지내십시오.

당신은 그 어디에서도 발견할 수 없는 평안을 거기에서 발견하게 될 것이기 때문입니다. 밖으로 나가서 쓸데없고 무익한 얘기들을 듣지 않는다면, 더 큰 평안 가운데 지낼 수 있게 될 것입니다. 하지만 당신은 종종 사람들로부터 새로운 소식을 듣고 싶어 하기 때문에, 마음의 평안이 깨지고, 심란해질 수밖에 없게 됩니다.

제21장

통회하는 마음

1. 영적으로 진보하고자 한다면, 늘 하나님을 경외하는 가운데, 지나친 자유를 바라지 마십시오. 모든 감각들을 다스리고 절제하며, 어리석은 쾌락에 자신을 내어 주지 마십시오. 가슴을 치고 통회하십시오. 그러면, 기도가 나올 것입니다. 방종은 은혜의 문을 닫아 버리는 반면에, 통회는 많은 은혜를 받을 수 있는 통로를 열어 줍니다.

   이 땅에서 자기가 나그네로 살아가고 있다는 것과 자신의 영혼이 수많은 위험에 처해 있다는 것을 깊이 생각하고 묵상하는 사람은 누구든지 현세에서도 온전한 기쁨을 누릴 수 있다는 것은 놀라운 일입니다.

2. 경박한 마음으로 우리 자신의 잘못들을 별 것 아닌 것으로 치부해 버리면, 우리의 영혼이 얼마나 참담한 상태에 있는지를 깨닫지 못하기 때문에, 우리 자신을 보고서 통곡해도 시원치 않는데도, 희희낙락하는 어이없는 모습을 보이게 됩니다.

   선한 양심으로 하나님을 경외함이 없이는, 참된 자유도 있을 수 없고, 참된 기쁨도 있을 수 없습니다. 회개를 방해하는 온갖 이유와 염려를 내벗어 던져 버리고 하나님 앞에 나아와서, 온 마음으로 통회자복하는 사람은 복 있는 사람입니다. 양심을 더럽히거나 양심에 짐이 되는 모든 것들을 다 떨쳐 버리는 사람은 복 있는 사람입니다.

   담대하고 용감하게 싸우십시오. 습관은 습관으로 이깁니다. 당신이 다른 사람들을 간섭하지 않는다면, 그들도 당신을 간섭하지 않을 것이고, 당신이 행해야 할 일들을 하도록 내버려 둘 것입니다.

3. 다른 사람들의 일에 끼어들어 간섭하지 말고, 윗사람들의 일에 휘말리지 마십

시오. 무엇보다도 늘 자기 자신을 살피고, 자기가 가장 사랑하는 모든 친구들에게 충고하기 전에, 먼저 자기 자신에게 충고하십시오. 사람들의 호감을 얻지 못한다고 해서, 낙심하거나 슬퍼하지 마십시오. 도리어, 하나님의 종이자 경건한 신앙인답게 충분히 사려 깊게 제대로 행하지 못한 자기 자신이 큰 문제라고 생각하십시오.

현세에서는 육신적으로 위로가 되는 것들을 많이 가지고 있지 않은 것이 더 유익하고 안전한 경우가 많습니다. 하지만 우리에게 하나님의 위로가 전혀 없거나, 별로 맛보지 못한다면, 그것은 우리가 가슴을 치고 통회하려고 하지도 않고, 세상의 헛된 위로들을 내던져 버리지도 않은 까닭이기 때문에, 전적으로 우리의 잘못입니다.

4. 우리는 하나님의 위로를 받을 자격은 없고, 도리어 많은 환난을 당하는 것이 마땅한 존재라는 것을 알아야 합니다. 사람이 온전히 통회자복을 하게 되면, 그에게는 온 세상이 비참하고 참담하며 괴롭기 짝이 없는 곳이 됩니다.

선한 사람에게는 가슴 아파하고 소리 내어 울 수밖에 없는 일들이 늘 차고 넘칩니다. 자기 자신을 보거나, 주변 사람들을 보면서, 이 땅에서 환난 없이 살아가는 사람은 아무도 없다는 것을 알게 되고, 자기 자신을 좀 더 세밀하게 꼼꼼히 살펴볼수록, 더욱더 슬퍼하고 가슴 아파하게 되기 때문입니다.

우리 자신이 죄악에 너무나 단단히 묶여 있어서, 하늘에 속한 일들을 묵상하기가 힘들다는 사실은, 우리가 마땅히 가슴 아파하고 통회하여야 할 일입니다.

5. 만약 어떻게 하면 오래 살 수 있을지를 고민하기보다는 죽음을 더 자주 생각한다면, 틀림없이 당신은 삶을 고쳐 나가고 영적으로 진보하는 일에 더 큰 열심을 갖게 될 것입니다. 만약 장래에 지옥이나 연옥에서 받게 될 형벌을 좀 더 진지하게 생각한다면, 당신은 이 땅에서 고통과 괴로움을 당하며 고생하며 사는 것을 기꺼이 감내하고자 할 것이고, 그 어떠한 혹독한 일들도 두려워하지 않을 것입니다.

그러나 실제로는 그러한 생각들이 우리의 마음속에 자리를 잡지 않고 있기 때문에, 우리는 지금도 여전히 편하고 즐거운 것들을 좋아하고, 우리의 신앙은 냉랭함과 나태함과 무감각함에 빠져서 헤어 나오지 못합니다.

6. 우리의 곤고한 육신이 시도 때도 없이 탄식하는 것은 우리의 심령이 거의 빈사 상태에 있기 때문입니다. 그러므로 옛적의 선지자가 그러하였듯이(시 80:5), 당신도 통회의 영을 주시라고, 하나님께 이렇게 기도하십시오: "주여, 애통함의 떡을 내게 먹이시고, 많은 눈물을 마시게 하소서."

제22장

인간의 비참한 상태

1. 하나님께로 돌아가지 않는다면, 당신은 어디에 있든지, 또는 어디로 가든지 비참할 수밖에 없습니다.

    당신은 일들이 자기가 원하고 뜻하는 대로 이루어지지 않는다고 해서 불안해합니까? 모든 일이 자기 뜻대로 되는 사람이 누가 있습니까? 나도 아니고, 당신도 아니며, 이 땅에는 아무도 없습니다. 왕이든 교황이든, 환난도 겪지 않고 걱정거리도 없는 사람은 이 세상에 없습니다.

    그렇다면, 어떤 사람이 더 나은 삶을 사는 것일까요? 하나님을 위하여 이 모든 고난을 감내하며 살아가는 사람입니다.

2. 수많은 어리석고 연약한 사람들은 이렇게 말합니다: "저 사람이 얼마나 행복하고 복된 삶을 사는지를 보십시오. 그 사람은 큰 부자인데다가 권력과 명성도 있어서, 사람들로부터 존경받고 살아가지 않습니까." 하지만 눈을 들어서 천국의 부요함을 바라보십시오. 그러면, 이 세상에 속한 모든 것들은 아무것도 아니라는 것을 알게 될 것입니다.

    세상이 주는 부귀영화는 뜬구름 같아서 언제 사라질지 모르기 때문에, 그것을 가지고 있는 사람을 늘 불안해하고 두려워하게 만드는 부담스럽고 힘겨운 것입니다. 사람의 행복은 많은 재물을 소유함에 있지 않기 때문에, 적은 재물로도 충분합니다.

    사실, 이 땅에서 살아가는 것 자체가 비참한 일입니다. 신령한 삶을 살고자 하면 할수록, 현세의 삶은 점점 더 괴롭게 됩니다. 인간의 타락한 성정을 더 잘 알게 되고 더 분명하게 보게 되기 때문입니다. 먹고 마시는 것, 자고 깨는 것, 일하고 쉬는 것 등을 비롯해서 사람이 살아가기 위해서 필수적으로 행하지 않으면 안 되는 일들이, 경건한 사람에게는 몹시 비참한 일들이고 큰 고역이어서, 거기로부터 하루 빨리 벗어나고 싶어 하고, 모든 죄들로부터도 벗어나고 싶어 합니다.

3. 이 세상에서 생존하기 위하여 "육신"이 꼭 필요로 하는 일들은 우리의 "속사람"에게는 몹시 부담스럽고 괴로운 무거운 짐입니다. 그래서 선지자는 그런 것들로부터 벗어나게 해 달라고 기도하였습니다: "주여, 내가 어쩔 수 없이 해야 하는 일들로부터 나를 건져 주소서"(시 25:17).

   반면에, 자기 자신이 비참한 삶을 살아가고 있다는 사실을 알지 못하는 사람들에게는 화가 있을 것이고, 그러한 비참하고 타락한 삶을 사랑하는 사람들에게는 더 큰 화가 있을 것입니다. 그런 사람들은 힘들게 일을 해서든, 아니면 구걸을 해서든, 생존하는 데 필요한 것들을 겨우 마련해서 근근이 살아간다고 할지라도, 어떻게 해서든지 악착같이 그러한 삶에 애착을 갖고 매달리는 까닭에, 이 땅에서 살아갈 수만 있다면, 하나님의 나라 따위에는 관심을 두지 않을 것이기 때문입니다.

4. 세상에 푹 빠져서, 오직 육신적인 것들만을 좋아하고, 그 밖의 다른 것들에 대해서는 관심이나 흥미가 전혀 없는 사람들은, 그 심령이 미혹되고 홀려서 제정신이 아닌 사람들입니다! 그들은 지금도 비참한 사람들이지만, 결국에는 자신들이 그토록 사랑했던 것들이 얼마나 하찮고 쓸데없는 것들이었는지를 깨닫고서 가슴을 치게 될 것입니다.

   반면에, 하나님의 성도들과 그리스도의 모든 경건한 벗들은, 육신을 기쁘게 해 주는 것들이나, 세상 사람들이 소중하게 여기는 것들에 눈길을 주지 않았고, 도리어 오로지 하늘에 있는 영원한 것들에 소망을 두고 간절히 열망하였습니다. 그들의 모든 열망은 눈에 보이지 않는 영원한 것에 있었고, 눈에 보이는 것들을 사랑하는 마음이 그들을 아래로 끌어내려서 비참한 삶을 살게 할 수 없었습니다.

5. 형제여, 신령한 사람으로 진보해 나갈 수 있다는 확신과 담대함을 버리지 마십

시오. 아직 시간도 있고 기회도 주어져 있는데, 왜 결단하고 나아가지 않고 머뭇거리고 있는 것입니까? 지금 즉시 일어나서, 당장 행동을 개시하면서, 이렇게 말하십시오: "지금이 행하여야 할 적기이고, 지금이 싸워야 할 적기이며, 지금이 삶을 변화시킬 좋은 적기이다." 괴롭고 힘들 때, 그 때가 바로 한 걸음 진보할 수 있는 절호의 기회입니다.

하나님이 주시는 안식처로 건너가기 위해서는, 물과 불을 통과하지 않으면 안 됩니다. 온 힘을 다해서 애쓰고 힘쓰지 않는다면, 악을 이길 수 없습니다. 이 연약한 육신을 입고 살아가는 동안에는, 죄에서 벗어나 살아갈 수도 없고, 힘들고 괴로운 것 없이 살아갈 수도 없습니다.

우리는 온갖 참상으로부터 벗어나서 고요하게 살아가고 싶어 합니다. 하지만 죄로 말미암아 순수한 상태를 잃어버림으로써, 진정으로 복된 삶도 잃어버렸습니다. 그러므로 우리는 장차 하나님께서 우리에게 긍휼을 베푸셔서, 이 죄악이 지나가고, "죽을 것이 생명에 삼킨 바 되게"(고후 5:4) 하실 때까지, 참고 기다려야 합니다.

6. 사람은 너무나 연약해서, 늘 악에 이끌립니다. 오늘은 자신의 죄를 고백하고 회개하지만, 내일이 되면, 자기가 어제 고백하고 회개하였던 그 죄를 또다시 짓습니다. 죄를 짓지 않기 위해서 정말 조심해서 행하겠다고 단단히 결심하고서도, 한 시간만 지나면, 마치 자기가 언제 그런 결심을 하였느냐는 듯이 거침없이 죄를 짓습니다.

그러므로 스스로 낮아져 겸손하여야 하고, 조금이라도 자만해서는 안 됩니다. 우리는 지극히 연약하고 변덕스러운 존재이기 때문입니다. 또한, 하나님의 은혜로 말미암아 힘들고 고된 과정을 거쳐서 얻은 것을 한순간의 방심으로 잃어버릴 수도 있습니다.

7. 우리가 지금 이렇게 계속해서 미지근하게 신앙생활을 해 나간다면, 결국에는 어떻게 되겠습니까? 우리의 삶과 행실 속에서 아직 참된 거룩함이 드러나지 않는데도, 마치 이제는 다 되었다는 듯이 안심하고 편안한 마음으로 지낸다면, 우

리에게 화가 있을 것입니다.

그런 경우에는, 자신을 초신자로 여기고서, 지극히 선한 삶에 대하여 다시 가르침을 받는 가운데, 자신이 장래에 삶과 행실을 고쳐서 영적으로 더 진보할 소망이 있는지의 여부를 조심스럽게 타진해 보는 것이 지혜롭고 선한 일입니다.

제23장

죽음에 대한 묵상

1. 이 땅에서 당신의 삶은 아주 신속하게 끝날 것입니다. 그러므로 또 다른 세상에서 당신이 어떤 모습으로 지내게 될 것인지를 그려 보십시오. 오늘 멀쩡히 살아 있는 사람이, 내일이면 우리의 눈에서 사라지고 없습니다. 또한, 눈에서 사라지면, 금세 잊힙니다.

   사람의 마음은 너무나 무감각하고 딱딱하게 굳어 있어서, 당장 눈앞에 닥친 일들만을 생각하고, 장차 자신에게 일어나게 될 일에 대해서는 조금도 준비하려고 하지 않습니다. 당신은 매사에 마치 바로 오늘 죽을 것처럼 생각하고 행하는 것이 마땅합니다.

   선한 양심을 지니고 있다면, 죽음이 그리 두렵지 않을 것입니다. 죽음을 피해 달아나려고 하기보다는, 죄를 피하는 것이 더 낫습니다. 오늘 이미 죽을 준비가 되어 있지 않다면, 내일이라고 해서 죽을 준비가 되어 있겠습니까? 당신에게 내일이 올지 안 올지는 불확실합니다. 당신이 내일도 살아 있을 것이라는 보장이 어디 있습니까?

2. 오래 살았는 데도 삶이 별로 변화된 것이 없다면, 오래 산 것이 무슨 유익이 되겠습니까? 사실, 오래 산다고 해서, 삶이 더 선하고 거룩하게 변화되는 것이 아니라, 정반대로 죄만 더 키우는 경우가 많습니다. 이 세상에서 단 하루를 살았더라도, 선하고 거룩하게 살았다면, 그 사람은 제대로 잘 산 것입니다. 신앙생활을 오랫동안 해 왔어도, 자신의 삶이 선하게 변화되는 열매를 거둔 사람은 그리 많지 않습니다.

   죽는 것이 두려운 일이라면, 오래 사는 것은 더 두렵고 위험한 것일 수 있습니다. 자기가 언제 어느 순간에 죽을지 모른다고 생각해서, 날마다 죽음을 준비하는 사람은 복 있는 사람입니다. 다른 사람이 죽는 것을 볼 때마다, 당신도 그 동일한 길을 걸어가야 한다는 것을 생각하십시오.

3. 아침에는 밤이 될 때까지 살아 있지 못할 수도 있다고 생각하고, 밤에는 내일
    아침을 다시 보게 될 것이라고 자신하지 마십시오. 그러므로 늘 죽음을 준비한
    가운데 살아가고, 준비되지 않은 상태에서 죽음을 맞이하는 일이 없게 하십시
    오. 많은 사람이 예기치 않게 갑작스럽게 죽음을 맞이합니다. "생각하지 않은
    때에 인자가 오실" 것입니다(마 24:44).

    마지막 순간이 찾아오면, 지금까지 살아 온 지난 모든 세월이 당신에게 지금
    과는 판이하게 다른 모습으로 보이게 될 것이고, 당신은 너무나 생각 없이 부
    주의하고 나태하게 살아 온 것을 통탄스럽게 여기고 가슴을 치며 후회하게 될
    것입니다.

4. 순간순간마다 지금 이 모습 이대로 죽는다고 하여도 아무런 후회가 없는 그
    런 삶을 살아가려고 애쓰는 사람은 정말 행복하고 지혜로운 사람입니다.

    세상을 온전히 멸시하고, 덕에 있어서 진보를 이루고자 하는 간절한 열망을
    품고서, 하나님의 징계와 훈육을 기뻐하며, 회개하고자 애쓰고, 자원해서 순종
    하며, 자기부인의 삶을 살고, 그리스도를 사랑해서 온갖 역경들을 감내하는 삶
    을 살아가는 사람은 죽음 앞에서 큰 담대함을 갖게 됩니다.

    건강할 때에는 선한 일들을 할 많은 기회를 가질 수 있지만, 병들어 있을 때
    에는 무엇을 할 수 있을지, 나는 모르겠습니다. 병으로 말미암아 더 선한 삶으
    로 변화를 받는 사람은 적습니다. 또한, 자주 밖으로 나도는 사람치고 거룩해
    지는 사람도 드뭅니다.

5. 친구들이나 친척들을 의지하는 마음을 버리고, 당신의 구원 문제를 나중으
    로 미루지 마십시오. 사람들은 당신이 생각하는 것보다 더 금방 당신을 잊습
    니다. 다른 사람들의 도움을 기대하는 것보다, 바로 지금 적절한 때에 당신
    의 구원에 필요한 것들을 미리미리 준비해 두는 것이 더 낫습니다.

    지금 당신이 자신을 돌보지 않는다면, 나중에 누가 당신을 돌보아 주겠습니

까? "지금"이라는 시간은 대단히 소중합니다. 지금이 구원의 날이고, 지금이 은혜 받을 때입니다. 영원한 삶을 준비해야 할 시간을 무익하게 허비해 버린다면, 얼마나 안타까운 일이겠습니까?

당신의 삶을 고칠 수 있도록, 하루, 아니 한 시간만 더 기다려 달라고 애걸할 때가 곧 찾아오게 될 것인데, 과연 당신이 그 하루 또는 한 시간을 얻어낼 수 있을지, 나는 모르겠습니다.

6. 사랑하는 자여, 늘 죽음을 염두에 두고서 경외함 가운데서 살아가기만 한다면, 아무리 큰 위험으로부터도 벗어날 수 있고, 큰 두려움으로부터도 건짐을 받을 수 있다는 것을 알아야 합니다. 지금 그런 식으로 살려고 애쓰십시오. 죽음을 맞이할 때, 두려워하는 것이 아니라, 도리어 기뻐할 수 있게 될 것입니다.

지금 세상에 대하여 죽는 법을 배우십시오. 죽음이 찾아오는 그 때에, 그리스도와 함께 사는 삶이 시작될 것입니다. 지금 모든 것을 내려놓고 버리는 법을 배우십시오. 죽음을 맞는 그 때에, 거칠 것이 전혀 없는 상태로 그리스도께로 갈 수 있을 것입니다. 지금 참회하며 자신의 몸을 치십시오. 죽음을 맞이할 그 때에, 아주 견고한 담대함을 지니게 될 것입니다.

7. 어리석은 자여, 당신이 내일 살아 있을지 없을지도 불확실한 처지인데도, 왜 당신은 자기가 앞으로도 오래 살게 될 것이라고 생각하는 것입니까? 얼마나 많은 사람들이 그런 생각에 속아서 살다가, 어느 날 한순간에 육신을 벗고 이 세상을 하직하였습니까!

어떤 사람은 물에 빠져서 죽었고, 어떤 사람은 높은 곳에서 떨어져서 즉사하였으며, 어떤 사람은 식사하다가 죽었고, 어떤 사람은 놀다가 죽었으며, 어떤 사람은 불이 나서 죽었고, 어떤 사람은 칼에 죽었으며, 어떤 사람은 전염병에 걸려 죽었고, 어떤 사람은 강도들의 손에 죽었다는 등, 우리는 이런저런 모양으로 죽은 사람들에 관한 이야기를 자주 듣곤 합니다.

이렇게 죽음은 모든 사람의 끝이고, 사람의 생명은 그림자처럼 한순간에 사라져 버리고 맙니다.

8. 당신이 죽은 후에, 당신을 기억할 사람이 누가 있겠으며, 누가 당신을 위해 기도해 주겠습니까? 사랑하는 자여, 지금 할 수 있는 일들을 하십시오. 당신이 언제 죽을지를 알 수 없고, 죽은 후에 당신에게 무슨 일이 일어날지도 알 수 없기 때문입니다.

    시간이 주어져 있는 동안에, 영원히 썩지 않을 보화를 하늘에 쌓아 두십시오. 오직 당신의 구원만을 생각하고, 오직 하나님의 일들만을 돌아보십시오. 성인들을 존귀하게 여기고, 그들의 행실을 본받음으로써, 그들을 당신의 친구로 삼으십시오. 그러면, 당신이 이 세상을 떠날 때, 그들이 당신을 영접하여 영원한 처소로 데려가 줄 것입니다.

9. 이 땅에서는 순례자와 나그네로 지내십시오. 순례자와 나그네에게는 이 세상의 일들이 아무 상관이 없습니다. 늘 마음을 비우고, 하나님을 바라보십시오. 이 땅에는 영원한 도성이 없습니다(히 13:14). 하나님을 바라보고서, 날마다 눈물로써 탄식하고 기도하십시오. 그러면 죽은 후에, 당신의 영혼은 복된 상태로 주님께 나아가게 될 것입니다. 아멘.

제24장

죄인에 대한 심판과 형벌

1. 무슨 일을 할 때마다, 장차 최후의 심판 날에 저 지엄하신 재판장 앞에서 당신이 한 모든 일들을 해명해야 할 것임을 생각하십시오. 그 재판장 앞에서는 그 어떤 것도 숨겨질 수 없고, 뇌물로 매수하는 것도 불가능하며, 변명이라는 것은 전혀 통할 수 없습니다. 그 재판장은 오직 공의로 심판하실 것입니다.

   불쌍하고 어리석기 짝이 없는 사람아, 당신은 이따금 성난 사람의 얼굴만 보아도 두려워하는 사람인데, 당신이 저지른 모든 죄악을 다 아시는 하나님 앞에서 도대체 무엇이라고 변명하며, 당신의 모든 죄악에 대한 하나님의 진노를 어떻게 감당하려고 하십니까? 왜 당신은 심판의 날에 대비하지 않는 것입니까?

   그 날에는 아무도 다른 사람을 대신해서 변명해 줄 수 없고, 각 사람이 자신의 짐을 감당하여야 하기 때문입니다. 지금 이 땅에서 당신이 하는 수고는 열매를 맺고, 당신의 눈물은 하나님 앞에 열납되며, 당신의 탄식은 하나님 앞에 상달되고, 당신의 슬픔과 회개는 당신의 죄를 없이하고 당신을 정화시켜 줍니다.

2. 지금 이 땅에서 인내하는 사람에게는 자신을 정화시킬 수 있는 아주 좋은 기회가 주어져 있습니다.

   해악을 입을 때에는 자신이 입은 해악보다도 자기에게 해악을 끼친 사람의 악의에 대하여 더 마음 아파합니다. 자신의 대적들을 위해 진심으로 기도하며, 그들의 잘못을 마음으로부터 용서합니다. 자기가 잘못했을 때에는, 지체하거나 망설이지 않고, 즉시 용서를 구합니다. 화를 내기보다는 불쌍히 여기는 데 더 빠릅니다. 기회가 있을 때마다, 자신을 쳐서, 자신의 몸을 영혼에 완전히 복종시키려고 애씁니다.

   우리의 죄를 그대로 내버려 두었다가, 나중에 내세에 가서 형벌을 받는 것보다는, 지금 여기에서 죄를 정화하고 악을 끊어내는 것이 더 낫습니다. 그런데도 우리는 육신에 대한 무절제한 사랑으로 인해서 미혹되어 스스로 속고 있는 것이 현실입니다.

3. 당신의 죄들이 아니면, 지옥의 불이 무엇을 연료로 삼아서 영원토록 활활 타오를 수 있겠습니까? 이 땅에서 자기 자신을 쳐서 자신의 육신을 복종시키지 않고, 도리어 육신의 소욕을 더 많이 따를수록, 나중에 내세에서 받게 될 괴로움과 고통은 더욱 커질 것이고, 지옥 불을 타오르게 할 연료는 그만큼 더 많이 제공될 것입니다.

사람은 어떤 죄를 지었든지 간에, 자신이 저지른 바로 그 구체적인 죄에 걸맞은 혹독한 형벌을 받게 될 것입니다.

이 땅에서 게으르고 나태하게 살았던 사람들은 불붙은 막대기에 쫓겨서 정신없이 내달리게 될 것이고, 먹기를 탐한 사람들은 견디기 어려운 굶주림과 목마름으로 고통을 당하게 될 것입니다.

이 땅에서 사치와 쾌락에 빠져 살았던 사람들은, 불붙은 역청과 고약한 냄새가 코를 찌르는 유황으로 뒤범벅이 된 불 못에 빠져서 허우적거리게 될 것이고, 시기와 질투로 점철된 삶을 살았던 사람들은 미친 개들처럼 구슬피 울부짖게 될 것입니다.

4. 모든 죄악은 각각의 죄악에 합당한 형벌을 받게 될 것입니다. 이 땅에서 교만하게 살았던 자들은 무엇이 무엇인지 하나도 알 수 없어서 지독한 혼란과 혼돈 속에 빠져들게 될 것이고, 탐욕스럽게 살았던 자들은 지독한 가난과 궁핍으로 인한 극심한 고통을 맛보게 될 것입니다. 거기에서 한 시간 고통 받는 것은, 여기에서 백 년 동안 가슴을 찢고 통절하게 참회하고 뉘우치는 것보다 더 괴로울 것입니다. 여기에서는 힘들고 괴롭더라도 중간 중간 쉴 수 있고, 친구들의 위로를 받을 수도 있습니다. 하지만 지옥에 떨어진 사람들에게는 쉼도 없고 위로도 없습니다.

그러므로 지금 여기에서 자신의 죄를 꼼꼼히 살피고 애통해하십시오. 그러면, 심판의 날에 저 복된 사람들과 함께 담대하게 설 수 있게 될 것입니다. 왜냐하면, 이 땅에서는 스스로를 낮추고서 사람들의 판단에 복종하였던 의인들이 그 날에는 자신들을 괴롭히고 압제하였던 자들을 쳐서 일어나 견고히 서서, 그들을 심판하게 될 것이기 때문입니다.

그 날에는 심령이 가난하고 겸손한 사람들은 큰 담대함을 갖게 되겠지만, 교만한 자들은 사방에서 엄습해 오는 공포에 휩싸이게 될 것입니다.

5. 그 날에는 이 세상에서 그리스도를 위하여 기꺼이 미련한 자가 되어 멸시받고자 하였던 사람들이 참으로 지혜로운 사람들이었다는 것이 드러나게 될 것입니다.

그 날에는 모든 환난을 인내로써 감당하였던 사람들은 기뻐하게 될 것이고, "모든 사악한 자는 자기 입을 봉하게" 될 것입니다(시 107:42).

그 날에는 경건한 사람들은 기뻐하게 될 것이고, 불경건한 자들은 통곡하게 될 것입니다.

그 날에는 이 세상에서 온갖 쾌락과 즐거움을 누리는 삶을 살았던 사람들이 아니라, 자신의 육신을 죽이고 괴롭게 하는 삶을 살았던 사람들이 정말 기뻐 뛰게 될 것입니다.

그 날에는 보잘것없고 초라한 옷에서는 광채가 나고 빛을 발하게 될 것이지만, 화려하고 고급스러운 옷은 빛을 잃게 될 것입니다.

그 날에는 초라한 초가집이 온통 금으로 장식된 궁전보다 더 칭송을 받게 될 것입니다.

그 날에는 끝까지 변함없이 참고 인내하여 믿음을 지켜 산 것이 세상의 모든 권력을 누리며 산 것보다 더 큰 만족을 가져다주게 될 것입니다.

그 날에는 단순한 순종이 세상의 모든 지혜보다 더 높임을 받게 될 것입니다.

6. 그 날에는 순전하고 깨끗하고 선한 양심이 박사들의 철학보다 더 큰 만족감을 가져다주게 될 것입니다.

그 날에는 재물을 경멸하는 마음이 세상의 모든 보화보다 더 소중히 여겨지게 될 것입니다.

그 날에는 기도에 착념하였던 것이 호의호식했던 것보다 더 큰 위로가 되어 줄 것입니다.

그 날에는 말을 많이 하지 않고 침묵하며 살았던 것을 다행이라고 생각하며 기뻐하게 될 것입니다.

그 날에는 거룩한 행실이 많은 아름다운 말들보다 더 가치 있는 것으로 여겨지게 될 것입니다.

그 날에는 엄격하고 절제된 삶과, 가슴을 치며 통회자복하는 삶을 살았던 것이 세상의 온갖 즐거움을 누리며 살았던 것보다 더 귀한 삶이었음이 드러나게 될 것입니다.

그러므로 장차 큰 괴로움들을 영원토록 겪게 되지 않기 위해서, 지금 여기에서 작은 괴로움들을 감당하는 법을 배우십시오. 당신이 나중에 내세에서 무엇을 감당할 수 있는지를, 지금 여기에서 먼저 검증해 보십시오.

지금 여기에서 잠시잠깐 작은 괴로움조차 감당할 수 없다면, 어떻게 장차 큰 괴로움들을 영원히 감당할 수 있겠습니까? 지금 여기에서 잠시잠깐 작은 고난조차 참아낼 수 없다면, 어떻게 장차 지옥 불을 참아낼 수 있겠습니까?

당신에게 주어진 두 번의 삶에서 모두 다 기쁨을 누리는 것, 즉 현세에서 세상의 즐거움들을 누리다가, 내세에 가서도 그리스도와 함께 왕 노릇 한다는 것은 있을 수 없습니다.

7. 당신이 지금 이 순간까지 온갖 부귀영화를 누리며 살아 왔다고 해도, 바로 이순간 죽음이 당신을 찾아온다면, 당신의 그런 삶이 당신에게 무슨 소용이 있으며 무슨 유익이 있겠습니까? 그러므로 하나님을 사랑하고 섬기는 것을 제외한 모든 것이 헛된 일입니다.

전심을 다해서 하나님을 사랑하는 사람은 죽음이나 형벌이나 심판이나 지옥을 두려워하지 않습니다. 왜냐하면, 온전한 사랑은 하나님께 나아가는 것을 보증해 주기 때문입니다. 하지만 죄짓는 것을 즐거워하는 사람이 죽음과 심판을 두려워하고 겁내는 것은 전혀 이상한 일이 아닙니다.

당신이 하나님을 사랑해서 악을 멀리하는 것이 가장 좋은 일이지만, 그렇게 되지 않는다면, 적어도 지옥에 대한 두려움으로 인해서 악을 멀리하는 것도 좋은 일입니다. 하나님을 경외하는 마음이 결여되어 있는 사람은 선한 상태를 오랫동안 유지할 수 없기 때문에, 금세 마귀의 덫에 걸려 넘어집니다.

제25장

삶 전체를 고치려고 열심을 냄

1. 늘 깨어서 부지런히 하나님을 섬기십시오. 당신이 세상을 버리고 이곳에 온 이유를 자주 상기하십시오. 그것은 하나님을 섬기고 신령한 사람이 되기 위한 것이 아니었습니까? 그러므로 온전하게 되기 위하여 열심을 내십시오. 그렇게만 한다면, 머지않아 당신이 수고한 것에 대한 상을 받게 될 날이 올 것이고, 임종의 때에는 당신에게 두려움이나 걱정 따위는 엄습해 오지 못할 것입니다.

   지금 여기에서 작은 수고를 하십시오. 그러면, 머지않아 큰 안식, 아니 영원한 기쁨을 누리게 될 것입니다. 당신이 늘 변함없이 열심을 내어 신실하고 부지런히 행한다면, 하나님께서도 신실하게 행하셔서, 당신에게 풍성한 상급을 주실 것임은 의심의 여지가 없습니다.

   반드시 승리하게 될 것이라는 선한 소망을 견지하는 것이 마땅하지만, 안일함에 빠져서 방심하여 나태하게 되고 자만하게 되어서는 안 됩니다.

2. 어떤 사람이 마음에 근심이 있어서 자주 두려움과 소망 사이를 오가다가, 어느 날은 슬픔에 사로잡혀서, 교회의 제단 앞에 엎드린 채로, 자신의 처지를 곰곰이 생각한 후에, "내가 끝까지 인내하여야 한다는 것을 그 때에 알았더라면 얼마나 좋았을까"라고 속으로 말하였습니다.

   그러자 그 즉시 그의 마음속에서 하나님의 음성이 들려왔습니다. "네가 그 때에 알았다면, 어떻게 하였겠는가? 그 때에 행하였을 것이라고 생각되는 바로 그것을 지금 그대로 행하라. 그러면, 네가 지극히 안전하리라."

   그 사람은 즉시 위로와 힘을 얻어서, 자기 자신을 하나님의 뜻에 맡겼고, 그를 자주 괴롭히던 불안도 그쳤습니다. 전에는 미래에 자기에게 어떤 일이 일어날지를 몰라서 전전긍긍하며, 그것을 알아내기 위하여 마음을 졸였지만, 이제는 하나님의 온전하시고 기뻐하시는 뜻이 무엇인지를 알려고 애쓰게 되었습니다. 왜냐하면, 그것이 모든 선한 일들의 출발점이자 종착지이기 때문입니다.

3. 선지자는 "여호와를 의뢰하고 선을 행하라 땅에 머무는 동안 그의 성실을 먹을 거리로 삼을지어다"(시37:3)라고 말합니다. 많은 사람들로 하여금 영적으로 진보하고 열심으로 삶을 변화시켜 나가지 못하도록 가로막는 것이 하나 있는데, 그것은 어려운 일들을 겪으며 힘들게 고생하는 것이나 고군분투하여 싸워야 하는 것을 두려워하는 것입니다.

   하지만 자기에게서 가장 어렵고 힘든 것들과 맞서 고군분투하며 싸워서 이기는 사람들만이, 다른 사람보다 덕에 있어서 월등히 큰 진보를 이룰 수 있습니다. 자기 자신을 이기고, 영으로 자기 자신을 죽일 때, 사람은 가장 큰 진보를 이루고, 가장 큰 은혜를 얻게 되기 때문입니다.

4. 각 사람이 싸워 이기고 죽여야 할 것들은 모두에게 동일하지 않습니다. 육체의 욕심이 강한 사람이라도 자신의 덕을 세우기 위하여 진심으로 부지런히 애쓴다면, 좋은 성정을 타고 나기는 했지만, 자신의 덕을 세우는 일에는 별로 관심이 없는 사람보다, 더 큰 영적인 진보를 이룰 수 있습니다.

   삶을 고치고 변화시키는 데 도움이 되는 것이 특히 두 가지가 있는데, 하나는 자신이 본성적으로 아주 강하게 끌리는 악들을 온 힘을 다해 끊어내는 것이고, 다른 하나는 자신에게 가장 결여된 덕들을 쌓기 위하여 치열하게 분발하는 것입니다.

   또한, 다른 사람들의 어떤 결점들이 자주 당신의 눈에 들어와서 당신을 불쾌하게 한다면, 바로 당신 속에 그런 결점들이 있는지를 살펴서, 그것들을 피하고 이기기 위하여 더욱 애쓰십시오.

5. 언제 어디서든 영적 진보를 이룰 기회를 만들어 내십시오.

   선한 모범을 보거나 들으면, 그것을 본받기 위해 분발하십시오. 반면에, 책망 받을 일이라고 생각되는 것을 보거나 들으면, 그런 일을 저지르지 않기 위해 조심하고, 그런 일을 이미 저지른 경우에는, 가능한 한 즉시 바로잡으려고 애쓰십시오. 당신의 눈이 다른 사람들을 지켜보고 있듯이, 다른 사람들의 눈도 당신을 지켜보고 있습니다.

열심이 있고 헌신적이며 행실이 반듯하고 신앙훈련이 잘 되어 있는 형제들을 보는 것은 얼마나 즐겁고 흐뭇한 일인지 모릅니다! 반면에, 자신이 부르심 받은 일들을 행하지는 않고, 제멋대로 방종하게 행하는 형제들을 보는 것은 정말 슬프고 가슴 아픈 일입니다!

자신이 받은 소명을 따라 해야 할 일들을 소홀히 하고, 자신의 일이 아닌 것들에 열심을 내는 것은 지극히 해로운 일입니다.

6. 당신이 행하였던 신앙 고백을 기억하고, 당신의 눈 앞에 선명히 보이는 십자가에 못 박히신 분의 모습을 그려 보십시오. 하나님의 길로 행한 지 오래되었음에도 불구하고, 예수 그리스도를 점점 더 닮아가기 위하여 애쓰지 않고 있다면, 예수님의 삶을 좀 더 깊이 들여다보면서, 스스로 부끄러워하는 것이 마땅합니다.

주님의 거룩하신 삶과 고난을 경건한 마음으로 깊이 묵상하는 신앙인들은 거기에서 자기에게 필요하고 유익한 모든 것들을 풍성하게 발견할 것입니다. 그런 사람들은 예수님보다 더 나은 어떤 것이나 어떤 존재를 찾아 헤맬 필요가 없습니다.

십자가에 못 박히신 예수님이 우리의 마음속으로 들어오시기만 한다면, 우리는 우리에게 필요하고 유익한 모든 것들을 아주 신속하고 풍성하게 배우게 될 것입니다!

7. 열심이 있는 신앙인은 하나님께서 자기에게 명하신 모든 일들을 기꺼이 받들어서 잘 감당해 냅니다. 반면에, 열심이 없고 미지근한 신앙인은 환난에 환난을 당하고, 사방으로 괴로움을 겪게 되는데, 그것은 내적으로 위로를 받지 못하고, 위로를 밖에서 구하는 것도 금지되어 있기 때문입니다.

엄격한 절제와 훈육 가운데서 살아가지 않는 신앙인은 그 토대조차 크게 무너져 내릴 위험을 항상 안고 살아가고 있는 것입니다. 좀 더 자유분방한 삶을 추구하는 사람은 언제나 이런저런 일로 기분이 상하고 화가 날 수밖에 없게 될 것이기 때문에, 늘 괴로움 속에서 살아갈 수밖에 없게 됩니다.

8. 수도원에 들어가서 엄격한 훈육 가운데서 살아가는 수많은 신앙인들은 어떻게 살아가고 있습니까?

그들은 수도원 밖으로 나가는 일이 거의 없고, 늘 묵상하는 삶을 살며, 그들의 먹는 음식은 조악하고, 의복은 소박하며, 일은 힘들고, 말은 거의 하지 않으며, 밤늦게 자서 꼭두새벽에 일어나고, 많이 기도하며, 틈만 있으면 독서하고, 자기 자신을 온갖 종류의 훈육에 복종시킵니다. 카르투지오 수도회(the Carthusians)나 시토 수도회(the Cistercians), 또는 그 밖의 다른 수도회의 수사들과 수녀들을 생각해 보십시오. 그들은 매일 밤마다 하나님께 찬송을 올려 드립니다.

이렇게 수많은 신앙인들이 밤늦게까지 자지 않고 하나님을 찬송하고 있는데, 당신이 하나님을 찬송하고 예배하는 일에 게으름을 피우며 꾸벅꾸벅 졸고 있다면, 그것은 얼마나 부끄러운 일이겠습니까!

9. 주 우리 하나님을 온 마음을 다하여 소리 높여 찬송하는 일만 하면 되고, 다른 일들은 할 필요가 없다면, 그리고 먹거나 마시거나 잠잘 필요가 전혀 없고, 늘 하나님을 찬송하고 영적인 훈련들에만 전념할 수 있다면, 우리는 지금보다 훨씬 더 행복할 것입니다. 왜냐하면, 지금 우리는 육신에 필요한 것들을 공급하기 위하여 많은 힘과 시간을 소모해야 하지만, 만일 육신이 필요한 것들을 공급하지 않아도 된다면, 우리 영혼이 힘을 얻는 일에만 집중할 수 있게 될 것이기 때문입니다. 하지만 안타깝게도, 현실적으로 영적인 힘을 맛보는 것은 드문 일이 되어 버렸습니다.

10. 사람이 그 어떤 피조물로부터도 위로받기를 구하지 않는 지점에 이르게 되면, 그 때에는 온전히 하나님만을 즐거워하기 시작하고, 아울러 자기에게 어떤 일이 일어나더라도 만족하게 됩니다. 그 때에는 큰 일들에도 기뻐하지 않고, 작은 일들에도 슬퍼하지 않으며, 하나님을 신뢰하여, 자기 자신을 온전히 하나님

께 맡겨 드립니다.

하나님은 만물 안에서 만물을 충만하게 하시는 분이시기 때문에, 하나님께는 썩어 없어지는 것도 없고 죽는 것도 없으며, 도리어 만물은 하나님을 위해 살고, 하나님이 고개만 한 번 끄덕여도 즉시 지체 없이 복종합니다.

11. 늘 당신의 삶의 종국을 기억하고, 잃어버린 시간은 다시 돌아오지 않는다는 사실을 상기하십시오. 끈질기게 추구하는 것과 부지런히 행하는 것이 없이는, 결코 덕을 쌓을 수 없다는 것을 명심하십시오.

하나님에 대한 열심이 미지근해지기 시작하였다면, 그것은 죄악에 빠져들기 시작하였다는 것을 의미합니다. 반면에, 당신의 마음이 열심으로 불타고 있다면, 큰 평안이 임할 것이고, 하나님의 은혜와 덕에 대한 사랑으로 말미암아 힘든 일도 가볍게 느껴질 것입니다. 열심이 있고 부지런한 사람은 무슨 일이든 할 준비가 되어 있습니다.

육신적으로 고된 일을 하며 땀 흘리는 것보다도, 악이나 정욕에 맞서 싸우는 것이 더 힘든 일입니다. 작은 잘못들을 피하지 못하는 사람은 조금씩 점점 더 큰 잘못들로 빠져들게 됩니다. 낮 동안을 유익하게 보낸다면, 언제나 그 저녁에는 기쁠 것입니다.

늘 자기 자신에 대해서 깨어 있고, 분발하며, 자기 자신에게 엄격하십시오. 다른 사람들이 어떤 식으로 행하든, 자기 자신을 늘 점검하고 살피십시오. 자신에게 엄격할수록, 그 만큼 더 영적 진보를 이루게 될 것입니다. 아멘.

2권

내면의 삶에 관한 권면들

De Imitatione Christi

제1장

내면의 삶

1. 주님께서는 "하나님의 나라는 너희 안에 있느니라"(눅 17:21)고 말씀하셨습니다. 온 마음을 다하여 주께로 돌이키고, 이 비참한 세상을 내려놓으십시오. 당신의 영혼이 쉼을 얻게 될 것입니다. 외적인 일들을 멸시하고, 내면의 일들에 집중하십시오. 하나님의 나라가 당신 속으로 임하는 것을 보게 될 것입니다. "하나님의 나라는 성령 안에 있는 평강과 희락"이고(롬 14:17), 그 나라는 불경건한 자들에게는 주어지지 않습니다.

당신의 내면에 그리스도께 합당한 거처가 마련되기만 하면, 주님은 당신에게 오셔서 당신을 위로해 주실 것입니다. 사람의 모든 영광과 아름다움은 내면으로부터 나오고, 그리스도께서는 그것을 기뻐하십니다. 그리스도께서는 속사람을 자주 찾아오시는데, 주님과의 교제는 달콤하고, 주님의 위로는 기쁨을 주며, 주님이 주시는 평안은 크고, 주님과의 친밀함은 놀라울 정도로 깊습니다.

2. 믿는 영혼이여, 신랑 되시는 주님께서 당신의 내면에 오셔서 거하시도록, 당신의 마음을 준비하십시오. 주님은 이렇게 말씀하십니다: "사람이 나를 사랑하면 내 말을 지키리니 내 아버지께서 그를 사랑하실 것이요 우리가 그에게 가서 거처를 그와 함께 하리라"(요 14:23). 그러므로 오직 그리스도께만 당신의 마음을 내어 드리고, 다른 모든 것들은 들어오지 못하게 하십시오. 왜냐하면, 그리스도만 계시면, 당신은 부요한 자이고, 오직 그리스도만으로 충분하기 때문입니다.

주님은 모든 일에서 신실하게 당신을 보살피시고 도우시는 이가 되어 주실 것이기 때문에, 당신은 사람을 의지할 필요가 없습니다. 사람은 쉽게 변하고, 금방 힘이 떨어지는 존재인 반면에, 그리스도는 영원히 계시고, 끝까지 변함없이 우리와 함께 하시는 분이십니다.

3. 어떤 사람이 우리에게 유익하고 소중하다고 할지라도, 사람은 연약하고 결국 죽을 수밖에 없는 존재이기 때문에, 사람을 많이 신뢰하거나 의지해서는 안 됩니다. 또한, 누가 종종 당신을 반대하고 대적한다고 해서, 큰 슬픔에 사로잡히지도 마십시오. 오늘은 우리와 함께 하였던 사람이 내일은 우리를 대적할지 모릅니다. 사람은 바람처럼 수시로 변하는 존재이기 때문입니다.

   오직 하나님만을 신뢰하고 의지하며, 오직 하나님만을 당신의 경외와 사랑의 대상으로 삼으십시오. 하나님께서는 당신에게 응답하실 것이고, 당신을 위해 가장 좋은 일을 행하실 것입니다. "여기에는" 당신이 머물 수 있는 "영구한 도성"이 없고(히 13:14), 당신은 어디에 있든지 나그네이자 외인이기 때문에, 내면에서 그리스도와 연합되어 하나가 되지 않는다면, 그 어디에서도 안식을 얻을 수 없습니다.

4. 이 땅은 당신의 안식처가 아닌데, 왜 쉴 새 없이 두리번거리며 무엇인가를 찾는 것입니까? 당신의 본향은 하늘에 있기 때문에, 이 땅의 모든 것은 단지 지나가는 것들일 뿐입니다. 이 땅의 모든 것은 지나가고, 당신도 마찬가지로 지나가는 존재입니다. 땅의 것들에 집착하여 사로잡혀서 멸망하지 않도록 조심하십시오. 오직 지극히 높으신 이에게만 마음을 두고, 끊임없이 그리스도께 간구를 드리십시오.

   하늘에 속한 것들을 묵상하는 법을 알지 못한다면, 그리스도의 고난에 착념하고, 그 거룩하신 상처들을 깊이 묵상하십시오. 십자가 위에서 그리스도께서 입으셨던 상처들과 그 상흔들을 온 마음으로 깊이 묵상한다면, 환난 가운데서 큰 위로를 얻게 될 것이고, 사람들로부터 받는 멸시에 별로 마음이 상하지 않게 될 것이며, 사람들이 폄하하고 무시하는 말들도 어렵지 않게 감당할 수 있게 될 것입니다.

5. 그리스도께서는 세상에 계실 때에 사람들로부터 멸시와 배척을 받으시고, 가장 절실할 때에 그를 아는 사람들과 친구들로부터 버림을 받으시는 수모를 감당하셔야 했습니다.

주님께서도 이렇게 기꺼이 고난과 멸시를 받으셨는데, 당신이 어떻게 감히 불평하겠습니까? 그리스도에게도 원수들이 있었고 비난하는 자들이 있었는데, 당신은 모든 사람이 당신에게 친구와 은혜 베푸는 자가 되어 주기를 바라는 것입니까?

역경이 없다면, 어떻게 인내로써 승리하여 "승리자의 관"(딤후 2:5)을 상으로 받을 수 있겠습니까? 그 어떤 반대도 감내하고자 하지 않는다면, 어떻게 그리스도의 친구가 될 수 있겠습니까?

그리스도와 함께 왕 노릇 하고자 한다면, 그리스도와 함께, 그리고 그리스도를 위하여 고난을 받으십시오.

6. 일단 예수님의 마음속으로 들어가서, 조금이라도 그의 불타는 사랑을 맛보았다면, 자신의 편안함이나 불편함 같은 것은 개의치 않게 되고, 도리어 사람들로부터 받는 비방이나 수모를 기뻐하게 됩니다. 예수님의 사랑은 사람으로 하여금 자기 자신을 멸시하게 만들어서, 자기는 어떻게 되어도 상관없다고 생각하게 되기 때문입니다.

예수님을 사랑하고, 마음이 진실하며, 무절제한 욕정으로부터 벗어나 있는 사람은, 자유롭게 하나님께로 돌아가서, 성령 안에서 자기 자신을 벗어나서, 참된 평안을 누릴 수 있습니다.

7. 모든 것을 있는 그대로 보고, 다른 사람들이 말하거나 평가하는 것에 의해서 좌지우지되지 않는 사람은 사람들의 가르침이 아니라 하나님의 가르침을 따르는 것이기 때문에, 진정으로 지혜로운 사람입니다.

내면으로부터 행하고, 외적인 것을 별로 중요하게 생각하지 않는 사람은, 경건의 훈련을 행함에 있어서 특정한 시간이나 장소에 구애받지 않습니다. 내면의 삶에 집중하며 살아가는 사람은 외적인 것들에 대하여 온 마음을 쏟지 않기 때문에, 금방 다시 마음을 하나로 모아서 묵상하거나 기도할 수 있습니다. 그때그때 꼭 해야 하는 외적인 일들이 그에게는 그 어떤 방해도 되지 않습니다. 어떤 일들이 그에게 주어질지라도, 거기에 금방 적응해서 잘해냅니다.

내면이 잘 정돈되어 있는 사람은 다른 사람들의 기괴하고 악한 행위들에 전혀 신경이 쓰이지 않습니다. 사람은 외적인 것들에 휘둘리는 정도만큼, 외적인 일들에 의해서 방해를 받고 마음이 산만해집니다.

8. 만일 죄에서 벗어나 정결하고 올바른 삶을 살아간다면, 모든 것이 합력하여 유익이 되고, 영적인 진보를 가져다주게 될 것입니다.

많은 것들이 당신을 불쾌하게 하고 자주 괴롭게 한다면, 그것은 자기 자신에 대하여 완전히 죽지 않거나, 땅에 속한 모든 것들로부터 완전히 벗어나지 않았기 때문입니다. 피조물에 대한 불순한 사랑만큼, 사람의 마음을 더럽히고 옭아매는 것은 없습니다.

외적인 것들로부터 위로받는 것을 거부한다면, 하늘에 속한 것들을 묵상할 수 있고, 내면의 기쁨을 자주 맛볼 수 있습니다.

제2장

내면의 삶에 있어서의 조타수인 "순복"

1. 누가 당신에게 우호적이고, 누가 당신에게 적대적인지에 대해서는 크게 신경 쓰지 말고, 오로지 당신이 지금 해야 할 일에만 마음을 쓰고, 당신이 하는 일마다 과연 하나님께서 함께 하고 계시는지의 여부에 신경을 쓰십시오.

   선한 양심을 가지십시오. 하나님께서 당신을 지켜 주실 것입니다. 하나님이 지켜 주시는 사람은 사람들의 악의에 의해서 해악을 입지 않습니다. 잠잠히 고난을 감내하면, 반드시 하나님의 도우심을 보게 될 것입니다. 하나님은 당신을 고난으로부터 건져 내실 때와 방법을 알고 계십니다. 그러므로 자신을 하나님께 내어 맡기십시오. 오직 하나님의 도우심이 있어야만, 모든 환난에서 벗어날 수 있습니다.

   다른 사람들이 우리의 잘못들을 알고 책망한다면, 그것은 흔히 우리를 한층 더 겸손하고 낮아지게 만들어 주기 때문에 우리에게 크게 유익한 일입니다.

2. 사람이 자기를 낮추고 겸손하게 잘못을 시인하면, 그에게 화가 났던 사람들도 금방 쉽게 화를 풀고 누그러집니다. 하나님께서는 겸손한 사람을 보호하시고 구원하십니다. 겸손한 사람은 하나님이 사랑하시고 위로해 주십니다. 하나님은 겸손한 사람을 돌아보시고, 큰 은혜를 차고 넘치게 부어 주시며, 잠시 낮추셨을지라도 그런 후에는 반드시 들어올리셔서 영광을 받게 하십니다. 하나님께서는 겸손한 사람에게 자신의 비밀들을 나타내시고, 인자하신 음성으로 초대하셔서, 자기에게로 이끄십니다.

   겸손한 사람은 세상이 아니라 하나님을 의지하기 때문에, 사람들로부터 모욕과 수모를 당할 때에도 넉넉히 평안 가운데 거합니다. 자신이 다른 모든 사람보다 못하다고 느끼지 못한다면, 그것은 영적으로 조금도 진보한 것이 아니기 때문에, 행여나 자기가 진보하였다고 생각해서는 안 됩니다.

제3장

참된 화평을 가져다주는 사람

1. 먼저 스스로 화평 가운데 있으십시오. 그래야만, 다른 사람들에게 화평을 가져
    다줄 수 있습니다. 화평하게 하는 사람은 많이 배운 사람보다 다른 사람들에게
    더 많은 유익을 끼칩니다. 혈기를 따라 행하는 사람은 심지어 선을 악으로 둔
    갑시키기도 하고, 어떤 것을 악이라고 쉽게 믿는 반면에, 화평하게 하는 사람
    은 모든 것을 선으로 바꾸어 놓습니다.

    참된 화평 가운데 있는 사람은 아무것도 의심하지 않습니다. 하지만 불만과
    불안에 사로잡혀 있는 사람은 많은 의심으로 요동하기 때문에, 자기 자신도 평
    안을 누리지 못하고, 다른 사람들로 하여금 평안을 누리게 하지도 못합니다. 흔
    히 그런 사람은 말하지 않아야 할 것을 말해 버리고, 반드시 해야 할 일을 빠뜨
    리고 하지 않으며, 다른 사람들이 해야 할 일들에 대해서는 꼼꼼히 따지면서
    도, 자신이 해야 할 일들은 소홀히 합니다.

    그러므로 먼저 자기 자신에 대하여 열심을 내십시오. 그래야만, 주위 사람들
    에 대한 당신의 열심이 올바른 것이 될 것입니다.

2. 당신은 자신의 행위들을 여러 가지 변명들로 합리화하여 용납하는 데 능숙하
    지만, 다른 사람들이 그런 변명들을 늘어놓는다면, 결코 용납하거나 받아들이
    려 하지 않을 것입니다. 하지만 자기 자신의 잘못을 솔직하게 인정하고, 당신
    의 형제들의 변명은 선선히 받아 주는 것이 옳습니다. 사람들로부터 용납받기
    를 바란다면, 먼저 다른 사람들을 용납하십시오.

    보십시오. 당신은 참된 사랑이나 겸손과는 너무나 거리가 먼 사람입니다. 왜
    냐하면, 진정으로 사랑과 겸손을 아는 사람은 자기 자신 외에는 그 누구에게도
    화를 내거나 분노하는 것을 알지 못하기 때문입니다.

    선하고 순한 사람들과 잘 지내는 것은 어려운 일이 아닙니다. 그런 것은 모

든 사람이 본성적으로 좋아하는 것이기 때문입니다. 누구나 화목하고 화평한 삶을 살기를 원하고, 자기 마음에 드는 사람들과 어울리기를 좋아합니다. 하지만 까다롭고 고집스러우며 왜곡된 사람이나, 변덕이 죽 끓듯 하고 제멋대로 행하는 사람이나, 자신을 반대하며 시비를 걸고 트집을 잡는 사람과 화평하게 잘 지낼 수 있는 것은 큰 은혜이고, 칭찬받을 만한 대단한 일입니다.

3. 스스로 화평 가운데 지내면서 다른 사람들과도 화평하게 지내는 사람들도 있지만, 스스로 화평 가운데 지내지도 못하고 다른 사람들과도 화평하게 지내지 못하는 사람들도 있습니다. 그런 사람들은 다른 사람들에게도 무거운 짐이지만, 그들 자신에게는 더욱 무거운 짐입니다. 또한, 스스로 화평 가운데 지내면서, 다른 사람들을 화평 가운데로 이끌려고 애쓰는 사람들이 있습니다. 이 비참한 삶 속에서 우리가 누리는 모든 화평은, 역경을 겪지 않는 데서 오는 것이 아니라, 역경을 겸손히 감내하는 데서 옵니다. 고난을 감내하는 법을 더 잘 아는 사람은 화평을 더 잘 유지할 수 있습니다. 그런 사람은 자기 자신을 이긴 사람이고, 세상의 주인이며, 그리스도의 친구이고, 천국의 상속자입니다.

제4장

마음은 순수하여야 하고, 의도는 단순하여야 함

1. 사람은 두 개의 날개로 위로 날아올라 이 땅을 벗어나게 되는데, 그것은 단순함과 순수함입니다. 의도는 단순해야 하고, 마음은 순수해야 합니다. 단순함은 우리를 하나님 앞으로 데려다 주고, 순수함은 우리로 하여금 하나님을 붙잡아 누리게 해 줍니다.

   내면이 온갖 무절제한 육정으로부터 벗어나 있다면, 그 어떤 선한 일을 행하는 것도 어렵지 않게 됩니다. 당신의 의도가 오로지 하나님이 기뻐하시는 뜻과 이웃의 유익만을 추구하는 것이라면, 당신은 내면의 자유를 누리게 될 것입니다.

   당신의 마음이 올바르다면, 모든 피조물이 당신의 삶을 비쳐주고 되돌아보게 해 주는 거울이 될 것이고, 거룩한 교훈을 담고 있는 책이 될 것입니다. 아무리 작고 보잘것없는 피조물이라도 그 존재 자체로 하나님의 선하심을 드러내고 있기 때문입니다.

2. 내면이 선하고 순수하면, 아무런 장애 없이 모든 것을 분명하게 보고 제대로 이해하게 됩니다. 순수한 마음은 천국과 지옥을 꿰뚫어 봅니다. 사람은 누구나 자신의 내면에 있는 것을 따라 밖에 있는 것들을 판단합니다.

   이 세상에 기쁨이 있다면, 분명히 그 기쁨은 순수한 마음을 지닌 사람의 것입니다. 그리고 어딘가에 환난과 괴로움이 있다면, 악한 양심을 지닌 사람이 그것을 가장 잘 압니다.

   쇠를 불에 던지면, 찌꺼기가 벗겨진 채 하얗게 달궈진 순수한 쇳물이 되듯이, 온전히 하나님께로 돌이킨 사람은 혼수상태에서 벗어나 새 사람으로 변화됩니다.

3. 열심이 사라지고 미지근해지면, 작은 수고도 두려워하게 되어서, 밖에서 오는 위로를 덥석 받아들이게 됩니다. 반면에, 자기 자신을 온전히 이기고 담대하게 하나님의 길로 행하기 시작하게 되면, 전에는 힘들고 어렵게 느껴졌던 것들이 가볍고 쉽게 생각됩니다.

제5장

자기 성찰

1. 우리 자신을 지나치게 신뢰해서는 안 됩니다. 우리에게는 은혜와 명철이 없을 때가 많기 때문입니다. 우리 속에는 단지 작은 빛만이 있는데다가, 그 작은 빛마저도 우리의 소홀함으로 인해서 금방 소멸해 버립니다. 또한, 우리는 우리의 내면의 어둠이 얼마나 큰 지를 알지 못합니다.

   우리는 흔히 악을 행할 뿐만 아니라, 거기에 변명하는 악까지 더하기 일쑤입니다. 종종 혈기에 따라 움직이고서도, 그것을 참된 열심으로 착각하기도 합니다. 다른 사람들에게서 보이는 작은 잘못들에 대해서는 가차 없이 꾸짖으면서도, 우리 자신에게 있는 더 큰 잘못들은 못 본 체하고 넘겨 버립니다.

   다른 사람들로부터 받는 고통들에 대해서는 아주 민감하게 반응하고 두고두고 곱씹으면서도, 우리로 인해서 다른 사람들이 겪는 고통들에 대해서는 무감각합니다. 자신이 어떻게 하고 살아가고 있는지를 제대로 올바르게 숙고하는 사람은 다른 사람들을 가혹하게 판단하는 사람이 될 수 없습니다.

2. 내면의 삶을 중시하는 사람은 다른 그 어떤 것보다도 자기 자신을 먼저 살피고, 자신을 부지런히 살피는 사람은 다른 사람들에 대해서는 침묵합니다. 다른 사람들의 일에 대하여 침묵하고, 자기 자신을 깊이 살피지 않는다면, 결코 내면이 성숙한 경건한 사람이 될 수 없습니다. 전적으로 자기 자신을 살피며 오직 하나님만을 바라본다면, 밖에서 무슨 일이 일어나더라도, 별로 요동하지 않게 됩니다.

   당신이 자기 자신을 살피고 있지 않다면, 당신의 생각은 도대체 어디에 가 있는 것입니까? 당신이 다른 모든 것들을 살펴서 능통했다고 할지라도, 자기 자신을 살피는 것을 소홀히 하였다면, 그것이 당신에게 무슨 유익이 있습니까? 참된 화평을 얻고 하나님과 하나됨에 이르고자 한다면, 다른 모든 것을 내려놓고, 오직 자기 자신만을 직시하여야 합니다.

3. 세상의 모든 염려로부터 벗어나 초연할 수 있다면, 영적으로 큰 진보를 이루게 될 것이지만, 반대로 세상에 속한 어떤 것에 마음을 둔다면, 크게 퇴보하게 될 것입니다. 하나님 자신이나 하나님께 속한 것들 외에는 그 어떤 것도 당신에게 소중하거나 귀하거나 즐거운 것이나 바람직한 것이 되어서는 안 됩니다. 피조물로부터 오는 위로는 무엇이든지 다 헛된 것으로 여기십시오.

   하나님을 사랑하는 심령은 하나님보다 못한 모든 것을 멸시하여 쳐다보지도 않습니다. 오직 하나님만이 영원하시고 무한하시며, 만물을 충만하게 하시는 분이시기 때문에, 우리의 영혼에 위로가 되시고, 우리의 마음에 참된 기쁨이 되십니다.

제6장

선한 양심이 주는 기쁨

1. 선한 양심의 증언은 선한 사람의 영광입니다. 선한 양심을 가지십시오. 그러면, 당신에게는 늘 기쁨이 있을 것입니다. 선한 양심은 아주 많은 것들을 감당할 수 있기 때문에, 역경 가운데서도 큰 기쁨을 누릴 수 있지만, 악한 양심은 늘 두려워하고 불안해합니다. 당신의 마음이 당신을 책망하지 않는다면, 달콤한 안식과 평안을 누릴 수 있습니다. 선하게 행하지 않았다면, 기뻐하는 것을 거절하십시오.

   죄인들은 참된 기쁨을 누릴 수도 없고, 내면의 평안을 느끼지도 못합니다. "내 하나님의 말씀에 악인에게는 평강이 없다 하셨느니라"(사 57:21). 그들이 "우리는 평안 가운데 있고, 그 어떤 재앙도 우리에게 임하지 않을 것이며, 감히 우리에게 해악을 끼칠 자는 아무도 없다"고 말할지라도, 그들의 말을 믿지 마십시오. 하나님의 진노가 갑자기 임하여, 그들이 행하고자 계획한 일들이 다 한순간에 무(無)로 돌아가고, 그들의 생각도 공허한 것이 되고 말 것이기 때문입니다.

2. 환난을 자랑하는 것은 하나님을 사랑하는 사람에게는 어려운 일이 아닙니다 (롬 5:3). 환난을 자랑하는 것은 주님의 십자가를 자랑하는 것이기 때문입니다 (갈 6:14).

   사람들에 의해서 주어지거나 사람들로부터 오는 영광은 짧고, 세상이 주는 영광은 늘 슬픔을 수반합니다. 반면에, 선한 사람들의 영광은 자신의 양심에 있고, 사람들의 입술에 있지 않습니다.

   의로운 사람들의 기쁨은 하나님으로부터 오고 하나님 안에 있으며, 그들의 즐거움은 진리로부터 나옵니다. 참되고 영원한 영광을 구하는 사람은 세상의 덧없는 영광에 마음을 두지 않습니다.

세상의 덧없는 영광을 구하고, 마음으로부터 멸시하지 않는 사람은, 하늘의 영광을 사랑하는 마음이 별로 없다는 것을 스스로 증명하는 것입니다. 칭찬이나 비난을 개의치 않는 사람은 마음에 큰 평안을 얻습니다.

3. 깨끗한 양심을 지닌 사람은 쉽게 만족하고 평안할 수 있습니다. 칭찬을 받는다고 해서 더 거룩해지는 것도 아니고, 비난을 받는다고 해서 더 비천해지는 것도 아닙니다. 누가 무엇이라고 말해도, 당신은 그저 있는 그대로의 당신일 뿐이고, 사람들이 당신에 대하여 하나님 앞에서의 당신의 모습보다 더 좋게 말하는 것을 듣는다고 해서, 그것이 결코 유익한 것은 아닙니다. 자기 자신 속에 무엇이 있는지를 곰곰이 생각해 본다면, 사람들이 당신에 대하여 어떤 말을 하든, 개의치 않게 될 것입니다.

   사람들은 겉모습을 보지만, 하나님은 마음을 보십니다. 사람들은 행위를 유심히 살펴서 판단하지만, 하나님은 의도를 보십니다.

   늘 선을 행하면서도 자기 자신을 아무것도 아닌 존재로 여기는 것은 겸손한 심령임을 보여 주는 증표이고, 피조물들로부터 위로받지 않는 것은 큰 순수함과 내적인 확신이 있음을 보여 주는 증표입니다.

4. 자기를 옳다고 증언해 줄 증인을 밖에서 구하지 않는 사람은 자기가 하나님께 온전히 헌신되어 있다는 것을 스스로 증명하는 것입니다. 바울은 "옳다 인정함을 받는 자는 자기를 칭찬하는 자가 아니요 오직 주께서 칭찬하시는 자니라"(고후 10:18)고 말합니다. 내적으로 하나님과 동행하고, 다른 그 어떤 것에도 얽매이지 않는 것이, 내면의 삶을 살아가는 사람의 모습입니다.

제7장

다른 그 무엇보다도 예수님을 사랑함

1. 예수님을 사랑한다는 것이 무엇인지를 알고, 예수님을 위해서 자기 자신을 멸시한다는 것이 무엇인지를 아는 사람은 복 있는 사람입니다. 예수님을 사랑한다면, 당신이 사랑하는 다른 모든 것을 버려야 합니다. 예수님께서는 당신이 다른 그 어떤 것보다도 예수님을 사랑하기를 바라시기 때문입니다. 피조물들에 대한 사랑은 거짓되고 수시로 변하지만, 예수님에 대한 사랑은 참으로 변함없습니다. 피조물들에 집착하는 사람은 그것들이 사라질 때에 함께 넘어지겠지만, 예수님을 꼭 붙잡은 사람은 영원히 견고하게 설 것입니다.

   그러므로 예수님을 사랑하고, 예수님을 당신의 친구로 삼으십시오. 다른 모든 것들이 다 떠나가도, 예수님은 끝까지 당신 곁에 남아서, 당신이 멸망하지 않도록 지켜 주실 것이기 때문입니다. 원하든지 원하지 않든지, 당신은 다른 모든 것들과 작별할 수밖에 없습니다.

2. 살든지 죽든지 예수님을 꼭 붙드시고, 그의 신실하심에 당신을 의탁하십시오. 다른 모든 것들이 당신을 실망시킬 때, 오직 예수님께서는 당신을 도우실 수 있으시기 때문입니다.

   당신이 사랑하는 분은 당신과 자신 사이에 다른 존재가 끼어드는 것을 원하지 않으시고, 오직 자신만이 당신의 마음을 차지하셔서, 거기에 자신의 보좌를 놓으시고 앉으셔서, 왕이 되어 당신을 다스리고 싶어 하십니다.

   당신이 모든 피조물로부터 벗어났다면, 예수님께서는 기꺼이 당신 속에 들어오셔서 당신과 함께 사실 것입니다. 당신은, 예수님을 의지하지 않고, 사람들을 의지하고 믿었던 모든 것들은, 모두 다 완전한 손실이라는 것을 깨닫게 될 것입니다.

   그러므로 바람에 흔들리는 갈대를 신뢰하거나 의지하지 마십시오. "모든 육체는 풀"이고, 그 모든 영광은 들의 꽃과 같이 시들게 될 것이기 때문입니다(사 40:6).

3. 단지 사람의 겉모습만을 본다면, 금방 미혹되어 속아 넘어가게 될 것입니다. 사람들에게서 위로와 유익을 찾는다면, 너무나 자주 손실을 입게 될 것입니다.

모든 일에서 예수님을 찾는다면, 반드시 예수님을 발견하게 될 것입니다. 반면에, 모든 일에서 자기 자신을 찾는다면, 반드시 자기 자신을 발견하게 되기는 하겠지만, 그것은 자신에게 해악이 될 것입니다.

사람이 예수님을 찾지 않는 것은, 온 세상과 자신의 모든 대적들이 그에게 끼치는 것보다도 더 많은 해악을 자기 자신에게 끼치는 것입니다.

제8장

예수님과의 친밀한 교제

1. 예수님이 함께 하실 때에는 모든 일이 잘되고 그 어떤 일도 어려워 보이지 않지만, 예수님이 함께 하지 않으실 때에는 모든 일이 어렵기만 합니다.

   예수님이 우리 안에서 말씀하지 않으시면, 다른 모든 위로는 가치가 없습니다. 하지만 예수님이 한 마디라도 말씀하시면, 그것은 우리에게 큰 위로가 됩니다.

   마르다가 "선생님이 오셔서 너를 부르신다"(요 11:28)고 말하자, 막달라 마리아는 즉시 울음을 그치고 자리에서 일어나지 않았습니까? 예수님이 울고 있는 당신을 부르셔서, 당신의 심령에 기쁨을 주시는 때야말로 복된 시간입니다.

   예수님이 계시지 않으면, 모든 것이 척박하고 힘겹습니다.

   그런데도 예수님 외에 다른 것을 바란다면, 그것은 얼마나 어리석고 헛된 일이겠습니까. 그것은 온 세상을 잃는 것보다도 더 큰 손실이 아니겠습니까?

2. 예수님이 없다면, 세상이 당신에게 무엇을 줄 수 있겠습니까? 예수님이 없는 곳이 바로 끔찍한 지옥이고, 예수님이 계신 곳이 바로 달콤한 낙원입니다. 예수님이 함께 하시면, 그 어떤 원수도 당신을 해칠 수 없습니다.

   예수님을 찾은 사람은, 좋은 보화, 곧 모든 좋은 것들보다 더 좋은 것을 찾은 것입니다. 예수님을 잃은 사람은 너무나 많은 것, 곧 온 세상을 잃은 것보다 더 많은 것을 잃은 것입니다.

   예수님 없이 살아가는 사람은 가장 궁핍한 사람이고, 예수님과 함께 잘 살아가는 사람은 가장 부유한 사람입니다.

3. 예수님과 함께 살아가는 법을 아는 것은 위대한 예술이고, 예수님과의 교제를 지속하는 법을 아는 것은 위대한 지혜입니다.

자신을 낮추고 겸손하며 화평하게 하는 사람이 되십시오. 예수님은 당신과 함께 하실 것입니다. 오직 하나님만을 바라보고 세상에 대하여 초연하십시오. 예수님은 계속해서 당신 곁에 머무실 것입니다. 바깥 세상에 눈길을 주면, 예수님은 곧 당신을 떠나실 것이고, 당신은 예수님의 은혜를 잃어버리게 될 것입니다.

당신이 예수님을 쫓아내어서, 예수님이 당신을 떠나 버리신다면, 도대체 당신은 누구에게로 갈 것이며, 다시 누구를 친구로 삼을 수 있겠습니까? 친구 없이는 살아갈 수 없고, 다른 무엇보다도 예수님을 친구로 삼지 않은 삶은 너무나 서글프고 쓸쓸할 것입니다.

예수님 외의 다른 것을 믿고 의지하며 기뻐하는 것은 어리석은 짓입니다. 예수님을 적으로 돌리는 것보다는, 차라리 온 세상을 적으로 돌리는 편을 택하십시오.

그러므로 당신이 다른 것들을 사랑한다고 할지라도, 그 중에서 예수님에 대한 당신의 사랑은 특별하여야 합니다.

4. 오직 예수님만을 사랑하고, 예수님을 인하여 모든 사람을 사랑하십시오. 당신의 다른 모든 친구들과는 달리, 오직 예수님만이 유일하게 선하시고 신실하시기 때문에, 예수 그리스도에 대한 당신의 사랑은 특별한 것이어야 합니다. 예수님으로 인하여, 그리고 예수님 안에서, 친구들과 원수들을 똑같이 사랑하시고, 그들 모두가 예수님을 알고 사랑하게 해 달라고, 그들 모두를 위하여 기도하십시오.

특별히 칭송받거나 사랑받기를 바라지 마십시오. 그런 것들은 오직 하나님께 돌려져야 하는 것이고, 하나님 이외의 다른 존재가 받아서는 안 되는 것이기 때문입니다. 다른 사람의 마음을 당신이 차지하려고 해서도 안 되고, 다른 사람을 사랑하는 데 당신의 마음을 쏟아서도 안 됩니다.

오직 예수님만이 당신을 비롯해서 모든 선한 사람 안에 계시게 하십시오.

5. 당신의 내면이 그 어떤 피조물에도 얽매임이 없이 비어 있고 순수한 상태가 되

게 하십시오. 주님이 얼마나 아름답고 매력적인 분이신지를 보고자 한다면, 순수하고 빈 마음으로 예수님께 나아가야 합니다. 주님의 은혜가 먼저 임하여 당신을 이끄셔서, 당신으로 하여금 자신의 내면에서 모든 것을 비워내고 버린 후에, 오직 주님과만 하나되게 해 주시지 않는다면, 실제로 당신이 그러한 순수하고 빈 마음이 되기는 불가능합니다.

하나님의 은혜가 어떤 사람에게 임할 때에는, 그 사람에게는 모든 일이 가능합니다. 반면에, 하나님의 은혜가 떠나면, 사람은 궁핍하고 연약해지며, 마치 채찍질을 당하도록 넘겨진 사람처럼 되어 버립니다.

하지만 그런 상태가 되었다고 해서, 낙심하거나 절망해서는 안 되고, 도리어 요동함 없이 하나님의 뜻을 굳게 붙잡고서, 자기에게 무엇이 닥쳐오든, 예수 그리스도의 영광을 위하여 그 모든 것을 참고 감당하여야 합니다. 겨울 다음에는 봄이 오고, 밤 다음에는 낮이 오며, 폭풍 다음에는 큰 고요함이 오기 마련이기 때문입니다.

제9장

어떠한 위로도 없이 지냄

1. 우리에게 하나님의 위로가 있을 때에는, 사람으로부터 오는 위로를 멸시하는
   것은 어려운 일이 아닙니다. 하지만 하나님의 위로도 없고 사람으로부터 오는
   위로도 없는 상태에서, 하나님을 사랑하여, 유배당한 것 같은 심정을 기꺼이 참
   고 감내하면서, 모든 일에서 자기 자신을 추구하지도 않고, 자신의 공로를 내
   세우지도 않는 것은 위대한 일이고, 참으로 위대한 일입니다.

   은혜가 임하였을 때, 기뻐하고 헌신한다면, 그것이 무엇이 그리 대단한 일이
   겠습니까? 그것은 모든 사람이 바라고 원하는 것입니다. 하나님의 은혜를 입
   은 사람은 너무나 쉽게 기쁜 마음으로 내달릴 수 있기 때문입니다. 전능자에게
   업혀서 최고의 인도자의 안내를 받아 길을 가는 사람이 무거운 짐을 졌다는 느
   낌을 갖지 않는 것이 어떻게 이상한 일이겠습니까?

2. 사람은 늘 자신에게 위로가 될 만한 어떤 것을 갖고 싶어 하고, 자기 자신을 벗
   어 버리는 것은 어렵습니다.

   거룩한 순교자 라우렌티우스(Laurentius, 주후 3세기)는 교황과 더불어서 세상
   을 이겼습니다. 왜냐하면, 그는 세상의 모든 즐거움을 멸시하였고, 그리스도를
   사랑하여, 자신이 지극히 사랑하였던 교황 식스투스(Sixtus) 2세가 처형당하는
   것을 인내로써 참아내고 감당해 내었기 때문입니다. 이렇게 그는 사람에 대한
   사랑을 창조주에 대한 사랑으로 극복하였고, 사람으로부터 오는 위로 대신에
   하나님을 기쁘시게 해드리는 쪽을 선택하였습니다.

   당신도 하나님에 대한 사랑으로 인해서, 당신의 가장 가깝고 사랑하는 친구
   까지 버리는 법을 배워야 합니다. 친구로부터 버림을 받는다고 할지라도, 너무
   상심하지 마십시오. 사람이라는 것은 어차피 서로 헤어질 수밖에 없는 존재이
   기 때문입니다.

3. 사람이 자기 자신을 온전히 이기고, 자신의 온 마음을 드려 하나님을 사랑하게 되기 위해서는, 자기 자신과의 싸움을 오랫동안 치열하게 해 나가야 합니다.

   자기 자신을 의지하는 동안에는, 인간적인 위로들을 구하는 쪽으로 빠지기가 쉽습니다. 하지만 그리스도를 진심으로 사랑하여, 열심으로 덕을 추구하는 사람은, 그런 위로들에 빠지지도 않고, 그런 감각적인 달콤함을 구하지도 않으며, 도리어 혹독하게 연단 받고, 그리스도를 위하여 힘들게 수고하는 것을 원합니다.

4. 하나님이 영적인 위로를 주시면, 감사함으로 받고, 그것이 당신의 공로로 인한 것이 아니라 하나님의 선물이라는 것을 명심하고서, 자고해지지 마십시오. 너무 기뻐하지도 말고, 주제넘게 생각하거나 행하지도 마십시오. 도리어, 그 선물로 인해서 더욱더 낮아지고 겸손해져서, 매사에 더욱 주의하고 조심하십시오. 왜냐하면, 그 위로의 시간은 곧 지나갈 것이고, 그 뒤를 이어서 시험이 오게 될 것이기 때문입니다.

   위로가 떠나갔다고 해서, 금세 절망하지 말고, 자신을 낮추고 겸손한 가운데 인내로써 하늘로부터 다시 위로가 임하기를 기다리십시오. 하나님께서는 이전보다 더 크고 풍성한 은혜와 위로를 가지고 다시 당신을 찾아오실 것이기 때문입니다.

   이런 일은 하나님의 길을 경험해 본 사람에게는 새로운 것도 아니고 낯선 것도 아닙니다. 위대한 성인들과 옛적의 선지자들에게도 그런 일이 자주 있었습니다.

5. 옛적의 한 선지자는 하나님의 은혜가 함께 하고 있을 때에는, "내가 형통할 때에 말하기를 영원히 흔들리지 아니하리라 하였도다"(시 30:6)라고 한 후에, 이어서 자기에게서 은혜가 떠나갔음을 느꼈을 때에는, "주의 얼굴을 가리시매 내가 근심하였나이다"(7절)라고 하였습니다. 하지만 그 때에도 그는 절망하지 않고, 더욱 간절하게 간구하였습니다: "여호와여 내가 주께 부르짖고 여호와께 간구하였나이다"(8절). 결국, 그는 기도 응답을 받았고, 자신의 기도가 응답을 받은

것을 다음과 같이 증언합니다: "여호와께서 들으시고 내게 은혜를 베푸셔서, 나를 돕는 자가 되셨나이다"(10절). 하나님께서는 어떤 식으로 그를 도우셨습니까? "주께서 나의 슬픔이 변하여 내게 춤이 되게 하시며 나의 베옷을 벗기고 기쁨으로 띠 띠우셨나이다"라고 그는 말합니다.

위대한 성도들에게도 이런 일이 있었다면, 우리 같이 연약하고 은혜가 깊지 않은 사람들이 뜨거웠다가 냉랭하고 냉랭했다가 뜨거워지는 것을 수시로 반복한다고 해도, 우리는 절망할 필요가 없습니다. 성령께서는 자신의 기뻐하는 뜻에 따라 오기도 하시고 물러나기도 하시기 때문입니다. 그래서 저 복된 욥은 이렇게 말하였습니다: "아침마다 권징하시며 순간마다 단련하시나이까"(욥 7:18).

6. 내가 하나님의 크신 긍휼하심을 의지하고 하늘의 은혜를 소망하지 않는다면, 도대체 누구를 의지하고 어디에 소망을 둘 수 있겠습니까?

   내게 선한 사람들과 경건한 형제들과 신실한 친구들이 있고, 거룩한 책들과 아름다운 글들이 있으며, 달콤한 노래들과 찬송들이 있다고 하더라도, 내게서 은혜가 떠나가서, 내가 원래의 곤고한 처지로 되돌아가게 되었을 때에는, 그런 것들은 모두 다 내게 별 도움도 되지 않고 별 위로도 되지 못합니다. 그런 때에는, 인내하는 가운데 하나님의 뜻에 내 자신을 내어 맡기는 것보다 더 나은 치유책은 없습니다.

7. 은혜가 떠나가서 열심이 식은 일을 종종 경험하지 않은 신앙인을 나는 한 번도 만나 본 적이 없습니다. 어떤 성도가 큰 빛을 받아 깊은 은혜 속으로 들어갔다면, 틀림없이 그는 그 이전에 시험을 받았거나, 그 이후에 시험을 받게 될 것입니다. 하나님을 위하여 환난을 통해 연단을 받지 않은 사람이 하나님이 주시는 깊은 은혜 속으로 들어가는 일은 없기 때문입니다.

   환난 가운데 있다면, 그것은 머지않아 하나님의 위로를 받게 될 것임을 보여주는 전조입니다. 왜냐하면, 하나님께서는 시험을 통과한 사람에게는 하늘의 위로를 주실 것이라고 약속하셨기 때문입니다. 주님께서는 이렇게 말씀하십

니다: "이기는 그에게는 내가 생명나무의 열매를 주어 먹게 하리라"(계2:7).

8. 어떤 사람에게 하나님의 위로가 주어지는 것은, 그 사람이 더욱 강해져서 역경
들을 감당할 수 있게 하기 위한 것입니다. 그리고 그런 후에 시험이 주어지는
것은, 자기가 해낸 일들로 인하여 교만해지지 않게 하기 위한 것입니다.

　마귀는 잠을 자지 않고, 육신은 아직 죽지 않았습니다. 그러므로 언제든지 싸
울 준비를 하고 있어야 하고, 전투태세를 해제해서는 안 됩니다. 당신의 좌우
에 있는 대적들은 결코 쉬지 않기 때문입니다.

제10장

하나님의 은혜에 감사함

1. 당신은 수고하기 위해서 태어났는데, 왜 쉬기를 바랍니까? 위로를 받으려 하기보다는 인내하려고 하고, 기쁨을 얻으려 하기보다는 십자가를 지려고 하십시오.

   늘 영적인 위로와 기쁨을 얻을 수 있다면, 이 세상에서 그런 것들을 기꺼이 누리려고 하지 않을 사람이 누가 있겠습니까? 영적인 위로는 세상의 즐거움들과 육신의 쾌락들을 모두 합한 것보다도 훨씬 더 나은 것이기 때문입니다.

   세상의 모든 즐거움들은 추악하고 역겨우며 헛된 것들이고, 오로지 영적인 즐거움만은 덕으로부터 생겨나고, 하나님이 순수한 마음속에 주입해 주시는 것이기 때문에, 진정으로 참되고 바른 즐거움입니다.

   하지만 하나님의 위로는 사람이 원한다고 해서 계속해서 항상 누릴 수 있는 것이 아닙니다. 시험의 때가 머지않아 찾아오게 되어 있기 때문입니다.

2. 심령의 거짓된 자유와 자기 자신에 대한 지나친 신뢰는 위로부터 오는 자유나 확신과는 많이 다릅니다. 하나님께서는 우리에게 위로의 은혜를 주심으로써 선을 베푸시지만, 우리는 거기에 대하여 감사함으로 보답하지 않음으로써 악을 행합니다.

   이렇게 은혜의 선물이 우리에게로 흘러들어올 수 없는 것은, 그 선물을 주시는 분에게 감사하지도 않고, 그 선물의 근원이 되시는 분에게 보답하려고 하지도 않기 때문입니다. 왜냐하면, 은혜는 언제나 감사하는 사람이나 보답하는 사람에게 주어지는 것이어서, 겸손한 사람만이 받을 수 있는 까닭에, 교만한 자는 빼앗기게 되기 때문입니다.

3. 나는 통회자복하는 것을 가로막는 그런 위로를 원하지 않고, 교만하고 자고하

게 만드는 그런 계시를 좋아하지 않습니다.

모든 고귀한 것이 다 거룩한 것도 아니고, 모든 향기롭고 달콤한 것이 다 선한 것도 아니며, 모든 소원이 다 순수한 것도 아니고, 우리에게 소중하고 귀한 모든 것이 다 하나님을 기쁘시게 해 드리는 것도 아닙니다.

그러므로 나는 나를 좀 더 겸손하고 하나님을 경외하게 만드는 은혜, 내 자신을 좀 더 기꺼이 부인하게 만드는 그런 은혜를 환영합니다. 은혜를 주실 때에도 가르침을 받고, 은혜를 거두어 가시는 징계를 베푸실 때에도 가르침을 받는 사람은 그 어떤 공로도 자기 자신에게 돌리지 않고, 도리어 자기가 궁핍하고 헐벗은 존재라는 것을 기꺼이 인정할 것입니다.

하나님의 것은 하나님께 돌리고, 당신의 것은 당신에게 돌리십시오. 즉, 하나님이 당신에게 은혜를 베풀어 주시면, 하나님께는 감사를 돌리고, 당신 자신에 대해서는 자신의 죄악으로 말미암아 형벌을 받아 마땅한 자라는 것만을 인정하여야 한다는 것입니다.

4. 언제나 자신을 가장 낮은 곳에 두십시오. 그러면, 가장 높은 곳이 당신에게 주어질 것입니다(눅 14:10). 왜냐하면, 가장 낮은 곳이 없이는, 가장 높은 곳도 있지 않을 것이기 때문입니다.

하나님 앞에서 가장 큰 성도들은 그들 자신을 가장 작은 자로 여기는 사람들입니다. 그들은 더 큰 영광 가운데 있게 될수록, 더욱더 겸손해집니다. 진리와 하늘의 영광으로 충만한 사람들은 헛된 영광을 원하지 않고, 하나님 안에 뿌리를 내리고 견고하게 서 있는 사람들은 결코 교만할 수 없습니다.

자기가 받은 모든 선한 것을 하나님의 은혜로 돌리는 사람들은 서로로부터 영광을 구하고 자기들끼리 영광을 나누어 갖는 것이 아니라, 오직 하나님으로부터 오는 영광만을 구하고, 그들 자신과 모든 성도 안에서 오로지 하나님께서 다른 모든 것들보다도 더 찬송을 받게 되시기를 원하며, 그렇게 되도록 하기 위하여 늘 애쓰고 힘씁니다.

5. 지극히 작은 선물에 감사하십시오. 그러면, 당신은 더 큰 선물을 받기에 합당

한 사람이 될 것입니다. 지극히 작은 선물을 가장 큰 선물로 여기고, 지극히 보잘것없는 선물을 가장 특별한 선물로 여기십시오. 단지 선물을 주시는 분이 얼마나 존귀하신 분이신지를 잠깐 생각해 보기만 해도, 그 어떤 선물도 결코 보잘것없거나 작은 것으로 보이지 않게 될 것입니다. 지극히 높으신 하나님이 주신 것이라면, 그것이 무엇이든, 하찮은 것이 아니기 때문입니다.

심지어 하나님께서 형벌과 채찍을 주신다고 할지라도, 감사함으로 받는 것이 마땅합니다. 하나님이 우리에게 어떤 일이 일어나게 하시든지, 그것은 언제나 우리의 유익을 위한 것이기 때문입니다.

하나님의 은혜를 유지하고 싶은 사람은, 하나님이 은혜를 주신 때에는 감사하고, 은혜를 잃지 않기 위해서 조심하고 감사하여야 하고, 은혜를 거둬 가신 때에는 참고 인내하면서, 은혜를 회복시켜 주시도록 간구하여야 합니다.

제11장

예수님의 십자가를 사랑하는 사람들은 적음

1. 예수님이 말씀하신 천국을 사랑하는 사람은 많지만, 예수님의 십자가를 지는 사람은 적습니다. 위로를 받으려고 하는 사람은 많지만, 고난을 받고자 하는 사람은 적습니다. 예수님과 함께 식탁 교제를 하고 싶어 하는 사람은 많지만, 금식하려고 하는 사람은 적습니다. 누구나 다 그리스도와 더불어 기뻐하기를 원하지만, 그리스도를 위하여 어떤 것을 참고 인내하려는 사람은 적습니다.

    예수님이 주시는 떡을 먹기 위해서 나아오는 사람은 많지만, 예수님의 고난의 잔을 마시려고 나아오는 사람은 적습니다. 예수님이 베푸신 이적들에 경외감을 나타내는 사람은 많지만, 치욕의 십자가를 지신 예수님을 따르려는 사람은 적습니다.

    많은 사람들이 예수님으로 인하여 역경을 만나기 전에는 그를 사랑하고, 그로부터 오는 위로를 받는 동안에는 그를 찬송하고 송축합니다. 하지만 예수님이 자신을 숨기시고서 잠시 그들을 떠나 계시면, 그들은 심한 불평이나 낙심에 빠져듭니다.

2. 위로를 받기 위해서가 아니라, 예수님 자체를 사랑하는 사람들은, 지극히 큰 위로 가운데 있을 때나, 환난과 마음의 괴로움 가운데 있을 때나, 언제나 변함없이 예수님을 송축합니다. 예수님께서 그들에게 아무런 위로도 주지 않으실지라도, 그들은 늘 계속해서 예수님을 찬송하고 감사를 드리고 싶어 합니다.

3. 자신의 이익을 구하거나 자기를 사랑하는 마음이 섞이지 않은 예수님에 대한 순수한 사랑은 아주 많은 것을 할 수 있습니다.

    언제나 위로만을 구하는 모든 사람들을 삯꾼이라고 부르는 것이 합당하지 않겠습니까? 언제나 자신의 이익이나 안락함만을 생각하는 사람들은 자신들이 예수님보다 자기 자신을 더 사랑하는 자들이라는 것을 스스로 증명하고 있는 것이 아닙니까?

아무것도 바라지 않고 하나님을 섬기고자 하는 사람을 우리는 어디에서 찾을 수 있을까요?

4. 모든 것을 벗어 버리고 자신을 온전히 비운 지극히 신령한 사람을 만나기는 극히 어렵습니다. 진정으로 심령이 가난해서, 모든 피조물에서 벗어나 자유로운 사람이 과연 있겠습니까? 그런 사람의 가치는 아득히 먼 땅 끝에서부터 가져온 물건과 같습니다.

어떤 사람이 자신의 모든 재산을 하나님께 바쳤다고 하여도, 그런 것은 아무것도 아닙니다. 어떤 사람이 깊은 회개를 하였다고 하여도, 그런 것은 작은 일입니다. 어떤 사람이 모든 지식을 다 얻었다고 하여도, 그런 것은 한참이나 먼 일입니다. 어떤 사람이 큰 덕을 지니고 있고, 지극히 간절하게 기도한다고 하여도, 그에게는 여전히 많은 것이 결여되어 있고, 특히 그에게 가장 필요한 한 가지가 결여되어 있습니다.

그렇다면, 그 "한 가지"가 무엇입니까? 그것은 모든 것을 버린 후에, 그 위에 자기를 버리고, 자기 자신에 대하여 완전히 죽어서, 자기를 사랑하는 것이 아무것도 남아 있지 않는 것입니다. 그런 사람은 자기가 마땅히 해야 할 모든 일들을 다한 후에, 자기가 한 것이 아무것도 없다고 생각합니다.

5. 대단한 일이라고 여겨질 수 있는 것을 행하였다고 할지라도, 본인 자신은 자기가 대단한 일을 했다고 생각해서는 안 되고, 도리어 자신은 무익한 종일 뿐이라고 진심으로 생각하여야 합니다.

진리 되시는 주님께서 친히 이렇게 말씀하셨습니다: "너희도 명령 받은 것을 다 행한 후에 이르기를 우리는 무익한 종이라 우리가 하여야 할 일을 한 것뿐이라 할지니라"(눅 17:10).

그런 사람은 진정으로 심령이 가난하고 비워져 있어서, 옛적의 선지자처럼, "나는 외롭고 괴롭다"고 말하겠지만, 이 세상에는 그런 사람보다 더 부요한 사람도 없고, 더 자유로운 사람도 없으며, 더 강한 사람도 없습니다. 그런 사람은 자기 자신을 포함한 모든 것을 내려놓고서, 자신을 가장 낮은 곳에 두는 법을 아는 사람이기 때문입니다.

제12장

거룩한 십자가라는 왕도

1. "누구든지 나를 따라오려거든 자기를 부인하고 자기 십자가를 지고 나를 따를 것이니라"(마 16:24)는 주님의 말씀을 들으면, 많은 사람들이 곤혹스러워하지만, 장차 주님이 최후의 심판 날에 "저주를 받은 자들아 나를 떠나 영원한 불에 들어가라"(마 25:41)고 최종적인 선고를 하시는 말씀을 듣게 될 때에는, 훨씬 더 곤혹스러워하게 될 것입니다.

지금 십자가의 말씀을 듣고 기꺼이 따르는 사람들은 심판 날에 영원한 형벌에 처한다는 선고를 듣게 될까봐 두려워할 필요가 없습니다. 주님께서 심판하시기 위하여 다시 오실 때, 이 십자가의 표시가 하늘에 있을 것이고, 십자가에 못 박히신 분과 하나가 되어 일생을 살아 온 모든 십자가의 종들은, 큰 담대함과 확신 가운데서 심판주이신 그리스도께로 나아가게 될 것입니다.

2. 십자가를 지는 것은 천국으로 나아가는 것인데도, 왜 당신은 그렇게 하기를 두려워하시는 것입니까?

십자가 안에는 구원이 있고, 십자가 안에는 생명이 있으며, 십자가 안에서는 원수들로부터 보호받을 수 있고, 십자가 안에서는 천국의 향기가 나며, 십자가 안에서는 심령이 강건해지고, 십자가 안에는 영혼의 기쁨이 있으며, 십자가 안에는 최고의 미덕이 있고, 십자가 안에는 완전한 거룩함이 있습니다. 오직 십자가 안에만 영혼의 구원이 있고, 영생의 소망이 있습니다.

그러므로 십자가를 지고 예수님을 따라가십시오. 그러면, 영생 속으로 들어가게 될 것입니다.

예수님이 당신보다 앞서 친히 십자가를 지시고, 당신을 위해 십자가에서 죽으신 것은, 당신도 기꺼이 자신의 십자가를 지고서 십자가에서 죽을 수 있게 하시기 위한 것이었습니다. 예수님과 함께 죽으면, 예수님과 함께 살게 될 것입니다. 예수님의 고난에 참여하면, 예수님의 영광에도 참여하게 될 것입니다.

3. 보십시오. 모든 것이 "십자가" 안에 있고, 모든 것이 "죽는 것"에 있습니다. 매일 거룩한 십자가를 지고서 죽는 길 외에는, 영생과 참된 내면의 평안에 이르는 다른 길은 없습니다.

　당신이 가고 싶은 모든 곳들을 두루 다니면서 이런저런 모든 길들을 탐색해 보십시오. 거룩한 십자가의 길보다 더 지고한 길이나 더 안전한 길은 발견할 수 없을 것입니다.

　당신이 원하고 생각하는 대로 모든 일을 처리해 보십시오. 원하든지 원하지 않든지, 언제나 어느 정도 고난을 겪을 수밖에 없게 될 것이고, 늘 십자가를 만나게 될 것입니다. 육신의 고통을 느낄 때도 있을 것이고, 심령 속에서 영혼의 괴로움을 견뎌야 할 때도 있을 것입니다.

4. 하나님으로부터 버림받게 될 때도 있을 것이고, 주위 사람들 때문에 괴로울 때도 있을 것이지만, 그런 것들보다 더 끔찍한 것은 종종 자기 자신에 대하여 진저리가 쳐지게 되는 것입니다. 그 어떤 치유책이나 위로도 그 고통이나 괴로움을 덜어 주거나 벗어나게 해 줄 수 없습니다. 하나님이 원하시는 동안에는, 참고 견딜 수밖에 없습니다. 하나님은 당신이 아무런 위로도 없는 가운데 환난을 감내함으로써, 당신 자신을 온전히 하나님께 복종시키고, 환난으로 말미암아 더 겸손하게 되는 법을 배우기를 원하시기 때문입니다.

　오직 그리스도께서 겪으신 것과 비슷한 고난을 겪은 사람만이 그리스도의 고난을 진정으로 알 수 있습니다. 그러므로 십자가는 늘 준비되어 있고, 어디에서나 당신을 기다리고 있습니다. 어디로 도망쳐도, 피할 수 없습니다. 왜냐하면, 당신이 어디로 가든, 당신 자신을 데리고 갈 것이고, 따라서 거기에서 언제나 당신 자신을 만나게 될 것이기 때문입니다. 당신이 위를 향하든 아래를 향하든, 밖을 향하든 안을 향하든, 어디를 보더라도, 거기에서 십자가를 만나게 될 것입니다.

　내면의 평안을 누리고 영원한 면류관을 얻고 싶다면, 어디에서나 인내하는 것은 필수입니다.

5. 기꺼이 십자가를 지고 간다면, 그 십자가는 당신이 원하던 목적지, 즉 고통과 괴로움이 끝나게 될 바로 그 곳, 곧 이 땅에는 존재하지 않는 그 곳으로 당신을 인도하여 데려다 줄 것입니다. 마지못해서 십자가를 지고 간다면, 자신에게 무거운 짐을 하나 더 만든 것이기 때문에, 당신이 져야 할 짐은 더욱 무거워질 것이지만, 그래도 십자가를 지고 가야 합니다.

   자신에게 온 십자가를 떨쳐내 버린다면, 이번에는 아마도 더 무거운 십자가가 머지않아 당신에게 찾아올 것입니다.

6. 아무도 피할 수 없는 것을 당신은 피할 수 있을 것이라고 생각하는 것입니까? 이 세상에서 살았던 성도들 중에서 십자가와 환난 없이 살았던 사람이 있었습니까?

   심지어 우리 주 예수 그리스도조차도 이 세상에 계신 동안에는 고난으로 인한 고통과 슬픔이 없으셨던 적이 단 한 시간도 없었습니다. 그리스도께서는 고난을 받으시고, 죽은 자 가운데서 다시 살아나셔서, 자기의 영광에 들어가야 하셨습니다(눅 24:26).

   그런데도 왜 당신은 거룩한 십자가라는 이 왕도를 버려두고 다른 길을 찾고 있는 것입니까?

7. 그리스도의 삶 전체가 십자가이자 순교였는데, 당신은 자신의 안락함과 즐거움만을 추구하고 있는 것입니까? 환난들을 감당해 내는 것 이외의 다른 어떤 것을 추구하고 있다면, 당신은 잘못된 길로 들어서 있는 것이고, 한참 잘못된 길로 가고 있는 것입니다. 사람의 삶 전체는 고통과 괴로움으로 가득하고, 십자가들로 둘러싸여 있기 때문입니다.

   그리고 영적으로 더욱 진보를 이룬 사람일수록, 자주 더 무거운 십자가들을 만나게 됩니다. 하나님에 대한 사랑이 커져서, 본향을 떠나 이 땅에 유배 와서 나그네와 외인으로 살아가는 삶이 더욱 괴롭고 고통스럽게 느껴지기 때문입니다.

8. 그런 사람은 자신의 십자가를 지면, 자신 속에 많은 열매가 맺혀진다는 것을 알고 있기 때문에, 많은 환난을 당한다고 할지라도, 그에게는 위로가 없지 않습

니다. 자기 자신을 복종시켜 환난에 내맡기면, 환난의 모든 무거운 짐은 하나님의 위로하심에 대한 신뢰로 바뀝니다. 그리고 육신이 환난으로 인해서 쇠약해짐에 따라, 영혼은 내면에 주어지는 은혜로 말미암아 더욱 강건해집니다.

또한, 종종 그리스도를 본받아 십자가를 지고자 하는 열망이 강렬해져서, 고통과 환난 없이 지내기를 원하지 않게 되고, 도리어 환난을 적극적으로 원하게 되어, 더욱 담대해지게 됩니다. 자기가 하나님을 위하여 더 무거운 십자가를 더 많이 질 수 있다면, 자신이 더욱더 하나님께 열납될 수 있는 존재가 될 것이라고 믿기 때문입니다.

연약한 육신을 입고 있는 사람이 이렇게 할 수 있는 것은 사람의 힘이 아니라 그리스도의 은혜로 말미암습니다. 육신은 본성적으로 언제나 그렇게 하기를 몹시 싫어하여 도망치려고 하지만, 영혼의 뜨거운 열심으로 말미암아 십자가를 사랑하여 기꺼이 짊어지게 되는 것입니다.

9. 십자가를 지는 것, 십자가를 사랑하는 것, 몸을 쳐서 십자가에 복종시키는 것, 높임을 받기를 거절하는 것, 책망을 기꺼이 감내하는 것, 자기 자신을 멸시하고 다른 사람들로부터 멸시받기를 원하는 것, 모든 역경과 손해를 감수하는 것, 이 세상에서 형통하기를 바라지 않는 것은 사람의 힘으로 되는 것이 아닙니다.

자기 자신을 의지한다면, 이 모든 것들 중에서 단 한 가지를 해내는 것도 불가능합니다. 하지만 주님을 의지한다면, 하늘로부터 당신에게 능력이 임하게 될 것이고, 세상과 육신이 당신의 권세에 복종하게 될 것입니다.

믿음으로 무장하고, 예수님의 십자가의 표가 있다면, 원수 마귀도 두려워하지 않게 될 것입니다.

10. 그리스도의 선하고 신실한 종답게, 당신을 사랑해서 십자가에 못 박히신 주님의 십자가를 담대하게 지십시오.

괴로움이 넘쳐나는 이 땅에서의 삶 속에서 만나게 될 수많은 역경들과 괴로움들을 견뎌내고 감당할 각오를 다지십시오. 어디에 있든, 거기에는 역경이나 괴로움도 있을 것이고, 어디로 숨든, 거기에도 여전히 역경이나 괴로움이 있을 것이기 때문입니다. 이것은 어쩔 수 없는 일이기 때문에, 재난으로 인한 환난과 괴로움을 피할 수 있는 비책은 없고, 단지 그것들을 참고 감당할 수밖에 없습니다.

주님의 친구가 되어 함께 분깃을 나누고자 한다면, 기쁜 마음으로 주님의 잔을 마시십시오. 위로를 주시든지 안 주시든지, 그런 것은 전적으로 하나님께 맡겨 드려서, 하나님이 보시기에 가장 좋은 쪽으로 당신에게 행하시게 하십시오.

오직 당신은 진심으로 온갖 환난들을 감당하겠다는 각오를 단단히 하고서, 그 환난들을 최고의 위로로 여기십시오. 왜냐하면, 온갖 환난들을 모두 다 감당하여야 한다고 할지라도, 현세에서 받는 "고난은 장차 우리에게 나타날 영광과 비교하면" 아무것도 아니기 때문입니다(롬 8:18).

11. 그리스도를 위하여 받는 환난이 달콤하고 즐겁게 느껴지는 단계에 이르게 된다면, 그것을 행복하게 생각하십시오. 당신은 이 땅에서 낙원을 발견한 것이기 때문입니다.

하지만 환난을 참고 견디는 것이 힘들어서 피하고 싶어 하는 동안에는, 당신은 불행할 것이고, 어디를 가든, 환난이 당신을 따라다닐 것입니다.

12. 당신이 겪을 수밖에 없는 일들, 즉 환난을 당하는 것과 죽은 것을 마음으로 받아들인다면, 당신의 상태는 머지않아 더 좋아지게 될 것이고, 평안을 찾게 될 것입니다.

당신이 바울과 함께 셋째 하늘에 이끌려 간 경험이 있다고 해서(고후 12:4), 그것이 당신으로 하여금 그 어떤 해악도 받지 않도록 보장해 주는 것은 결코 아닙니다. 예수님께서는 "그가 내 이름을 위하여 얼마나 고난을 받아야 할 것을 내가 그에게 보이리라"(행 9:16)고 말씀하셨습니다. 그러므로 예수님을 사랑하여 영원토록 그를 섬기면, 늘 고난을 받게 됩니다.

13. 당신이 예수님의 이름을 위하여 고난을 받기에 합당한 자로 여김을 받고 있다면, 장차 당신에게는 얼마나 큰 영광이 기다리고 있겠으며, 지금 당신은 하나

님의 모든 성도들 가운데서 얼마나 큰 기쁨이 되고 있으며, 주위 사람들에게 얼마나 많은 덕을 세우고 있겠습니까! 왜냐하면, 기꺼이 고난을 받고자 하는 사람은 별로 없지만, 고난 가운데서 인내하는 것을 보았을 때에는 모든 사람이 다 그것을 칭송하기 때문입니다.

많은 사람들이 세상을 위하여 더 심하게 고통 받는 것도 잘 참고 견딘다는 것을 생각하면, 당신이 그리스도를 위하여 "조금" 고난을 받는 것은 합당합니다.

14. "죽어지는 삶"을 살아야 한다는 것을 분명히 아십시오. 사람이 자기 자신에 대하여 죽을수록, 그 만큼 더 하나님을 향하여 살게 됩니다. 자기 자신을 쳐서 복종시켜 그리스도를 위하여 역경을 받지 않는다면, 하늘에 속한 일들을 깨닫기에 합당한 사람이 될 수 없습니다. 그리스도를 위하여 기꺼이 고난 받는 것보다, 하나님께 열납될 수 있는 것은 없고, 이 세상에서 당신에게 더 유익한 것은 없습니다.

어느 한 쪽을 선택해야만 한다면, 많은 위로를 통해서 힘을 얻는 것보다는, 그리스도를 위하여 고난 받는 쪽을 선택하여야 합니다. 그렇게 할 때, 그리스도를 더 닮아갈 수 있고, 모든 성인들을 더 많이 본받게 될 것입니다.

또한, 우리는 많은 육신적인 쾌락들과 위로들을 누리는 것이 아니라, 무거운 짐들과 환난들을 더 많이 질 때, 지금 여기에서 영적 진보를 이룰 수 있고, 장차 상을 받을 수 있습니다.

15. 만일 사람이 구원을 얻는 일에 있어서 고난을 받는 것보다 더 낫고 유익한 어떤 것이 있었다면, 그리스도께서는 분명히 자신의 말씀과 모범을 통해서 그것을 보여 주셨을 것입니다. 하지만 주님께서는 자기를 따른 제자들과 자기를 따르고자 하는 모든 사람에게 "십자가를 지라"고 분명하게 권면하셨습니다: "아무든지 나를 따라오려거든 자기를 부인하고 제 십자가를 지고 나를 따를 것이니라"(눅9:23). 그러므로 모든 것을 찬찬히 다 읽고 세밀하게 살폈을 때, 우리가 최종적으로 내릴 수 있는 결론은 이것입니다: "우리가 하나님의 나라에 들어가려면 많은 환난을 겪어야 할 것이라"(행14:22).

3권

내적 위로

De Imitatione Christi

제1장

신실한 영혼의 내면에 들려주시는 그리스도의 음성

1. **<제자>**

   "내가 주 하나님께서 내 안에서 말씀하시는 것을 들으리이다"(시85:8). 자기 안에서 말씀하시는 주님의 음성을 듣고, 주님의 입에서 나오는 위로의 말씀을 받는 영혼은 복이 있습니다.

   자신의 내면에서 하나님이 작은 소리로 속삭이시는 음성은 잘 알아듣는 반면에, 이 세상의 속삭임들에는 전혀 주의를 기울이지 않는 귀는 복이 있습니다. 밖에서 들려오는 음성은 듣지 않고, 내면에서 진리를 말씀하시고 가르치시는 음성만을 경청하는 귀는 참으로 복이 있습니다.

   밖에 있는 것들에 대해서는 눈을 감아 버리고, 내면에 있는 것들을 응시하는 사람은 복이 있습니다. 내면으로 천착해 들어가서, 하늘의 신비들을 더욱더 깊이 깨달아 알기 위하여, 날마다 경건의 연습을 하는 데 힘쓰는 사람들은 복이 있습니다.

   하나님과 함께 하는 시간을 갖기를 간절히 원하여서, 세상의 모든 방해물들을 다 떨쳐 내버리는 사람들은 복이 있습니다.

   "내 영혼아, 이것을 명심하고, 육신적인 욕망들의 통로를 닫아 버리라. 그러면, 하나님이 네 안에서 말씀하시는 것을 들을 수 있게 될 것이다."

2. **<그리스도>**

   네가 사랑하는 분이 이렇게 말씀하신다: 나는 너의 구원이고, 너의 평강이며, 너의 생명이니, 너는 내 안에 머물라. 그러면, 평안을 얻을 것이다. 모든 덧없는 것들을 버리고, 영원한 것들을 구하라.

   세상에 속한 덧없는 모든 것들은 너를 유혹하고 미혹하는 것들이 아니고 무엇이겠는가? 창조주로부터 버림을 받는다면, 모든 피조물이 네게 무슨 도움이 되겠는가?

그러므로 모든 덧없는 것들을 버리고, 너의 창조주에게 신실하게 행하여 그를 기쁘시게 하라. 그러면, 참된 복을 얻게 될 것이다.

제2장

소리 없이 내면에서 말씀하시는 진리

1. **<제자>**

   주여, 말씀하소서. 주의 종이 듣겠습니다(삼상 3:10). 나는 주의 종이오니, 나를 깨닫게 하사 주의 증언들을 알게 하소서(시 119:125). 내 마음이 주의 입의 말씀들로 향하게 하소서. 주의 말씀이 이슬처럼 내리게 하소서.

   옛적에 이스라엘 자손들은 모세에게, "당신이 우리에게 말씀하소서 우리가 들으리이다 하나님이 우리에게 말씀하시지 말게 하소서 우리가 죽을까 하나이다"(출 20:19)라고 말하였습니다. 하지만 주여, 내게는 그렇게 하지 마소서. 내게는 제발 그렇게 하지 마소서. 선지자 사무엘처럼, 겸손한 마음으로 간절히 구하오니, "주여, 말씀하옵소서 주의 종이 듣겠나이다."

   모세나 다른 선지자를 통해서 말씀하지 마시고, 모든 선지자들에게 감동을 주시고 빛을 비쳐 주신 주께서 친히 말씀하소서. 주께서는 선지자들 없이도 친히 나를 온전히 가르치실 수 있으시지만, 주님 없이는 선지자들이 전하는 말씀들은 아무 소용도 없기 때문입니다. 그들은 말씀들을 전할 수는 있지만, 성령을 수여할 수는 없습니다.

2. 선지자들은 지극히 아름답고 훌륭한 말씀들을 전한다고 할지라도, 주께서 침묵하시면, 사람의 마음에 불을 붙여 뜨겁게 하지는 못합니다. 그들은 성경을 문자 그대로 전할 뿐이지만, 주님은 그 뜻을 드러내 주십니다. 그들은 하나님의 신비들을 우리에게 전해 줄 뿐이지만, 주님은 그 신비들이 의미하는 것을 드러내 주십니다.

   그들은 하나님의 계명들을 전할 뿐이지만, 주님은 우리가 그 계명들을 행하도록 도우십니다. 그들은 길을 보여 줄 뿐이지만, 주님은 우리가 그 길로 행하도록 힘을 주십니다. 그들은 단지 외적으로만 일할 뿐이지만, 주님은 우리의 마음에 가르침과 빛을 주십니다.

　그들은 밖에서 물을 줄 뿐이지만, 주님은 자라게 하십니다. 그들은 큰 소리로 외칠 뿐이지만, 주님은 말씀을 듣는 자들에게 깨달음을 허락하십니다.

3.　그러므로 주 나의 하나님, 모세를 통해서 말씀하지 마시고, 영원하신 진리이신 주께서 친히 내게 말씀하셔서, 내가 외적으로만 경고를 받고 내면은 뜨거워지지 않아서 열매를 맺지 못하고 죽게 되는 일이 일어나지 않게 하시고, 말씀을 듣기는 들었지만 행하지 않고, 말씀을 알기는 알지만 사랑하지 않으며, 말씀을 믿기는 믿지만 순종하지 않아서, 심판 날에 그 말씀이 일어나 나를 쳐서 정죄하는 일이 일어나지 않게 하소서.

　주여, 말씀하소서. 주의 종이 듣겠습니다. 영생의 말씀이 주께 있습니다(요 6:68). 주여, 내게 말씀하셔서, 내 영혼이 위로를 받고, 나의 삶 전체가 고침을 받으며, 영광과 존귀가 주께 영원히 있게 하소서.

하나님의 말씀에 겸손히 귀 기울여야 하는데도, 많은 사람들이 말씀에 주의하지 않음

1. **<그리스도>**

   아들아, 내 말을 들으라. 내 말은 이 세상의 철학자들과 현자들의 지식과는 비교도 할 수 없을 정도로 지극히 향기로우니라. 내 말은 "영"이고 "생명"이어서, 사람의 지각으로는 측량할 수 없는 것이기 때문에, 헛된 자기만족을 위하여 듣지 말고, 아무 말 없이 잠잠히 들어야 하며, 모든 겸손함과 큰 사랑으로 받아야 한다.

2. **<제자>**

   오, 주여, 주께 가르침을 받고, 주의 법으로부터 교훈을 얻는 사람은 복이 있습니다. 그런 사람은 환난 날에 그 고난이 감해지게 될 것이고, 땅에서 버림받아 고적하게 되지 않을 것입니다.

3. **<그리스도>**

   나는 옛적부터 선지자들을 가르쳤고, 오늘날까지도 계속해서 모든 사람에게 말하기를 그치지 않았지만, 많은 사람들이 귀를 막고 내 음성을 듣지 않고 완악해졌다.

   대부분의 사람들은 하나님의 음성보다도 세상의 말에 귀 기울이는 것을 더 좋아하고, 하나님의 선하시고 기뻐하시는 뜻보다도 육체의 욕심을 좇아 행하는 것을 더 좋아한다. 세상은 보잘것없고 덧없는 것들을 약속할 뿐인 데도, 사람들은 온 마음을 다 바쳐서 열렬히 세상을 사모하고 따른다. 반면에, 나는 지극히 크고 영원한 것들을 약속하는 데도, 사람들은 시큰둥해한다.

   모든 일에서 세상과 그 군왕들을 섬길 때처럼 그렇게 지극정성으로 나를 섬기고 순종하는 사람이 과연 있기나 한 것이냐? 옛적에 바다가 시돈을 향하여,

"시돈이여 너는 부끄러워할지어다"(사 23:4)라고 말한 적이 있는데, 그 이유를 알고 싶거든, 내 말을 들어 보아라.

사람들은 하찮은 것을 얻기 위해서는 아무리 먼 길도 마다하지 않지만, 영생을 얻기 위해서는 땅에서 단 한 발자국도 떼려고 하지 않는다는 것이다. 사람들은 하찮은 것들을 얻기 위해서는 물불을 가리지 않기 때문에, 때로는 몇 푼 안 되는 돈을 위해서 소송을 제기하여 법정에서 볼썽사나운 다툼을 벌이고, 헛된 일들과 하찮은 상을 위해서 밤낮으로 녹초가 되도록 일한다.

4. 하지만 영원토록 변치 않을 복된 일이나, 헤아릴 수 없이 큰 상급이나, 지극히 큰 존귀함과 영원토록 지속될 영광을 위한 일을 할 때에는, 사람들이 조금만 힘들어도, 하기 싫어서 게으름을 피우는 모습을 보이는 것은, 얼마나 서글프고 통탄스러운 일인가.

그러므로 불평을 입에 달고 살아가는 게으른 종들아, 부끄러운 줄을 알라. 그들은 네가 생명을 향하여 달려가고 있는 것보다 더 큰 열심으로 멸망을 향하여 달려가고 있다. 너는 진리를 기뻐하지만, 그들은 헛된 것들을 더 크게 기뻐하고 있다.

그들의 소망은 종종 그들을 실망시키지만, 나의 약속은 아무도 실망시키지 않고, 나를 믿고 신뢰하는 사람은 빈손으로 돌아가는 법이 없다. 사람이 나의 사랑 안에 끝까지 신실하게 거하기만 한다면, 나는 내가 약속한 것을 그 사람에게 줄 것이고, 내가 말한 것을 그 사람에게 이룰 것이다.

나는 모든 선한 자들에게 상급을 주는 이이고, 내게 헌신한 모든 사람들을 시인하는 이이다.

5. 내 말들을 마음에 기록하고, 부지런히 묵상하라. 시험받을 때, 그 말들이 네게 꼭 필요할 것이기 때문이다. 읽기는 읽었어도 알 수 없었던 말들은, 내가 너를 찾아가는 날에 그 뜻을 깨닫게 될 것이다.

내가 택한 자들을 찾아가는 방식에는 두 가지가 있는데, 하나는 시험이고, 다른 하나는 위로이다. 내가 택한 자들을 날마다 교훈하는 방식에도 두 가지가 있는데, 하나는 그들의 악들을 책망하는 것이고, 다른 하나는 덕을 키우도록 권면하는 것이다.

내 말들을 듣고도 멸시하고 배척하는 사람은 마지막 날에 있을 심판을 자초하는 것이다.

믿음의 은혜를 간구하는 기도

6. <제자>

    주 나의 하나님이여, 주는 나의 모든 선입니다. 내가 어떤 존재인데, 감히 주께 무엇을 아뢸 수 있겠습니까? 나는 지극히 보잘것없고 미천한 주의 종이고, 벌레 같은 미물보다 못한 자로서, 내 자신이 알고 있고 감히 말하고 있는 것보다 훨씬 더 비천하고 경멸 받을 만한 존재입니다.

    그럼에도 불구하고, 주여, 나를 기억하소서. 나는 아무것도 아니고, 아무것도 가진 것이 없으며, 아무것도 할 수 없고, 오직 주님만이 선하고 의로우시고 거룩하신 분이시고, 모든 것을 하실 수 있으시고, 모든 것을 주실 수 있으시며, 모든 것을 이루실 수 있으신 분이시며, 오직 죄인만을 빈손으로 돌려보내시는 분이시기 때문입니다.

    주여, 주는 자비로우시고 긍휼이 많으신 분이심을 기억하셔서, 주의 은혜로 내 마음을 충만하게 해 주십시오. 주님은 자신이 시작하신 일이 헛되게 되는 것을 원하지 않으시는 분이 아닙니까?

7. 주의 자비와 은혜로 내게 힘주시지 않으시면, 어떻게 이 비참한 삶을 감내할 수 있겠습니까? 주의 얼굴을 내게서 돌리시고, 주께서 나를 찾아오시는 날을 지체하시며, 주의 위로 주심을 미루시고, 주의 위로를 거둬 가심으로써, 내 영혼이 "마른 땅 같이" 되는 일이 없게 해 주십시오(시 143:6).

    주여, 나를 가르치셔서, 주의 뜻을 행하게 해 주십시오. 나를 가르치셔서, 주 앞에서 합당하고 겸손하게 살게 해 주십시오. 주는 나를 진정으로 아시는 나의 지혜이시고, 창세 전부터, 그리고 내가 세상에 태어나기 전부터 이미 나를 알고 계셨던 분이시기 때문입니다.

제4장

하나님 앞에서 겸손함과 진리로 살아감

1. <그리스도>

내 아들아, 내 앞에서 진리로 행하고, 늘 순수한 마음으로 나를 찾아라.

내 앞에서 진리로 행하는 사람은 "거짓"의 공격들로부터 보호를 받아 안전할 것이고, 진리가 그를 미혹하거나 비방하는 악인들로부터 지켜줄 것이다.

진리가 너를 자유롭게 하면, 너는 진정으로 자유롭게 될 것이고, 사람들의 헛된 말들에 신경을 쓰지 않게 될 것이다.

2. <제자>

주여, 주께서 하시는 말씀은 참되오니, 그 말씀이 내게 그대로 이루어지게 하소서. 주의 진리로 나를 가르치시고, 나를 보호하시며, 끝까지 나를 안전하게 지켜 주소서. 주의 진리로 모든 악하고 무절제한 정욕으로부터 나를 자유롭게 해 주소서. 그러면, 내가 지극히 자유로운 마음으로 주와 동행하는 삶을 살게 될 것입니다.

3. <그리스도>

내 앞에서 올바르고 나를 기쁘게 하는 일들이 무엇인지를 네게 가르쳐 주겠다.

네 죄에 대해서는 크게 분해하고 슬퍼하는 심정으로 성찰하고, 선한 일을 했다고 해서 네 자신이 대단한 사람이라도 된 것처럼 생각하지 말라. 실제로, 너는 많은 정욕들에 굴복하고 사로잡혀 있는 존재일 뿐이다. 너는 무슨 일에서든지 금방 넘어지고, 얼른 항복하며, 금세 어쩔 줄 몰라 당혹해하고, 쉽게 손을 떼어 버려서, 네가 하는 일들은 늘 수포로 돌아가고 만다.

네게는 자랑할 만한 것이 아무것도 없고, 반면에 네 자신이 보잘것없는 존재임을 보여 주는 것들은 많다. 너는 네 자신이 알고 있는 것보다 훨씬 더 보잘것없는 존재이기 때문이다.

4. 그러므로 네가 행한 일이 무엇이든지, 너는 네가 행한 것을 대단하다고 생각해서는 안 된다. 영원한 것 외에는 그 어떤 것도 위대하다거나, 귀하고 소중하다거나, 칭송할 만하다거나, 존귀하다거나, 고귀하다거나, 진정으로 칭찬할 만하고 바람직하다고 생각하지 말라.

다른 그 어떤 것보다도 영원한 진리를 기뻐하고, 다른 온갖 보잘것없는 것들보다 네 자신이 가장 보잘것없는 존재라고 여기고, 늘 네 자신을 못마땅해 하라. 다른 그 어떤 것보다도 네 자신의 죄와 악을 가장 두려워하고 혐오하고 피하고, 그 어떤 물질적인 손해를 입은 것보다도 더 네 자신의 죄와 악을 못마땅해하라.

사람들 중에는, 내 앞에서 진실하게 행하지 않고, 어떤 호기심과 교만함에 이끌려서, 나의 비밀들을 알고자 하고, 하나님께 속한 심오한 일들을 알고자 할 뿐이고, 그들 자신과 그들의 구원에 대해서는 소홀히 하는 사람들이 있다. 내가 그런 사람들을 대적하면, 그들은 과시욕과 교만함과 호기심으로 인해서, 흔히 큰 시험과 죄에 빠지고 만다.

5. 하나님의 심판을 두려워하고, 전능자의 진노하심을 심히 두려워하라. 하지만 지존자의 일들을 살피려고 하지 말고, 네게 어떤 죄악들이 있고, 특히 어떤 심각한 죄악들을 저질러 왔는지를 살피며, 얼마나 많은 선한 일들을 소홀히 해왔는지를 살펴라.

신앙이 단지 자신들이 쓰거나 그린 글과 그림이나, 자신들이 만든 어떤 외적인 상징이나 조각품에만 있고, 자신들의 입술에만 있을 뿐, 마음에는 거의 없는 사람들이 있다.

반면에, 자신들의 마음에 빛을 받아 깨달음을 얻고, 자신들의 정서가 깨끗하게 되어서, 늘 영원한 것들을 갈망하며, 땅의 일들에 대하여 듣는 것을 힘들어하고, 본성이 필요로 하는 것들을 행할 수밖에 없는 자신의 처지를 슬퍼하는 사람들이 있는데, 그런 사람들은 진리의 성령이 그들의 내면에서 무슨 말씀을 하시는지를 안다. 성령께서는 그들에게 땅의 것들을 멸시하고, 하늘의 것들을 사랑하며, 세상을 상관하지 말고, 밤낮으로 천국을 사모하라고 가르치기 때문이다.

제5장

하나님을 사랑할 때에 맺어지는 놀라운 열매들

1. **<제자>**

   하늘에 계신 아버지, 내 주 예수 그리스도의 아버지시여, 주께서는 나 같은 보잘것없는 자를 기억하시고 생각해 주시니, 내가 주를 송축합니다.

   "자비의 아버지"이시자 "모든 위로의 하나님"이시여(고후 1:3), 주께서는 주의 위로를 받을 자격도 없는 내게 온갖 위로를 허락하셔서 새 힘을 주시니, 내가 주께 감사를 드립니다.

   내가 하나님의 독생자이신 예수 그리스도와 "위로자"이신 성령과 더불어 하나님 아버지를 영원무궁토록 늘 송축하고 영광을 돌립니다.

   오, 내 영혼을 사랑하시는 주 하나님이시여, 주께서 내 마음에 들어오시면, 내 속에 있는 모든 것들이 기뻐하고 즐거워할 것입니다. 주는 나의 영광이시고, 내 마음의 큰 기쁨이십니다. 주는 나의 소망이시고, 환난 날에 나의 피난처이십니다.

2. 하지만 나는 아직까지 사랑이 약하고 덕이 부족하기 때문에, 주의 위로하심과 힘주심이 필요합니다. 그러므로 나를 자주 찾아 오셔서, 주의 거룩한 훈계로 나를 가르쳐 주소서.

   나를 악한 정욕으로부터 벗어나게 해 주시고, 내 마음을 치유하여 온갖 무절제한 육정을 없애 주셔서, 나의 내면이 치유를 받고 온전히 정결하게 되어, 나로 하여금 사랑할 수 있는 자가 되게 하시고, 고난을 넉넉히 감당할 수 있는 자가 되게 하시며, 끝까지 변함없이 인내하여 믿음을 지킬 수 있는 자가 되게 해 주소서.

3. 사랑은 위대한 것입니다. 사랑은 온갖 무거운 짐들을 가볍게 해 주고, 모든 평

탄하지 않은 길들을 평탄하게 해 준다는 점에서, 모든 선한 은사 중에서 가장 큰 은사입니다. 왜냐하면, 사랑은 무거운 짐을 져도 무거운 줄을 모르게 해 주고, 온갖 쓴 것들을 달콤하고 향기로운 것으로 만들어 주기 때문입니다. 예수님의 고귀한 사랑은 사람들을 강권해서 위대한 일들을 이루어 내게 해 주고, 사람들을 분발시켜서 늘 더 온전한 것들을 갈망하게 만듭니다.

사랑은 더 높이 날아오르고자 하고, 보잘것없고 비천한 것들에 의해서 눌려 있는 것을 참지 못합니다. 사랑은 세상을 사랑하는 모든 것들로부터 벗어나서 자유롭게 되어서, 마음의 눈으로 보는 것을 방해 받지 않고, 세상에서의 형통에 사로잡히지 않으며, 역경에 굴복당하지 않게 되기를 원합니다.

하늘에서나 땅에서나 사랑보다 더 달콤하거나 강하거나 높거나 넓거나 즐겁거나 충만하거나 나은 것은 아무것도 없습니다. 사랑은 하나님으로부터 생겨난 것이어서, 오직 모든 피조물 위에 계시는 하나님 안에서만 안식할 수 있기 때문입니다.

4. 사랑을 하는 사람은 날아다니고 뛰어다니며 기뻐하고 즐거워하며, 그 어느 것에도 얽매이지 않고 자유롭습니다. 그런 사람은 모든 일에서 모든 것을 다 내어 주지만, 모든 일에서 모든 것이 그에게 있습니다. 왜냐하면, 그런 사람은 모든 것 위에 가장 높이 계신 분, 모든 선한 것이 흘러나오는 원천이신 분 안에서 안식하고 있기 때문입니다.

그런 사람은 선물들을 바라보지 않고, 그 선물들을 주시는 분이시자, 모든 선한 것들의 원천이신 분을 바라봅니다. 사랑은 흔히 한계를 알고 물러가는 것이 아니라, 활활 타올라서 모든 한계를 뛰어넘습니다. 사랑은 무거운 짐을 무겁게 느끼지 않고, 수고하는 것을 아무것도 아닌 것처럼 여기며, 자신의 능력을 뛰어넘는 일들을 이루려 하고, 불가능한 일이라는 평계를 내세우지 않습니다. 사랑은 모든 것이 가능하고 모든 것을 할 수 있다고 생각하기 때문입니다.

그러므로 사랑은 모든 것을 할 수 있고, 사랑을 알지 못하는 사람이 실패하고 엎드러지는 바로 그 지점에서 많은 일들을 맡아 이루어 냅니다.

5. 사랑은 깨어 있어서, 잠을 자도 자고 있는 것이 아니고, 피곤해도 피곤에 눌려서 나가떨어지지 않고, 에워싸여도 싸이지 않으며, 놀라도 흐트러지지 않고, 도리어 활활 타오르는 불꽃과 횃불처럼, 모든 것을 거침없이 뚫고 위로 높이 솟아오릅니다.

   사랑을 하는 사람은 사랑이 무엇이라고 소리치는지를 압니다. 영혼이 열렬한 사랑으로 타오를 때, 그것은 영혼이 하나님의 귀에 대고, "나의 하나님, 나의 사랑이시여, 주는 나의 모든 것이시고, 나는 전적으로 주의 것입니다"라고 큰 소리로 외치는 것입니다.

6. 내 안의 사랑이 더 커지게 하셔서, 사랑하는 것과 사랑 안에서 녹아지는 것과 사랑에 흠뻑 빠지는 것이 얼마나 달콤한 것인지를 내 마음의 내면의 입술로 맛보는 법을 알게 해 주소서.

   사랑에 붙잡혀서, 지극히 큰 열심과 경외감 속에서 내 자신을 뛰어넘게 해 주시고, 사랑의 노래를 부르며, 저 높은 곳에 계신 내 사랑하는 분을 따라가게 해 주십시오. 내 영혼이 주를 사랑하여 기뻐하고 즐거워하며 찬송하다가 죽게 해 주십시오.

   내 자신보다 주를 더 사랑하게 해 주시고, 오직 주로 인하여서만 내 자신을 사랑하게 해 주시며, 주님 안에서 빛을 발하고 있는 저 사랑의 법이 명하고 있는 것처럼, 주를 진정으로 사랑하는 모든 사람을 주 안에서 사랑하게 해 주십시오.

7. 사랑은 신속하고 진실하며 경건하고 유쾌하며 온유하고 강하며 인내하고 신실하며 사려 깊고 오래 참으며 용감하고, 결코 자신의 유익을 추구하지 않습니다. 어떤 일에서 자신의 유익을 추구한다면, 그 사람은 그 일에서는 사랑으로 행할 수 없기 때문입니다.

   사랑은 신중하고 겸손하며 정직하고, 유약하거나 경박하지 않으며, 헛된 것들에 마음을 쓰지 않고, 술에 취하지 않으며, 순결하고, 변함없이 한결같으며, 침착하고, 매사에 조심합니다.

사랑은 윗권세들에게 순종하고 복종하고, 자기 자신은 보잘것없고 미천한 존재라고 여기며, 하나님께 헌신하고 감사하는 가운데, 하나님이 자기에게 잘 해 주지 않으셔도, 늘 하나님을 믿고 소망합니다. 사랑으로 살아가는 사람에게는 언제나 슬픔과 괴로움이 있기 마련이기 때문입니다.

8. 모든 것을 참고 인내하며, 자기가 사랑하는 분의 뜻을 변함없이 따를 각오가 되어 있지 않은 사람은, 그리스도를 사랑하는 사람이라고 불릴 자격이 없습니다. 그리스도를 사랑하는 사람은 자기가 사랑하는 분을 위하여 온갖 힘들고 내키지 않는 일들을 기꺼이 감내하고자 하고, 역경이 닥쳤다고 해서 등을 돌리거나 변절하지 않는 것이 마땅합니다.

제6장

그리스도를 사랑하는 자임을 증명함

1. <그리스도>

   내 아들아, 너는 아직 뜨겁고 사려 깊게 사랑하는 사람은 아니다.

   <제자>

   주여, 왜 그렇습니까?

   <그리스도>

   너는 작은 반대에도 흔들려서 네가 하던 일들을 그만두어 버리고, 위로만을 너무나 간절하게 구하기 때문이다.

   뜨거운 사랑을 하는 사람은 여러 가지 시험들 속에서도 요동함이 없이 견고하고, 원수 마귀의 교묘한 구슬림에도 넘어가지 않는다. 그런 사람은 형통할 때에만 나를 기뻐하는 것이 아니라, 역경에 처해 있을 때에도 여전히 나를 못마땅해하지 않고 도리어 기뻐한다.

2. 사려 깊은 사랑을 하는 사람은, 사랑하는 분이 주시는 선물보다는, 그 선물을 주시는 분의 사랑을 더 마음에 둔다. 그런 사람은 선물의 값어치보다도, 그 선물에 담긴 사랑을 더 소중히 여기고, 사랑하는 분이 주시는 모든 선물보다도 사랑하는 분 자신을 더 귀하게 여긴다. 고귀한 사랑을 하는 사람은 선물에 만족하지 않고, 그 어떤 선물보다도 내 자신에 만족한다. 그러므로 네가 원하는 만큼 나나 나의 성도들을 잘 대하지 못하였다는 생각이 들 때에도, 너는 모든 것을 잃는 것은 아니다.

   네가 종종 느끼는 저 선하고 달콤한 사랑의 감정은 이 세상에서 은혜를 받았을 때에 생겨나는 것이고, 하늘의 본향을 일정 정도 미리 맛보는 것이다. 하지만 그런 감정은 잠시 왔다가 사라지는 것이기 때문에, 거기에 지나치게 의지해서는 안 된다.

반면에, 네가 마음에서 생겨나는 악한 움직임에 맞서 싸우고, 마귀의 속삭임을 물리친다면, 그것은 네 속에 은혜로 말미암은 영적인 능력이 있어서 장차 큰 상을 받을 일을 행하고 있음을 보여 주는 증표이다.

3. 그러므로 네 마음속에서 그 어떤 이상한 현상들이 생겨나도, 너는 당혹감에 빠져 혼란스러워하지 말고, 네가 처음에 가졌던 그 목표를 견고하게 붙들고, 하나님을 향한 정직한 의도를 견지하라.

이따금씩 황홀경에 사로잡혔다가 곧 다시 평상시의 둔감한 마음으로 되돌아오곤 하는 것은 환각 현상이 아니다. 그런 것들은 네가 의도적으로 만들어 내는 것이 아니라, 너의 의지와는 상관없이 저절로 생겨나는 것이기 때문에, 네가 그런 것들을 거부하고 맞서 싸운다면, 그것은 네게 손해가 아니라 이득이 된다.

4. 너는 네가 선한 것을 열망하거나 온갖 경건 훈련을 하지 못하도록, 네 원수 마귀가 온 힘을 다해 방해한다는 것을 알아야 한다.

네 원수는 네가 성인들을 공경하거나, 나의 십자가 고난을 경건하게 기념하거나, 죄를 기억함으로써 유익을 얻거나, 네 자신의 마음을 지키거나, 덕을 쌓는 일에서 진보를 이루어 내겠다고 확고한 결단을 하는 것을 방해한다.

네 원수는 네 마음속에 여러 가지 악한 생각들을 집어넣어, 너로 하여금 피곤하고 두렵게 만들어서, 기도와 거룩한 독서를 멀리하게 만든다.

네 원수는 네가 겸손한 고백을 하는 것을 싫어하여 방해하고, 할 수만 있다면, 네가 성찬에 참여하지 못하게 할 것이다.

네 원수가 자주 너를 올무에 빠뜨리기 위해서 온갖 속이고 미혹하는 말들을 속삭인다고 할지라도, 너는 네 원수가 하는 속삭임들을 믿지도 말고, 그 속삭임들에 주의를 기울이지도 말라. 악하고 더러운 생각이 들 때마다, 네 원수가 그런 생각을 네 속에 집어넣은 것임을 알아차리고서는, 그 원수에게 이렇게 말하라: "더러운 영아, 썩 물러가라. 이 파렴치한 자여, 부끄러운 줄을 알아. 내 귀에 그런 것들을 집어넣는 너는 지독하게 더러운 자이다. 이 사악하기 짝이 없는 사기꾼아, 내게서 떠나가라. 너는 나와 아무 상관이 없고, 오직 예수님이 용맹스러운 전사로서 나와 함께 하실 것이기 때문에, 너는 낭패를 당하게 될 것이다. 내게 네 말에 동의하여 받아들이느니, 차라리 온갖 형벌을 다 받고 죽는 것이 더 나을 것이다. 그러므로 너는 입을 다물고 아무 말도 하지 말라. 네가 온갖 수단과 방법을 다 동원해서 아무리 나를 괴롭힌다고 할지라도, 나는 더 이상 네 말을 듣지 않을 것이다."

"여호와는 나의 빛이요 나의 구원이시니 내가 누구를 두려워하리요 … 군대가 나를 대적하여 진 칠지라도 내 마음이 두렵지 아니하며 전쟁이 일어나 나를 치려 할지라도 나는 여전히 태연하리로다 … 여호와는 나를 도우시는 자요 나의 구속자이시로다"(시 27:1, 3; 19:14).

5. 너는 좋은 군사가 되어 싸우라. 종종 연약하여 넘어진다면, 나의 더 큰 은혜를 의지하여 일어나서, 이전보다 더 큰 힘으로 다시 싸우고, 헛된 자만심과 교만함을 특히 조심하라.

   그러한 자만심과 교만함으로 인해 눈이 멀어서, 아무리 노력해도 돌이키기 힘든 치명적인 잘못에 빠지는 사람이 많다. 너는 교만한 자들이 어리석게도 주제넘게 행하다가 멸망하는 것을 타산지석으로 삼아서, 늘 겸손하게 행하여야 한다.

제7장

겸손의 보호막 아래 은혜를 감춤

1. **<그리스도>**

   내 아들아, 네가 기도해서 은혜를 받았거든, 그 은혜를 드러내지 말고 감추고, 은혜를 받았다고 해서 자고하지 않으며, 그 은혜를 대단하게 생각하거나 많이 말하지 않고, 도리어 네 자신을 보잘것없는 존재로 생각하여 겸손히 낮추고서, 은혜를 받을 자격이 없는 사람이 은혜를 받은 것으로 여겨서 두려워하는 것이 더 유익하고 안전하다.

   은혜가 있을 때의 좋은 상태는 얼마 안 있어서 금세 그 정반대의 상태로 바뀔 수 있기 때문에, 은혜를 받았을 때의 그 상태에 지나치게 집착해서는 안 된다. 은혜 가운데 있을 때에는, 은혜가 없었을 때에 얼마나 비참하고 곤고하였었는지를 생각하라.

   영적인 삶에 있어서의 진보는 단지 위로의 은혜 가운데 있을 때에만 이루어지는 것이 아니라, 하나님이 위로를 거둬 가신 경우에, 겸손함과 자기부인과 오래 참음 가운데서 기도하기를 쉬거나, 그 밖의 다른 신앙의 의무들을 소홀히 하는 것이 아니라, 도리어 메마르고 황량한 마음과 염려에도 불구하고, 자포자기하여 모든 것을 내팽개쳐 버리지 않고, 네가 할 줄 알고 할 수 있는 것들을 더 힘을 내어 자원해서 행할 때에도 이루어진다.

2. 일이 잘되어 나가지 않으면, 그것을 못 견뎌하거나, 아예 될 대로 되라고 포기해 버리는 사람들이 많다. 하지만 사람의 일은 그 사람의 능력에 달려 있는 것이 아니라, 자신의 기뻐하시는 뜻을 따라 원하실 때에 원하시는 만큼 원하시는 사람에게 힘과 위로를 주시는 하나님께 달려 있다.

   기도를 해서 은혜를 받은 사람들 중에는, 자신에게 주어진 능력을 벗어나서 무분별하고 주제넘게 행하고자 하다가 스스로 멸망을 자초한 사람들이 꽤 있는데, 그들이 그렇게 무너진 이유는, 자신의 연약함을 고려해서 이치를 잘 따져 분수를 지켜 행하지 않고, 자신의 마음의 욕망을 따라 행하였기 때문이다.

그들은 자기가 하나님을 기쁘시게 해 드리는 것에서 그치지 않고, 그 이상으로 무엇인가 더 위대한 일을 해낼 수 있다고 주제넘게 생각하고 행하였기 때문에, 은혜를 순식간에 잃어버리고, 하늘에 둥지를 틀었던 자들이 졸지에 거기에서 떨어져 나와 의지할 곳 없는 처량하고 한심한 신세로 전락하고 말았는데, 이것은 내가 그들을 철저하게 낮추고 궁핍하게 함으로써, 그들로 하여금 그들 자신의 날개가 아니라 나의 날개를 의지해서 나는 법을 배우게 하기 위한 것이었다.

처음으로 하나님의 길로 걷게 되어서 미숙하고 서투른 사람들은, 분별력 있는 사람들의 조언을 따라 행하지 않는 경우에는, 미혹되고 속아 넘어가서 갈피를 잡지 못하다가 나가떨어지기가 쉽다.

3. 경험이 많아 노련한 다른 사람들의 조언을 의지하기보다는 자기 자신의 생각을 따라 행하고자 하는 사람들은, 계속해서 자신의 생각을 버리려고 하지 않는 자세를 견지한다면, 결국에는 자신을 위험 속으로 몰아넣게 될 것이다.

자기 생각에 자신이 지혜롭다고 여기는 사람들은 다른 사람들의 다스림이나 지도를 겸손하게 받아들이는 경우가 극히 드물다. 많이 배워서 헛된 자만심을 갖게 되는 것보다, 별로 배우지 못해서 잘 알지 못한다고 할지라도 겸손하게 행하는 것이 더 낫다. 많이 가지는 것이 교만의 원인이 될 것이라면, 차라리 적게 가지는 것이 더 낫다.

자기가 너무나 궁핍하고 곤고해서 순전한 마음으로 하나님을 경외함으로써 은혜를 얻고 나서는, 그러한 사실을 망각하고서, 그렇게 해서 하나님으로부터 받은 은혜를 잃어버릴 수도 있다는 것을 생각하여 두려워하고 조심하는 것이 아니라, 오직 하나님이 주신 기쁨에만 빠져 있는 것은 분별 있게 행하는 것이 아니다.

또한, 역경이나 힘든 일을 만났다고 해서, 나를 믿고 의지할 만한 존재로 생각지도 않고, 금세 지나치게 낙심하고 절망하는 것도 은혜를 입은 사람의 태도가 아니다.

4. 평화로운 때에 지나치게 안일하게 살아가고자 하는 사람은, 흔히 전쟁의 때에는 지나치게 낙심하고 두려움과 공포에 떨게 된다. 늘 겸손하여 자기 자신을 아무것도 아닌 존재로 여기고, 자신의 심령을 잘 다스리고 규율할 줄을 아는 사람은 그렇게 금방 위험과 죄악에 빠지지 않을 것이다.

"네 영혼이 열심으로 타오를 때에는, 그 빛이 떠났을 때에 네가 어떻게 될지를 생각하라"는 말은 훌륭한 조언이다. 그러므로 실제로 네게서 그 빛이 떠나는 일이 일어났을 때에는, 네게 경고하는 의미로, 그리고 내 자신의 영광을 위하여 내가 잠시 그 빛을 거둬 갔지만, 그 빛은 언제라도 네게 다시 되돌아올 수 있다는 것을 기억하라.

5. 네가 하는 일들이 언제나 네가 원하는 대로 되는 것보다는, 종종 네 뜻대로 되지 않는 것이, 흔히 네게 더 유익이 된다. 왜냐하면, 어떤 사람이 장차 받게 될 상급은 그 사람이 얼마나 많은 환상이나 위로를 받고 있는지, 또는 성경을 얼마나 많이 알고 있는지, 또는 남들보다 더 높은 지위에 올랐는지에 따라서 판단되는 것이 아니고, 그 사람이 참된 겸손에 토대를 두고서 하나님의 사랑으로 충만한 삶을 살고 있는지, 그리고 늘 순전하고 정직한 마음으로 하나님의 영광을 구하고 있는지, 그리고 자기 자신을 아무것도 아닌 존재라고 여기고서 진정으로 멸시하고, 다른 사람들로부터 높임을 받는 것보다는 멸시받고 업신여김을 받는 것을 더 기뻐하는지에 따라 판단되어야 하기 때문이다.

제8장

하나님 앞에서 자신을 보잘것없는 존재로 여김

1. <제자>

나는 티끌과 재에 지나지 않는 자이지만, 감히 내 주께 아룁니다(창 18:27). 내가 내 자신을 그 이상으로 여긴다면, 주께서 나를 대적하시고, 나의 죄들이 진실을 증언할 것이기 때문에, 나는 그러한 사실을 부인할 수 없습니다.

하지만 내가 내 자신이 하찮은 존재임을 인정하고 아무것도 아닌 자로 여기며, 내 자신을 높일 생각을 모두 버리고, 내 자신이 티끌이라는 것을 사실 그대로 시인하고 받아들인다면, 주의 은혜가 내게 임하고, 주의 빛이 내 마음에 들어와서, 내 자신을 높이고자 하는 모든 생각은 아무리 작은 것이라도 다, "나는 아무것도 아니다"라는 골짜기에 완전히 잠겨서, 영원토록 사라지게 될 것이고, 그 골짜기에서 주님은 "내가 지금은 어떤 존재이고, 과거에는 어떤 존재였으며, 어디로 가고 있는 것인지"를 내게 보여 주실 것입니다. 왜냐하면, 나는 우매하여, 지금까지 그런 것들을 알지 못하였기 때문입니다(시 73:22).

주께서 나를 홀로 내버려 두시면, 나는 아무것도 아닌 존재이고, 전적으로 연약한 존재일 뿐입니다. 하지만 주께서 나를 잠깐만 돌아보아 주셔도, 나는 그 즉시 강해지고 새로운 기쁨으로 충만해집니다. 내 자신의 무게로 말미암아 늘 깊은 심연으로 가라앉고 있던 내가 이렇게 갑자기 주의 은혜로 감싸져서 들어 올려지는 것은 정말 놀랍고 기이한 일입니다.

2. 이 일을 행하시는 것은 주님의 사랑입니다. 주님의 사랑은 은혜 가운데서 나보다 먼저 행하시다가, 수많은 곤경들 속에서 나를 도우시며, 큰 위험들로부터 나를 보호하시고, 정말 헤아릴 수 없이 많은 해악들로부터 나를 건져 주십니다.

사실, 나는 내 자신을 사랑하는 잘못된 길로 갔다가 그만 길을 잃어버렸었는데, 진심으로 오직 주님만을 구하고 사랑함으로써, 내 자신과 주님을 둘 다 찾

왔고, 그 사랑으로 인해서 내 자신이 아무것도 아닌 존재라는 것을 더욱더 깊이 깨닫게 되었습니다. 이것은 지극히 인자하시고 긍휼에 풍성하신 주께서 아무 공로도 없고 자격도 없는 나를 분에 넘치게 대해 주시고, 내가 소망하거나 구한 것보다 훨씬 더 풍성하게 베풀어 주시는 분이시기 때문입니다.

3. 나의 하나님을 송축합니다. 나는 그 어떤 은택도 받을 자격이 없는 자인데도, 주님은 존귀하시고 무한히 선하셔서, 심지어 배은망덕한 자들과 주를 멀리 떠나 있는 자들에게까지도 은택을 베푸시기를 결코 그치지 않으십니다.

우리로 하여금 주께로 돌이켜서, 주께 감사하며 우리 자신을 낮추고 헌신하게 해 주소서. 주는 우리의 구원이시고 능력이시며 힘이 되십니다.

제9장

모든 것을 궁극적인 목적이신 하나님께 의뢰함

1. <그리스도>

아들아, 네가 진정으로 복 받기를 원한다면, 내가 너의 최고이자 최종적인 목적이어야 한다. 그런 목표가 확실히 섰을 때, 늘 자기 자신과 피조물들에게로 기울던 네 마음의 성향이 정결해지게 될 것이다.

어떤 일에서든 거기에서 자기 자신을 추구하면, 그 즉시 네 속에서는 결핍이 생겨나서, 너는 메마르게 되고 시들어 버리게 된다.

그러므로 너는 모든 것을 가장 먼저 내게 의뢰하라. 그 모든 것은 내가 준 것이다. 너는 그 모든 것이 최고의 선인 내게서 흘러나온 것임을 명심하라. 그러므로 모든 것을 그 근원인 내게 돌리고 의뢰하는 것이 마땅하다.

2. 비천한 사람이든지 위대한 사람이든지, 가난한 사람이든지 부자이든지, 모든 사람이 생명 샘인 내게서 생명수를 길어서 마시는데, 자원해서 기쁜 마음으로 나를 섬기는 사람들은 값없이 은혜를 받게 될 것이다.

하지만 나를 배제하고서 자랑하고자 하거나, 자기 속에 있는 다른 그 어떤 선에서 기쁨을 얻고자 하는 사람은, 참된 기쁨 가운데 견고히 서지도 못하고, 마음이 넓어지지도 못하며, 도리어 많은 것들에서 장애물들에 부딪치고 곤란을 겪게 될 것이다.

그러므로 너는 그 어떤 선이든 네 자신이나 어떤 사람의 공로로 돌리지 말고, 그 모든 것을 하나님께 돌려야 한다. 하나님이 없이는, 사람은 아무것도 가질 수 없기 때문이다.

사람들에게 있는 모든 것은 내가 준 것이기 때문에, 나는 사람들이 그 모든 것을 인하여 내게 감사하면서 그 모든 것을 다시 내게로 돌리기를 원하며 동시에 아주 엄중하게 요구한다.

3. 이 진리를 명심하면, 네게서 헛된 영광을 구하거나 헛된 자랑을 하는 것이 사라지게 될 것이다. 하늘로부터 주어지는 은혜와 참 사람이 네 마음속으로 들어가면, 시기하거나 미워하는 것도 없어질 것이고, 편협하고 옹졸한 마음도 없어질 것이며, 자기 자신을 사랑하는 마음도 네 속에서 설 자리를 잃게 될 것이다.

    하나님의 사랑은 모든 것을 이기고, 영혼의 모든 능력을 확장시켜 줄 것이기 때문이다. 네가 진정으로 지혜롭다면, 오직 나만을 기뻐하고 즐거워하며, 오직 내게만 소망을 둘 것이다.

    오직 하나님 외에는 선한 이가 없고(눅 18:19), 하나님은 모든 것보다 더 찬송받으셔야 할 분이시고, 모든 것 속에서 영원무궁토록 송축되어야 할 분이시다. 아멘.

제10장

세상을 멸시하고 하나님을 섬기는 달콤한 삶

1. <제자>

주여, 이제 나는 침묵하지 않고, 다시 한 번 말씀드리고자 합니다. 지극히 높은 곳에 계시는 나의 하나님, 나의 주님, 나의 왕께서 들으실 수 있도록 말씀을 드리고자 합니다. "주를 두려워하는 자를 위하여 쌓아 두신 은혜가 어찌 그리 큰지요"(시31:19).

주님을 사랑하는 사람들에게 주는 어떤 분이십니까? 마음을 다하여 주님을 섬기는 사람들에게 주는 어떤 분이십니까? 주님을 사랑하는 사람들이 주를 묵상할 때, 주님이 그들에게 풍성하게 허락하시는 달콤함은 정말 말로 다 표현할 수가 없습니다.

주님은 무엇보다도 특히 내가 존재하지 않았을 때에 나를 지으시고, 내가 주를 멀리 떠나 방황할 때에 나를 다시 데려와서 주를 섬기게 하시며, 내게 주를 사랑하라고 명하심으로써, 주의 달콤한 사랑을 내게 보여 주셨습니다.

2. 오, 영원한 사랑의 샘이시여, 내가 감히 주님에 대하여 무슨 말을 할 수 있겠습니까? 내가 파리하게 시들어서 다 죽게 된 후에도, 주님은 나를 기억하셨는데, 내가 어떻게 주를 잊을 수 있겠습니까?

주께서는 그 어떤 기대도 할 수 없는 상황에서 이 종에게 긍휼을 베풀어 주셨고, 아무런 자격도 없는 내게 은혜와 인자하심을 베풀어 주셨습니다. 내가 이러한 은혜에 어떻게 보답하여야 합니까? 모든 것을 포기하고, 세상을 버리고, 수도사로서의 삶을 살아가는 것은 모든 사람에게 주어지는 것이 아니기 때문입니다.

모든 피조물이 창조주 하나님을 섬기는 것은 너무나 당연한 일인데, 내가 주를 섬기는 것이 대단한 일이겠습니까? 내게는 내가 주를 섬기는 것이 대단해 보이는 것이 아니라, 주께서 나 같이 보잘것없고 미천한 자를 주의 종으로 받아 주셔서, 주의 택하신 종들 중의 하나로 삼으신 것이 크고 놀라운 일로 보입니다.

3. 보십시오. 내게 있는 모든 것이 주의 것이고, 내가 주를 섬길 때에 사용하는 모든 것도 주의 것입니다. 그런데 사실은 내가 주를 섬기는 것이 아니라, 주께서 나를 섬기는 것입니다. 보십시오. 주께서 사람들을 섬기기 위하여 지으신 하늘과 땅은, 주께서 무엇을 명하시든지, 그 명령을 준행할 채비를 갖추고서, 날이면 날마다 대기하고 있습니다.

   하지만 주께서 그렇게 하신 것조차 작은 일에 속합니다. 왜냐하면, 주께서는 사람들을 섬기게 하시려고 천사들을 지으시고 조직하시기까지 하셨기 때문입니다.

   그런데도 이 모든 것들보다 더욱더 놀라운 일은, 주께서 친히 사람들을 섬기기로 작정하시고서, 사람들을 위하여 자기 자신을 내어 주시기로 약속하신 것입니다.

4. 주께서 이렇게 베푸신 수많은 은택들에 내가 무엇으로 보답해야 합니까? 내가 살아가는 모든 날 동안에 주를 섬길 수 있다면 얼마나 좋겠습니까! 아니, 단 하루라도 주를 온전히 제대로 섬길 수 있다면 얼마나 좋겠습니까! 진정으로 주님은 모든 섬김과 존귀와 찬송을 영원토록 받으시기에 합당하신 분이십니다. 진정으로 주는 나의 주님이시고, 나는 주의 미천한 종입니다. 그러므로 나는 온 힘을 다하여 주를 섬기며, 지칠 줄 모르고 늘 주를 찬송하는 것이 마땅합니다. 그렇게 하는 것이 내가 원하는 것이고, 간절히 바라는 것입니다.

   내게 부족한 것은 무엇이든지, 주께서 공급해 주십시오. 주를 섬기고, 주를 위하여 다른 모든 것을 멸시하는 것은 큰 영예이고 큰 영광입니다. 주를 섬기는 지극히 거룩한 일에 스스로 자원해서 자기 자신을 복종시키는 사람들은 큰 은혜를 받게 될 것이고, 주의 사랑을 받기 위해서 육신의 모든 즐거움을 버린 사람들은 성령의 지극히 달콤한 위로를 받게 될 것이며, 주의 이름을 위하여 영생의 좁은 길로 행하고, 온갖 세상 염려들을 벗어 버린 사람들은 심령의 큰 자유를 얻게 될 것이기 때문입니다.

5. 오, 하나님을 섬기는 것은 얼마나 감사하고 기쁜 일인지 모릅니다! 사람은 하나님을 섬김으로써 진정으로 자유롭고 거룩해지기 때문입니다! 하나님의 종이 되어 섬기는 거룩한 일을 할 때, 사람은 천사들과 동등하게 되고, 하나님을 기쁘시게 하며, 악한 영들을 두려워 떨게 만듭니다.

이것은 모든 신자들에게 합당한 일이기 때문에, 신자들이라면 누구나 기꺼이 받아들이고 간절히 원하여야 하는 일입니다. 이 일은 사람에게 지극히 큰 복과 영원무궁토록 지속될 기쁨을 안겨 줍니다.

제11장

마음의 욕망들을 잘 살피고 다스림

1. <그리스도>

아들아, 네게는 아직도 잘 알지 못하는 것들이 많이 있기 때문에, 너는 여전히 많은 것들을 배워야 한다.

<제자>

주여, 그것들이 어떤 것들입니까?

2. <그리스도>

네 마음이 온전히 나의 선하고 기뻐하는 뜻만을 원하게 하여서, 네 자신을 사랑하는 자가 아니라, 내 뜻을 열렬히 사랑하고 본받는 사람이 되라. 흔히 욕망들이 네 마음에 불을 질러서 너를 난폭하게 휘몰아간다. 그러나 너는 네가 나의 영광을 위해서라기보다는 네 자신의 유익을 위해서 행하고 있는 것은 아닌지를 곰곰이 생각해 보아야 한다.

네가 행하는 모든 것의 원인이 나라면, 너는 내가 무슨 일을 명하여도, 거기에 만족하며, 기쁨으로 그 일을 행할 것이다. 하지만 네 자신의 유익을 구하는 것이 조금이라도 네 속에 숨겨져 있다면, 그것은 내가 명한 일을 네가 행하는 데 장애물로 작용하게 될 것이고, 내가 명한 일이 네게 무거운 짐으로 느껴지게 될 것이다.

3. 그러므로 너는 나와 상관없이 네가 혼자 어떤 것을 선한 일이라고 생각하고서는 기뻐하여 그 일을 이루고자 하는 욕망을 품고 지나치게 애쓰다가, 처음에는 선한 일로 여겨져서 기뻐하였던 그 일이 나중에 보니 그렇지 않은 일로 밝혀져서 후회하는 일이 벌어지지 않도록 조심하여야 한다.

어떤 욕망이 처음에 선해 보인다고 해서, 즉시 욕망을 이루려고 하여서도 안 되고, 어떤 욕망이 처음에 선해 보이지 않는다고 해서, 즉시 그 욕망을 배척하여서도 안 된다. 선한 열망이나 소원이라고 할지라도, 종종 절제하는 것이 더 낫다. 왜냐하면, 열망이 지나쳐서 평정심을 잃게 될 수도 있고, 절제하지 못함으로써 다른 사람들에게 걸림돌이 될 수도 있으며, 다른 사람들로부터의 저항에 부딪칠 때에 당혹감에 사로잡혀서 순식간에 무너질 수도 있기 때문이다.

4. 실제로 어떤 때에는 종종 강제력을 동원해서 단호하게 네 육신의 정욕과 맞서 싸우고, 육신이 무엇을 원하고 무엇을 원하지 않든지 간에, 그런 것들을 아예 무시해 버리고서, 네 자신의 육신을 강제로라도 성령에 복종시키려고 애써야 한다.

   네 육신에게 무슨 일을 시키든 다 고분고분하게 행하고, 작은 것에 만족하며, 소박한 것들에서 기쁨을 얻고, 그 어떤 불편에도 불평하지 않게 될 때까지, 네 육신을 쳐서 강제로 복종시키는 것이 마땅하다.

제12장

인내를 배워서 악한 정욕들에 맞서 싸움

1. <제자>

주 하나님이여, 내게는 많은 인내가 필수적이라는 것을 압니다. 우리는 이 세상을 사는 동안에 많은 역경들을 만날 수밖에 없기 때문입니다. 평화롭게 살기 위해서, 내가 그 어떤 계획을 세우고 궁리를 하더라도, 나의 삶 속에서 분쟁과 괴로움은 피할 수 없습니다.

2. <그리스도>

아들아, 네 말이 맞다. 하지만 내가 네게 바라는 것은, 네가 그 어떤 시험이나 역경도 겪지 않고 평화롭게 살아가는 것이 아니라, 여러 가지 많은 환난과 역경을 겪으면서 연단을 받아 평화를 얻게 되었다는 것을 스스로 깨닫게 되는 것이다.

3. 네가 지금 그러한 많은 시험과 환난을 감당할 수 없다고 말한다면, 장차 네가 겪어야 할 불 같은 시험을 어떻게 통과할 수 있겠느냐?

우리 앞에 놓여 있는 두 가지 괴로운 일 중에서 어느 하나를 선택하여야 한다면, 우리는 언제나 그 중에서 조금이라도 덜한 것을 선택하는 것이 마땅하다. 그러므로 장차 있을 영원한 형벌을 피하기 위해서는, 하나님을 인하여 현재의 괴로움들을 인내로써 참고 견디려고 애써라.

너는 이 세상 사람들이 괴로운 일들을 아예 또는 거의 겪지 않는다고 생각하느냐? 이 세상에서 가장 편안하게 온갖 즐거움들을 다 누리며 살아가는 사람들에게 물어보라. 그러면, 그런 사람들조차도 많은 괴로움들을 겪으며 살아가고 있다는 것을 알게 될 것이다.

그러면, 너는 이렇게 반문하고자 할 것이다: "그러나 그런 사람들은 자신들이 원하는 것들을 행하면서 많은 즐거움들을 누리는 삶을 살아가고 있기 때문에, 자신들이 겪는 환난들을 별 것 아닌 일들로 여길 수 있을 것입니다." 그들이 자신들이 원하는 대로 행하며 살아간다고 하자. 그렇다고 하여도, 그런 삶이 얼마 동안이나 지속될 것이라고 생각하느냐?

4. 보라. 이 세상에서 부유한 사람들은 연기처럼 사라질 것이고, 그들이 지난날에 누렸던 즐거움들은 기억조차 되지 않을 것이다. 게다가, 그들은 이 세상에서 살아가는 동안에도, 힘들거나 괴롭거나 두려운 것은 전혀 없이, 오로지 즐거움만을 누리며 살아가고 있는 것이 결코 아니다. 왜냐하면, 그들에게 즐거움을 주고 있는 바로 그 일들로 인하여, 그들은 흔히 괴로움이라는 형벌도 아울러 받게 되기 때문이다.

  그들의 삶은 결코 합당한 즐거움들을 추구하는 삶이 아니기 때문에, 그들이 즐거움을 누림과 동시에 괴로움과 수치를 느끼는 것은 당연하다.

5. 오, 그들이 누리는 그 모든 즐거움들은 얼마나 일시적이고, 얼마나 거짓되며, 얼마나 추악하고 더럽고 부끄러운 것들인가! 하지만 사람들은 얼이 빠지고 눈이 멀어서 그것을 알지 못하고, 말 못하는 짐승들이 되어서, 이 부패하고 타락한 삶이 주는 한 줌의 쾌락을 누리기 위하여, 영혼의 죽음을 자초하고 있다.

  그러므로 아들아, 네 정욕을 따르지 말고, 네 욕망을 멀리하며, 여호와를 기뻐하라. 그러면, 여호와께서 네 마음이 진정으로 원하는 것을 이루어 주실 것이다.

6. 네가 내게서 참된 즐거움과 풍성한 위로를 얻고자 하여, 세상에 속한 모든 것들을 멸시하고, 온갖 덧없는 즐거움들을 피한다면, 그것은 네게 복이 될 것이고, 풍성한 위로가 네게 주어질 것이다. 온갖 피조물로부터 오는 위로를 멀리하면 할수록, 내 안에서 더욱 달콤하고 강력한 위로를 발견하게 될 것이다.

  하지만 그러한 위로를 얻기 위해서는, 처음에는 어느 정도 괴롭고 힘든 싸움의 과정을 겪어야 한다. 몸에 밴 습성이 반기를 들 것이지만, 결국에는 더 나은 습성에 의해서 극복될 것이다. 육신이 반복적으로 불평을 터뜨릴 것이지만, 결국에는 영혼의 열심에 의해서 재갈이 물려지게 될 것이다.

옛 뱀이 너를 충동질하고 괴롭게 할 것이지만, 너의 기도로 말미암아 네게서 도망치게 될 것이고, 더 나아가 너의 간절한 기도에 의해서 옛 뱀의 접근 자체가 거의 봉쇄될 것이다.

제13장

예수 그리스도를 본받아 겸손히 순종함

1. <그리스도>

   아들아, 순종하는 것을 피하는 사람은 은혜 받는 것을 피하는 것이고, 자신의 유익들을 구하는 사람은 모든 사람에게 주어지는 유익들까지 잃게 된다.

   어떤 사람이 자기 위에 있는 권세에게 기쁜 마음으로 자원해서 복종하고자 하지 않는다면, 그것은 그 사람이 자신의 육신을 쳐서 온전히 복종시킨 상태가 아직 되어 있지 않아서, 자주 발길질을 하며 저항하고 불평하고 있음을 보여 주는 증표이다. 그러므로 네 자신의 육신을 쳐서 복종시키고자 한다면, 너는 하나님이 네 위에 세우신 권세에 복종하는 법을 빨리 배워야 한다. 네가 내면의 적을 쓰러뜨렸다면, 바깥의 적은 아주 쉽게 쓰러뜨릴 수 있기 때문이다.

   네가 성령의 뜻을 따라 행하고 있지 못하다면, 네 영혼의 가장 골치 아프고 사악한 적은 네 자신이다. 혈과 육을 이기고자 한다면, 네 자신을 진정으로 경멸하는 마음을 품지 않으면 안 된다.

   네 자신을 완전히 꺾고서 다른 사람들의 뜻에 복종하고자 하지 않는 이유는 여전히 네 자신을 지나치게 사랑하기 때문이다.

2. 아무것도 없는 무에서 만물을 창조한 전능자이자 지존자인 나도 너를 위하여 내 자신을 쳐서 사람에게 겸손히 복종하였는데, 티끌에 불과하고 아무것도 아닌 존재인 네가 하나님을 위하여 네 자신을 쳐서 사람에게 복종하는 것이 무슨 대수로운 일이겠는가? 내가 사람들 중에서 가장 낮고 비천한 자가 된 것은, 너로 하여금 나의 겸손을 본받음으로써 네 자신의 교만을 이길 수 있게 하기 위한 것이었다.

   티끌에 불과한 자여, 순종하는 법을 배워라. 흙이자 진흙에 불과한 자여, 네 자신을 낮추고서 모든 사람의 발 아래 엎드리는 법을 배워라. 모든 일에서 너의 뜻을 꺾고 온전히 순종하는 법을 배워라.

3. 맹렬한 분노로 네 자신을 대적하여, 교만이 네 속에 살아남아 있지 못하게 하고, 모든 사람이 거리의 흙을 밟고 지나가듯이 너를 밟고 지나가도 괜찮겠다는 생각을 할 정도로, 네 자신이 지극히 작은 자로서 기꺼이 순종하는 자라는 것을 보여 주어라.

   아무것도 아닌 보잘것없는 사람아, 네가 불평할 것이 무엇이 있겠는가? 추악하기 짝이 없는 죄인이여, 너는 하나님께 무수히 죄를 범해 왔기 때문에, 이미 수천 번도 더 지옥에 떨어졌어야 할 자인데, 사람들이 너를 비난한다고 해서, 네가 거기에 대해서 무슨 할 말이 있을 수 있겠는가?

   그럼에도 불구하고, 내가 네 영혼을 귀하게 여겨서 너를 생명으로 인도한 것은, 너로 하여금 나의 사랑을 알고, 나의 은택들에 대하여 늘 감사하는 가운데, 네 자신을 항상 참된 순종과 겸손에 내어주고, 네가 마땅히 받아야 할 멸시를 인내로써 감당하게 하기 위한 것이다.

제14장

우리 자신을 자랑하지 않기 위해서, 장차 있을 하나님의 심판을 묵상함

1. **<제자>**

   주님, 주께서 벼락을 치시듯이 내게 심판을 보내시면, 나의 모든 뼈는 두려움으로 사시나무 떨듯이 떨게 되고, 내 영혼은 너무나 놀라 새하얗게 질리고 맙니다. 나는 벼락을 맞은 자처럼 그 자리에 얼어붙은 채로, 주께서 보시기에는 하늘이라도 부정하고 더러울 수밖에 없다는 사실을 기억하게 됩니다(욥 15:15).

   주님 앞에서는 천사들조차도 잘못과 흠이 드러나고, 미련한 자들이라는 말을 들을 수밖에 없는데(욥 4:18), 하물며 주님의 눈에 나는 어떤 존재로 보이겠습니까? 별들도 하늘에서 떨어졌는데, 티끌에 지나지 않는 내가 어떻게 주님 앞에 설 수 있겠습니까?

   우리 눈에 칭찬 받을 만한 일들을 했다고 보여진 사람들이 지극히 비천한 자리로 떨어지고, 천사의 양식을 먹었던 자들이 돼지가 먹는 쥐엄나무 열매를 먹는 것도 감지덕지하는 모습을 나는 보았습니다(시 78:25).

2. 주님, 주의 손길을 거두시면, 거기에는 거룩함이라는 것은 존재할 수 없고, 주의 인도하심을 멈추시면, 그 어떤 지혜도 아무 소용이 없으며, 주의 보호하심을 그치시면, 그 어떤 힘도 도움이 될 수 없습니다. 주께서 순결함을 지켜 주지 않으시면, 그 어떤 순결함도 지켜질 수 없습니다. 주의 눈동자가 지켜 주지 않으시면, 우리가 아무리 눈을 부릅뜨고 깨어 있어도 다 허사가 되고 맙니다. 왜냐하면, 주께서 우리를 홀로 두시면, 우리는 깊이 가라앉아서 죽게 되는 반면에, 주께서 우리를 찾아 주시면, 우리는 일으키심을 받아서 살아나게 되기 때문입니다.

   우리는 원래 지극히 불안정해서 이리저리 요동하는 존재이지만, 오직 주로 말미암아 견고하게 설 수 있습니다. 우리는 원래 미지근하고 냉랭한 존재이지만, 오직 주로 말미암아 뜨겁게 타오를 수 있습니다.

3. 주님, 나는 과연 내 자신이 얼마나 비천하고 보잘것없는 존재인지를 어떻게 다 알 수 있으며, 내 속에 선한 것이 있는 것처럼 보일지라도, 그것은 아무것도 아니라는 것을 어떻게 다 깨달을 수 있겠습니까! 주님, 나는 내 자신이 정말 아무것도 아닌 존재라는 것을 발견하고서는, 오직 주의 측량할 수 없으신 판단에 내 자신을 철저하게 복종시킬 수밖에 없습니다!

　　오, 주의 판단은 이루 헤아릴 수 없이 무겁고, 건널 수 없는 깊은 바다와 같아서, 거기에서 나는 내 자신이 정말 아무것도 아니라는 것만을 발견할 뿐입니다. 그러므로 주의 판단 앞에서는 그 어떤 자랑도 숨을 곳이 없고, 그러한 자랑으로부터 생겨나는 자만심도 있을 곳이 없습니다. 온갖 헛된 자랑은 나에 대한 주의 저 측량할 길 없이 깊은 판단 속에 삼켜지고 맙니다.

4. 주님 앞에서 모든 육체는 무엇입니까? 진흙 그릇이 자기를 만든 자 앞에서 자기 자신을 자랑하는 것이 말이 되겠습니까? 하나님께 진심으로 순복하는 사람이 어떻게 헛된 말로 우쭐댈 수 있겠습니까?

　　자기 자신을 진리에 복종시킨 사람은 온 세상이 다 나서도 우쭐대게 만들 수 없고, 모든 소망을 하나님께 둔 사람은 온 세상 사람들이 다 칭찬해도 요동하지 않습니다. 왜냐하면, 그런 칭찬의 말을 하는 사람들도 아무것도 아닌 존재인 까닭에, 얼마 후에는 그들이 한 말들과 더불어서 사라져 버릴 것이기 때문입니다. 하지만 주의 진리는 영원합니다.

제15장

우리가 원하는 모든 일에서
우리는 어떤 자세를 취하고 어떻게 말해야 하는가

1. **＜그리스도＞**

   아들아, 너는 모든 일에서 이렇게 기도하라: "주여, 이 일이 주께서 기뻐하시는 것이라면, 그렇게 이루어지게 하소서. 주여, 이 일이 주께 영광이 되는 것이라면, 주의 이름으로 이루어지게 하소서. 주여, 이 일이 내게 합당하고 유익한 것이라고 여기신다면, 주의 영광을 위하여 이 일을 내게 허락하소서. 하지만 이일이 나를 해치는 것이고, 내 영혼이 잘되는 데 무익한 것이라면, 이 일을 하고자 하는 나의 소원을 내게서 거두어 가소서."

   네가 원하는 어떤 일이 비록 사람에게는 옳고 선한 것으로 보일지라도, 그 일에 대한 너의 소원이 반드시 성령으로부터 온 것은 아니다. 너를 움직여서 이런저런 소원을 갖게 만든 것이 선한 영의 역사인지, 아니면 악한 영의 역사인지를 확실하게 판단하는 것은 어렵고, 그 소원이 네 자신의 영이 스스로 만들어낸 것인지를 알아내는 것도 마찬가지로 어렵다. 처음에는 선한 영의 인도하심으로 보여서 따라갔다가, 나중에 보니 속았다는 것을 알게 된 사람들이 많이 있어 왔다.

2. 그러므로 너의 마음에 어떤 소원이 생겨날 때마다, 너는 언제나 하나님을 경외하는 겸손한 마음으로 그 소원이 정말 하나님으로부터 온 것인지를 가르쳐 주시라고 구하고 기도하여야 한다.

   무엇보다도, 너의 모든 생각을 진정으로 다 내려놓고서, 모든 것을 내게 맡기고, 이렇게 기도하여야 한다:

   "주여, 주께서는 어떤 것이 내게 더 좋고 유익한지를 아시오니, 주께서 원하시는 뜻대로 행하소서. 주께서 원하시는 것을 원하시는 때에 원하시는 만큼 내게 행하소서. 주께서 생각하시기에 가장 선한 일을, 주께서 가장 기뻐하시고, 주께 가장 크게 영광이 돌아가는 방식으로, 내게 행하소서. 주께서 원하시는 곳에 나를 두시고, 모든 일에서 주의 뜻대로 내게 행하소서. 나는 주의 손 안에 있사오니, 주께서 원하시는 방향이 어느 곳이든, 바로 그 곳으로 나를 몰아가소서. 보십시오. 나는 모든 일에서 순종할 준비가 되어 있는 주의 종입니다. 왜냐하면, 나를 위해서가 아니라 주를 위해서 살아가는 것이 나의 소원이기 때문입니다. 내가 지극히 합당하게, 그리고 온전히 그렇게 살아갈 수만 있다면, 얼마나 좋겠습니까!"

하나님의 기뻐하시는 뜻이 이루어지기를 구하는 기도

3. 긍휼에 풍성하신 예수님, 주의 은혜를 내게 허락하셔서, 늘 내게 있게 하시고, 내 안에서 역사하게 하시며, 끝까지 나와 함께 하게 하소서.

   나로 하여금 주께서 가장 기뻐하시고 흐뭇해하시는 일들만을 늘 소원하게 하소서. 주의 뜻이 나의 뜻이 되게 하시고, 나의 뜻이 늘 주의 뜻을 좇아서, 주의 뜻과 나의 뜻이 온전히 일치하게 하소서. 내가 원하는 것이든 원하지 않는 것이든, 나의 모든 뜻이 주의 뜻과 하나가 되게 하셔서, 나로 하여금 오직 주께서 원하시는 것만을 원하게 하시고, 주께서 원하지 않으시는 것들은 무엇이든 다 원하지 않게 하소서.

   세상에 있는 모든 것들에 대하여 죽게 하시고, 주를 위하여 이 세상에서 멸시받으며 이름도 없이 빛도 없이 살아가는 것을 기뻐하게 하소서.

   무엇보다도 나로 하여금 주 안에서 안식하게 하시고, 내 마음이 주 안에서 평안을 얻게 하소서. 주님은 내 마음의 참된 평안이시고, 오직 주님만이 내 마음의 안식이십니다. 주를 떠나서는, 모든 것이 힘들고 불안합니다. 나는 오직 지극히 높으시고 영원히 선하신 주 안에서만 평안히 눕고 자겠나이다(시 4:8).

제16장

오직 하나님 안에서만 참된 위로를 찾음

1. <제자>

　　내가 어떤 위로를 원하거나 생각하든지, 나는 그 위로를 여기에서가 아니라 내세에서 찾습니다. 왜냐하면, 내가 이 세상의 모든 위로를 다 받으며, 모든 즐거움을 다 누릴 수 있다고 하여도, 그것이 오래 갈 수 없다는 것은 확실하기 때문입니다.

　　그러므로 내 영혼아, 너는 가난한 자들을 위로하시는 분이시고 비천한 자들을 도우시는 분이신 하나님 안에서가 아니면, 온전히 위로를 받을 수도 없고, 온전히 새 힘을 얻을 수도 없다.

　　내 영혼아, 조금만 기다려라. 하나님의 약속을 기다려라. 그러면, 너는 하늘에 있는 온갖 좋은 것들을 풍성하게 누리게 될 것이다. 이 세상에 있는 것들을 지나치게 탐하면, 하늘에 속한 영원한 것들을 잃게 될 것이다.

　　현세의 덧없는 것들을 사용하여 살아갈 수밖에 없기는 하지만, 너의 소원은 늘 영원한 것들에 두라. 너는 오직 현세의 덧없는 것들을 누리며 살아가도록 지음 받은 존재가 아니기 때문에, 그런 것들로는 결코 만족할 수 없다.

2. 네가 피조물들 중에서 모든 좋은 것들을 다 가지고 있다고 할지라도, 너는 행복할 수도 없고 복될 수도 없다. 왜냐하면, 너의 모든 행복과 복은 그 모든 것들을 창조하신 하나님 안에 있기 때문이다.

　　이 참된 행복은 세상을 사랑하는 우매한 자들에게는 행복으로 보이지 않아서 좋아하지 않지만, 그리스도의 선하고 충성된 종들이 고대하는 행복이고, 하늘에 시민권이 있는 마음이 깨끗한 신령한 사람들이 종종 맛보는 행복이다.

　　사람으로부터 오는 모든 위로는 헛되고 일시적이고, 내면에서 진리로부터 생겨나는 위로만이 참되고 복된 위로이다.

경건한 사람은 어디를 가든지 자신의 위로자이신 예수님과 동행하면서, 이렇게 말한다:

"주 예수여, 언제 어디서나 나와 함께 하소서. 주의 그러한 임재가 나의 위로가 되게 하셔서, 사람으로부터 오는 위로가 전혀 없어도 평안히 살아갈 수 있게 하소서. 주의 위로가 내게 없는 경우에는, 나를 향하신 주의 뜻과 의로우신 연단이 내게 최고의 위로가 되게 하소서. 왜냐하면, 주님은 언제까지나 진노만 하시는 분도 아니시고, 영원히 질책만 하시는 분도 아니시기 때문입니다."

제17장

모든 염려를 하나님께 맡김

1. <그리스도>

   아들아, 내가 원하는 대로 네게 행하는 것을 너는 받아들여라. 나는 무엇이 네게 가장 좋은 것인지를 알지만, 너는 인간적으로 생각하고, 많은 일들에서 인간적인 육정을 따라 판단할 뿐이기 때문이다.

2. <제자>

   주여, 주께서 말씀하신 것이 참되고 옳습니다. 주께서 나를 위하여 염려하시는 것은, 내가 내 자신을 위하여 염려하는 모든 것보다도 더 큽니다. 그렇기 때문에, 자신의 모든 염려를 주께 맡기지 않는 사람은 그 서 있는 것이 지극히 불안정할 수밖에 없습니다.

   주여, 주를 향한 나의 뜻이 바르고 견고하다면, 주께서 기뻐하시는 대로 내게 행하시옵소서. 주께서 내게 행하시는 것은 무엇이든지 다 선할 수밖에 없기 때문입니다.

   나를 어둠 가운데 두시는 것이 주의 뜻이라면, 나는 그렇게 하시는 주를 송축합니다. 또한, 나를 빛 가운데 두시는 것이 주의 뜻이라면, 나는 그렇게 하시는 주를 송축합니다.

   나를 위로해 주시는 것이 주의 뜻이라면, 나는 여전히 그렇게 하시는 주를 송축합니다. 또한, 나로 하여금 괴로움을 당하게 하시는 것이 주의 뜻이라면, 나는 여전히 그렇게 하시는 주를 송축합니다.

3. <그리스도>

   아들아, 네가 나와 동행하고자 한다면, 너의 자세는 이러하여야 한다:

   너는 나와 함께 기뻐할 마음이 되어 있는 것과 마찬가지로, 나와 함께 고난을 받을 각오도 되어 있어야 한다. 또한, 너는 나와 함께 부요함과 풍성함을 누릴 마음이 되어 있는 것과 마찬가지로, 나와 함께 가난함과 궁핍함을 견딜 각오도 되어 있어야 한다.

4. <제자>

주여, 주께서 내게 허락하시는 고난이라면, 나는 그 어떤 고난도 기꺼이 감당할 각오가 되어 있습니다. 주의 손으로부터 오는 것이라면, 그것이 좋은 것이든 나쁜 것이든, 달콤한 것이든 쓴 것이든, 기쁜 일이든 슬픈 일이든, 나는 무조건 받을 준비가 되어 있고, 내게 주어진 그 모든 것에 대하여 감사할 것입니다.

주께서 나를 지켜 주셔서, 내가 그 어떤 죄도 짓지 않게 해 주십시오. 그러면, 나는 죽음이나 지옥도 두려워하지 않을 것입니다. 주께서 나를 영원히 버리지 않으시고, 생명책에서 내 이름을 지워 버리지 않으시는 한, 그 어떤 환난이 내게 닥쳐도 나를 결코 해치지 못할 것입니다.

제18장

그리스도를 본받아서 잠시의 괴로움들을 초연히 감내함

1. <그리스도>

아들아, 나는 너를 구원하기 위하여 하늘로부터 강림해서, 어쩔 수 없어서가 아니라 사랑으로, 너의 고통과 괴로움들을 대신 짊어졌는데, 그것은 너로 하여금 이 세상에서 잠시의 고통과 괴로움들을 불평 없이 인내로써 감당하는 법을 배우게 하기 위한 것이었다.

나는 출생한 때로부터 시작해서 십자가 위에서 죽을 때까지, 괴로움과 슬픔을 짊어지지 않은 때가 없었고, 현세에서 살아갈 때에 필요한 것들이 내게는 늘 많이 부족하였다. 나에 대하여 불평하는 말들을 자주 들어야 했고, 나를 모욕하고 욕하는 것을 온유함으로 인내하여야 할 때도 많았다. 은혜를 베풀고도 배은망덕함으로 돌려받았고, 이적들을 베풀고도 신성모독으로 몰렸으며, 진리를 가르치고도 욕을 먹었다.

2. <제자>

주께서는 이 땅에 사시는 동안 늘 인내하셨기 때문에, 아버지 하나님의 뜻을 이루실 수 있으셨습니다. 그러므로 가련하고 비천한 죄인일 뿐인 나는 주의 뜻을 따라 인내로써 살아가는 것이 마땅하고, 주께서 원하시는 한, 나의 구원을 위하여 이 부패하고 타락한 인생의 무거운 짐을 감당해 나가는 것이 마땅합니다. 왜냐하면, 현세에서의 삶은 힘들고 괴로운 것처럼 보일지라도, 주의 은혜로 말미암아 이미 살 만한 것이 되었고, 주의 모범과 주의 성도들이 걸어간 길들로 말미암아, 연약한 우리에게 좀 더 분명하고 견딜 만한 것이 되었기 때문입니다.

또한, 하늘의 문이 굳게 닫혀 있던 저 옛적의 구약 시대보다, 지금은 훨씬 더 풍성한 위로가 하늘로부터 부어지고 있습니다. 그 때에는 훨씬 적은 사람들이 천국을 찾는 데 관심이 있었기 때문에, 천국으로 가는 길도 더욱 모호해 보였습니다.

게다가, 그 때에는 주께서 고난을 당하시고 죽으심으로써 대속의 제사를 드리시기 이전이었기 때문에, 의롭게 행하여 구원을 받게 되어 있던 사람들조차도 아직은 천국에 들어갈 수 없었습니다.

3. 주께서는 나를 포함한 모든 신실한 사람들에게 주의 영원한 나라로 살 수 있는 바르고 선한 길을 보여 주셨기 때문에, 내가 주께 아무리 천 번 만 번 감사를 드린다고 하여도, 그것으로도 부족할 것입니다.

주께서 가신 길은 우리가 가야 할 길이고, 우리는 거룩한 인내 가운데서 우리의 면류관이신 주를 향하여 뚜벅뚜벅 걸어서 나아가고 있습니다.

그런데 만일 주께서 우리보다 먼저 그 길을 가시고 나서, 우리에게 가르쳐 주지 않으셨다면, 누가 그 길로 걸어갈 엄두나 냈겠습니까? 만일 주의 빛나고 생생한 모범이 사람들의 눈 앞에 없었다면, 사람들은 그 길로 걸어가다가도 얼마 못가서 다시 되돌아오고 말았을 것입니다!

보십시오. 우리는 주께서 행하신 많은 표적들과 교훈들을 들었는데도, 여전히 냉랭합니다. 만일 우리가 주를 따르는 데 필요한 빛이 없었다면, 우리는 어떻게 되었겠습니까?

제19장

부당하고 억울한 일들을 참음으로써
진정으로 인내한 자로 인정받음

1. **<그리스도>**

　아들아, 지금 너는 무슨 말을 하는 것이냐? 불평하기를 그치고, 나와 나의 성도들이 받은 고난을 생각하라. 아직 너는 죄에 대항해서 피 흘리기까지는 싸우지 않았다(히 12:4). 무수한 고난을 겪은 사람들이나, 지극히 큰 시험을 당한 사람들이나, 너무나 큰 괴로움을 당한 사람들이나, 이런저런 모양으로 호된 시련과 괴로움을 겪은 사람들에 비하면, 네가 겪고 있는 고난은 작은 것이다.

　다른 사람들이 겪은 더 혹독한 고난들을 떠올리고서, 네가 겪고 있는 고난은 작은 것에 불과하다는 것을 깨닫는다면, 너는 그 고난을 좀 더 쉽게 짊어질 수 있을 것이다. 네가 겪는 고난이 작아 보이지 않는다면, 혹시 그 원인이 너의 조급함이나 참지 못함 때문은 아닌지를 잘 살펴보아라. 네가 겪는 고난이 크든지 작든지, 네게 닥친 모든 고난을 인내로써 감당하려고 애써라.

2. 고난을 더 잘 감당할수록, 너는 더 지혜롭게 행하는 것이고, 장차 더 큰 상을 받게 된다. 마음과 몸이 고난을 감당할 각오와 준비가 철저히 되어 있다면, 고난을 감당하는 일은 더 쉬워진다.

　너는 이렇게 말하지 말라: "내가 저런 사람으로부터 이런 욕을 먹는 것은 도저히 참을 수가 없고, 내가 그런 사람으로부터 이런 일을 겪는다는 것은 있을 수 없는 일이다. 왜냐하면, 그 사람은 내가 생각조차 하지 않았던 일을 가지고 내게 억울한 누명을 씌워서 나를 비난하여 내게 큰 해악을 저지른 장본인이기 때문이다. 만일 다른 사람이 나를 욕하고 비난한다면, 나는 얼마든지 참을 수 있다. 내가 마땅히 욕을 먹고 비난을 받아야 할 일로 누가 나를 욕하고 비난한다면, 나는 그러한 욕이나 비난을 기꺼이 감수할 것이다."

하지만 그렇게 생각하는 것은 어리석은 것이다. 왜냐하면, 그것은 인내의 미덕이 어떤 것인지를 생각해 보거나, 인내하는 사람이 누구로부터 면류관을 상으로 받게 될 것인지도 생각해 보지 않고, 오로지 사람들과 그들이 저지른 잘못들만을 생각하는 것이기 때문이다.

3. 자기 생각에 합당하다고 여겨지는 것들만을 감수하고, 자기를 혼낼 자격이 있다고 여겨지는 사람들의 질책만을 받아들이는 것은 참된 인내가 아니다. 참된 인내는 자신에게 고통과 괴로움을 안겨 주는 사람이 누구인지를 따지지 않고, 모든 일에서 인내하는 것이다.

따라서 진정으로 인내하는 사람은 자신이 겪는 고통과 괴로움이 윗사람으로부터 온 것인지, 아니면 동료나 아랫사람으로부터 온 것인지를 따지지 않고, 선하고 거룩한 사람으로부터 온 것인지, 아니면 사악하고 비열한 자로부터 온 것인지를 따지지 않고, 누구로부터 온 것이든 가리지 않고, 온갖 고통과 괴로움을 참고 견딘다.

또한, 자신에게 닥친 역경이 아무리 크고 아무리 자주 온다고 하여도, 그 모든 역경을 하나님의 손으로부터 온 것으로 여기고서 감사함으로 받고, 큰 유익으로 여긴다. 왜냐하면, 하나님을 위하여 감당하는 고난은, 그것이 아무리 작은 것이라고 할지라도, 하나님으로부터 반드시 상을 받게 되어 있기 때문이다.

4. 그러므로 승리를 얻고자 한다면, 싸울 준비를 하고 있어라. 싸우지 않고서 인내의 면류관을 얻는 것은 불가능하다. 고난 받고자 하지 않는 것은 면류관을 거절하는 것이다. 면류관을 얻고자 한다면, 담대하고 용맹스럽게 싸우고, 끝까지 인내하여라. 힘든 수고 없이는 안식도 있을 수 없고, 싸움 없이는 승리도 있을 수 없다.

5. <제자>
주여, 주께서 말씀하신 것은 내 자신의 힘으로는 본성적으로 불가능해 보이오니, 주의 은혜로 말미암아 내게 가능하게 해 주소서. 내가 얼마나 고난을 감당하지 못하는 존재이고, 작은 역경을 만나도 얼마나 금세 넘어지는 존재인지는, 주께서 잘 아십니다.

　나로 하여금 주를 위하여 고난을 받고 고통과 괴로움을 겪는 것이 내 영혼에 지극히 유익하다는 것을 깊이 깨달아서, 주의 이름을 위하여 내가 겪어야 하는 온갖 환난으로 인한 괴로움과 고통을 기쁜 마음으로 달게 받아들일 수 있게 해 주소서.

제20장

우리의 연약함과 인생의 비참함에 대한 고백

1. **<제자>**

   주여, 나를 쳐서 증언하오니, 나의 불의함과 연약함을 주께 고백합니다. 나는 사소한 일로 낙심하고 의기소침하며 슬픔에 빠지는 일이 허다하고, 용기 있게 행하여야 하겠다고 결심하지만, 작은 시험이 와도 금방 넘어져서, 큰 곤경에 처하곤 합니다. 또한, 종종 아주 작은 일 때문에 심각한 시험에 빠지기도 합니다.

   내 자신이 시험으로부터 꽤 안전하다고 느껴져서, 그 어떤 큰 시험이 와도 끄떡없을 것이라고 생각하고 있는데, 가벼운 바람에도 견디지 못하고 금방 넘어질 듯이 비틀거리는 나의 모습을 발견한 적도 한두 번이 아닙니다.

2. 주여, 주께서는 나의 이러한 비천함과 연약함을 너무나도 잘 아시오니, 이런 나를 돌아보아 주소서. 내게 긍휼을 베푸셔서, 나를 수렁에서 건져 주심으로써, 내가 거기에 빠져서 영원히 헤어 나오지 못하는 일이 일어나지 않게 하소서. 내가 이렇게 연약해서, 쉽게 넘어지고, 정욕들과 욕망들에 형편없이 굴복하는 것을 보면서, 나는 주 앞에서 자꾸 위축이 되고 당혹스러워집니다.

   내 속에서 일어나는 그런 정욕들과 욕망들에 내가 전혀 동의하지 않는데도, 그것들은 나를 집요하게 괴롭히고 짓누르기 때문에, 이제는 하루하루 그러한 싸움을 하며 살아가는 것 자체가 너무나 지치고 힘듭니다.

   가증스러운 공상들이 떠나기는커녕 늘 너무나 쉽게 내 마음속으로 물밀듯이 쇄도해 오는 것을 보면서, 내 자신의 연약함을 생생하게 깨닫습니다.

3. 전능하신 이스라엘의 하나님이시고, 신실한 영혼들을 사랑하시는 분이신 주여, 이 종이 처한 어렵고 힘들며 서글픈 처지를 돌아보셔서, 이 종이 행하는 모든 일에서 이 종을 도우소서. 내가 이 땅에서 숨을 쉬며 비참한 삶을 살아가는

동안에는, 나는 아직도 영에게 온전히 굴복하지 않고 있는 나의 옛 사람, 곧 이 가련한 육신에 맞서 싸워야 하는 것은 당연한 일이지만, 그럴지라도 주께서 하늘로부터 오는 능력으로 나를 강건하게 하셔서, 나의 옛 사람, 곧 이 가련한 육신이 나를 지배하지 못하게 하소서.

우리의 삶이 어떤 것인지를 생각하면, 서글프기 짝이 없습니다. 우리의 삶 속에서는 환난과 불행이 그치지 않고, 모든 것이 올무와 원수들로 가득합니다. 한 가지 환난이나 시험이 지나갔는가 싶으면, 금세 또 다른 환난이나 시험이 찾아옵니다. 아니, 아직 첫 번째 환난이나 시험과 싸우고 있는 동안에도, 다른 예기치 않은 여러 환난이나 시험이 한꺼번에 들이닥칩니다.

4. 우리의 인생은 수많은 괴로운 일들로 가득하고, 우리의 삶 속에서는 너무나 많은 재앙들과 비참한 일들이 연이어 일어나는데, 어떻게 우리가 인생을 사랑할 수 있겠습니까? 우리의 인생은 너무나 많은 죽음과 질병들을 낳는데, 어떻게 그것을 "인생," 즉 사람이 "사는 것"이라고 말할 수 있겠습니까?

그런데도 많은 사람들이 인생을 사랑하고, 인생 속에서 즐거움을 구합니다. 사람들은 흔히 세상은 거짓되고 헛된 곳이라고 비난합니다. 하지만 그러면서도 세상을 쉽게 포기하지 못하는 이유는, 육신의 정욕과 욕망이 그들을 지배하고 있기 때문입니다.

육신의 정욕과 욕망은 우리로 하여금 세상을 사랑하게 만들기도 하고 멸시하게 만들기도 합니다. "육신의 정욕과 안목의 정욕과 이생의 자랑"(요일 2:16)은 우리를 이끌어서 세상을 사랑하게 하는 반면에, 그러한 것들에 필연적으로 수반되는 형벌들과 비참한 불행들은 우리로 하여금 세상을 미워하게 하고 넌더리가 나게 만듭니다.

5. 안타깝게도 어떤 심령이 더럽고 추악한 정욕과 욕망에 의해서 지배당하고 있을 때, 그 심령은 세상에 사로잡혀서 살아가게 됩니다. 그런 사람은 하나님이 주시는 달콤한 즐거움이나 미덕이 주는 내면의 즐거움을 본 적도 없고 맛본 적도 없기 때문에, "가시나무 아래에"(욥 30:7) 즐거움이 있다고 생각합니다.

그러나 거룩한 교훈 아래에서 세상을 온전히 멸시하고 하나님을 위해 살려고 애쓰는 사람들은, 진정으로 자기 자신을 부인한 자들에게 하나님께서 약속하신 달콤한 즐거움을 맛보기 때문에, 세상이 얼마나 크게 잘못되었고 모든 면에서 얼마나 기만적인지를 분명하게 압니다.

제21장

온갖 좋은 은사들보다도 하나님에게서 안식을 구함

1. **<제자>**

   내 영혼아, 주님은 성도들의 영원한 안식이시니, 다른 모든 것들보다도, 그리고 모든 일에서 늘 주 안에서 안식하라. 지극히 감미로우시고 사랑이 풍성하신 예수님, 나로 하여금 모든 피조물보다도 주 안에서 안식하게 하소서.

   즉, 온갖 좋아 보이는 것과 아름다워 보이는 것과 탁월해 보이는 것이나, 모든 영광과 존귀나, 모든 능력과 위엄이나, 모든 지식과 명철함이나, 모든 부와 뛰어난 솜씨나, 모든 기쁨과 환희나, 모든 명성과 칭찬이나, 온갖 달콤한 것과 위로가 되는 것이나, 모든 소망과 약속이나, 모든 공로와 소원이나, 주께서 내게 주실 수 있으시거나 부어 주실 수 있으신 온갖 은사들과 상들이나, 사람의 마음이 받을 수 있고 느낄 수 있는 모든 기쁨과 환희보다도 오직 주 안에서 안식하게 하소서.

   또한, 하늘의 천군 천사들과 천사장들, 눈에 보이거나 보이지 않는 모든 것들, 나의 하나님이신 주가 아닌 모든 것에서가 아니라, 오직 주 안에서 안식을 구하게 하소서.

   나의 하나님이신 주께서는 만유 위에 뛰어나신 분이시기 때문입니다.

2. 오직 주님만이 홀로 지극히 높으시고, 오직 주님만이 홀로 전능하시며, 오직 주님만이 홀로 부족함이 전혀 없으시고 충만하시고, 오직 주님 안에만 온갖 즐거움과 위로가 있으며, 오직 주님만이 홀로 지극히 아름다우시고 사랑이 충만하시며, 오직 주님만이 홀로 만물 위에 가장 높이 들리셔서 지극히 영화로우십니다. 주님 안에는 온갖 선한 것들이 과거에도 온전히 존재하였고, 지금도 온전히 존재하고 있으며, 앞으로 영원토록 온전히 존재할 것입니다.

   따라서 내가 주님을 뵈옵고 온전히 누리지 못한다면, 주께서 내게 그 어떤 것을 주시고, 주님 자신에 관하여 그 어떤 것을 계시하시거나 약속하신다고 할지라도, 그런 것들은 내게 너무나 보잘것없고 불만족스러운 것이 되고 말 것입니다. 나의 마음은 모든 은사들과 모든 피조물들을 뛰어넘어서 주 안에서 안식하지 않는다면, 진정으로 안식할 수도 없고 온전히 만족할 수도 없기 때문입니다.

3. 나의 지극히 사랑스러운 정혼자이시고 지극히 순결하신 연인이시며 이 피조세계 전체를 다스리시는 분이신 예수 그리스도께서는 언젠가는 내게 참된 자유의 날개를 주셔서, 나로 하여금 주께로 날아가서 주 안에서 안식하게 하실 것입니다.

   주 나의 하나님이여, 그런 날이 언제 내게 찾아와서, 내가 주의 지극한 아름다우심을 직접 이 눈으로 보아 알게 될까요? 언제쯤이면 내가 오직 주께만 온전히 몰두해서, 주의 사랑으로 인하여 무아지경 가운데서 아무도 모르는 방식으로 모든 감각과 한계를 뛰어넘어 오직 주님만을 느끼게 될 수 있을까요?

   하지만 지금 나는 나의 불행을 짊어진 채로, 자주 탄식하고 신음하며 고통하고 슬퍼합니다. 왜냐하면, 온갖 좋지 않은 비참한 일들이 첩첩산중처럼 내게 엄습해서, 시도 때도 없이 나를 흔들어 놓고 짓눌러서 괴롭고 슬프게 만들며, 나를 방해하고 정신을 흐트러놓으며 유혹하고 옭아매는 까닭에, 나는 주께 자유롭게 나아가지도 못하고, 복된 영혼들을 위해 늘 준비되어 있는 달콤한 포옹을 누리지도 못하기 때문입니다.

   이 땅에서의 나의 탄식과 내가 느끼는 온갖 쓸쓸함이 주님을 움직일 수 있기를 원합니다.

4. 영원한 영광의 광채이시고, 이방 땅에서 나그네로서 순례 길을 가고 있는 내 영혼의 위로가 되시는 예수님, 주 앞에서 나의 입은 말을 잃고, 침묵으로 주께 아뢸 뿐입니다.

   나의 주여, 내게 오시는 것을 언제까지 지체하실 것입니까? 이 비천하고 가련한 자인 내게 오셔서, 나를 기쁘게 해 주소서. 주의 손을 내미셔서, 이 가련한 자를 온갖 괴로움으로부터 건져 주소서.

   오소서, 어서 오소서. 주 없이는 내게는 단 하루, 아니 단 한 시간도 기쁠 수 없습니다. 오직 주님만이 나의 기쁨이고, 주께서 계시지 않으시면, 나의 식탁은 텅 비게 되기 때문입니다.

　주께서 돌아오셔서, 임재의 빛으로 내게 새 힘과 자유를 주시고, 내게 미소를 보여 주실 때까지는, 나는 족쇄를 차고 쇠사슬에 묶인 채로 감옥에 갇혀 있는 것과 같이, 비참하기 짝이 없는 자일 뿐입니다.

5.　다른 사람들은 주님이 아니라 다른 것들을 기뻐할지라도, 적어도 나만은 나의 하나님이시자 나의 소망이시고 나의 영원한 구원이신 주 외에는 그 어떤 것도 기뻐할 수 없고, 앞으로도 기뻐할 수 없을 것입니다. 주의 은혜가 내게 다시 회복되고, 주께서 나의 내면에 말씀하실 때까지, 나는 침묵하지도 않을 것이고, 기도하기를 쉬지도 않을 것입니다.

6.　<그리스도>
　보라, 내가 여기에 있다. 보라, 네가 나를 불러서, 내가 네게 왔다. 네 눈물과 네 영혼의 갈망, 그리고 네가 네 자신을 낮추고 애통해한 것이 내 마음을 움직여서, 나로 하여금 네게 오게 하였다.

7.　<제자>
　주여, 나는 오직 주님만을 누리기를 갈망하여, 주를 인하여 다른 모든 것을 버리고서, 주님을 불렀습니다. 하지만 그것은 주께서 먼저 나를 움직이셔서, 주를 찾게 하셨기 때문이었습니다.

　그러므로 주여, 주의 풍성하신 자비를 따라서 주의 종에게 이 선한 일을 행하신 주께서 찬송을 받으시는 것이 마땅합니다.

　사정이 이러한데, 주의 종인 내가 내 자신의 죄악과 연약함과 악함을 늘 기억하고서, 주 앞에서 내 자신을 지극히 낮추는 것 외에, 주께 무슨 말을 하겠습니까? 하늘과 땅에 온갖 기이하고 놀라운 것들이 있을지라도, 주님과 견줄 수 있는 것은 아무것도 없기 때문입니다.

　주의 역사는 지극히 선하고, 주의 판단은 참되며, 주의 섭리가 만유를 지배합니다. 그러므로 하나님 아버지의 지혜이신 주께서 모든 찬송과 영광을 받으시기에 합당합니다.

나의 입술과 나의 영혼과 모든 피조물들이여, 오직 주만을 찬송하고 송축하라!

제22장

하나님이 베풀어 주신 수많은 은택들을 기억함

1. **<제자>**

   오, 주여, 내 마음을 여시고 나를 가르치셔서, 주의 계명들의 길을 따라 행하게 하소서. 나로 하여금 주의 뜻을 깨닫게 하시고, 주께서 베풀어 주신 온갖 일반적이거나 특별한 은택들을 기억하고서, 주를 지극히 경외하는 마음으로 부지런히 묵상하게 하심으로써, 주께 합당한 감사를 드릴 수 있게 하소서.

   내게는 주께서 베풀어 주신 지극히 작은 은총에 대해서조차 합당한 감사를 드릴 수 있는 힘이 없다는 것을 압니다. 나는 주께서 내게 베풀어 주신 온갖 좋은 것들 중에서 가장 작은 것조차 받을 자격이 없는 자입니다. 주의 위엄과 존귀하심을 생각하면, 그 크심으로 인해서 내 영혼은 녹아내립니다.

2. 우리의 영혼과 육신에 있는 모든 것, 그리고 외적으로든 내적으로든, 자연적으로든 초자연적으로든, 우리가 소유하고 있는 모든 것은, 주께서 우리에게 은혜로 베풀어 주신 선물들로서, 이 모든 좋은 것들을 우리에게 주신 주님이 너그러우시고 후하시며 자비로우시고 선하시다는 것을 증언해 줍니다.

   어떤 사람은 많이 받고, 어떤 사람은 적게 받지만, 모든 것이 주의 것이고, 우리는 주 없이는 그 중에서 지극히 작은 것 하나조차도 받을 수 없습니다. 많이 받은 사람은, 그것이 마치 자신의 공로 때문인 양 자랑할 수 없고, 자기가 다른 사람들보다 더 나은 자인 것처럼 자신을 높일 수 없으며, 자기보다 적게 받은 사람들을 깔볼 수 없습니다.

   왜냐하면, 그것을 자신의 공로로 돌리지 않고, 더 겸손하고 경건하게 주께 감사하는 사람일수록, 더 크고 나은 자이고, 자기 자신을 다른 모든 사람들보다 더 보잘것없고 무가치한 자로 여기는 사람일수록, 더 큰 은택들을 받기에 합당한 자이기 때문입니다.

3. 적게 받은 사람은 낙심해서 자신을 비하하거나, 자기보다 많이 받은 사람을 시기해서는 안 되고, 도리어 주를 바라보고, 주의 선하심을 지극히 높여 찬송하여야 합니다. 주님은 사람들을 차별하지 않으시고 누구에게나 거저 아낌없이 지극히 후하고 풍성하게 주시는 분이시기 때문입니다. 모든 것이 주님으로부터 오기 때문에, 모든 것에서 주께서 찬송을 받으시는 것이 마땅합니다.

   주께서는 각 사람에게 무엇을 얼마만큼 주시는 것이 그 사람에게 가장 유익한지를 아십니다. 어떤 사람에게 적게 주시고, 어떤 사람에게 많이 주실 것인지는, 우리가 판단할 문제가 아니고, 주님이 판단하실 문제입니다. 오직 주님만이 각 사람에게 무엇이 얼마만큼 필요한지를 알고 계시기 때문입니다.

4. 오, 주 하나님, 나는 겉보기에, 즉 사람들이 생각하기에 칭송과 영광을 받을 만한 것들을 많이 받지 않은 것조차도 큰 은총이라고 생각합니다. 그러므로 자기는 잘하는 것이 없고 그 어떤 것도 내세울 만한 것이 없다고 생각하는 사람은, 그런 생각으로 인해서 슬퍼하거나 의기소침해서는 안 되고, 도리어 하나님께서는 이 세상에서 가난하고 비천하며 멸시 받는 사람들을 택하셔서 자신의 자녀와 권속으로 삼으셨다는 사실을 기억하고서, 위로를 받고 크게 기뻐하여야 합니다.

   주님이 온 땅을 다스리는 왕들로 삼으신 모든 사도들이 그 증인들입니다. 그들은 이 세상에서 가난하고 비천하며 멸시 받는 사람들이었는데도, 자신의 신세를 불평하기는커녕, 이 세상에서 그들의 행실은 지극히 겸손하고 순전하였고, 악의나 속임은 전혀 없었으며, 주의 이름을 위하여 온갖 모욕을 당하는 것을 기뻐하기까지 하였고, 세상이 혐오하던 그것을 큰 사랑으로 끌어안았습니다.

5. 주를 사랑하고 주의 은택들을 깨달은 사람은, 오직 자기를 향하신 주의 뜻, 그리고 주의 영원하신 섭리로 말미암아 주께서 기뻐하셔서 작정하신 선하신 일들 외에는 그 어떤 것도 기뻐하지 말고, 오로지 그 뜻과 작정하심에 만족하여 위로를 받아서, 다른 사람이 가장 큰 자가 되어 있다고 할지라도, 자기는 기꺼

이 가장 작은 자로 만족하고, 다른 사람이 가장 높은 자리에 앉아 있다고 할지라도, 자기는 가장 낮은 자리에 만족하고 흡족해하며, 세상에서 다른 사람들보다 더 높임과 영광을 받든, 아니면 사람들로부터 보잘것없는 자로 취급받아서 멸시를 받고 무시를 당하든 늘 만족하고 기뻐하여야 합니다.

왜냐하면, 그런 사람에게는 주의 뜻과 주께서 영광을 받으시는 것이 다른 무엇보다도 더 우선이어야 하고, 자기에게 주어졌거나 주어질 모든 은택들보다도 그 사람에게 더 큰 위로와 기쁨과 만족을 주는 것이어야 하기 때문입니다.

제23장

큰 평화를 가져다주는 네 가지 길

1. **<그리스도>**

   아들아, 나는 이제 평화와 참된 자유로 이끌어 줄 길을 네게 가르쳐 주고자 한다.

2. **<제자>**

   주여, 주께서 말씀하신 대로 행하소서. 그런 가르침을 듣는 것은 내게 기쁘고 감사한 일입니다.

3. **<그리스도>**

   아들아, 너는 네 뜻대로 행하려고 하지 말고, 다른 사람들의 뜻대로 행하려고 애써라.

   늘 많이 갖기보다는 적게 갖는 것을 택하라.

   늘 가장 낮은 자리를 구하고, 모든 사람 아래에 있어라.

   네게서 하나님의 뜻이 이루어지기를 늘 바라고 기도하라.

   보라, 그런 사람은 평화와 안식의 땅으로 들어간다.

4. **<제자>**

   주여, 주의 이 짤막한 말씀 속에는 완전한 가르침이 들어 있습니다. 말씀은 짧은데, 의미는 심오하고, 열매는 풍성합니다. 만일 내가 이 짤막한 말씀만 충실하게 지킬 수 있다면, 나는 그렇게 쉽사리 혼란스럽고 곤혹스럽게 되지는 않을 것입니다. 왜냐하면, 내 자신이 불안해하고 눌릴 때마다, 나는 내가 이 가르침에서 떠난 것이 그 원인이라는 것을 발견하기 때문입니다.

   하지만 주님은 전능하시고, 늘 사람들의 영혼에 유익이 되는 일을 행하시기를 기뻐하시는 분이시오니, 내게 더 큰 은혜를 베풀어 주셔서, 나로 하여금 주께서 방금 하신 말씀을 준행하여, 나의 구원을 이룰 수 있게 하소서.

악한 생각을 물리치는 기도

5. <제자>
    주 나의 하나님, 나를 멀리하지 마소서. 나의 하나님, 속히 나를 도우소서. 내 안에서 온갖 헛된 생각들과 큰 두려움들이 일어나서 내 영혼을 괴롭히고 있습니다. 어떻게 해야 내가 해악을 받지 않고 그것들을 통과할 수 있으며, 어떻게 해야 그것들을 물리칠 수 있겠습니까?

6. <그리스도>
    내가 너보다 앞서 행하여, 땅의 큰 자들을 낮추고, 감옥의 문들을 열며, 숨겨진 비밀들을 네게 계시해 줄 것이다(사14:2-3).

7. <제자>
    주여, 말씀하신 대로 행하셔서, 내 안에서 일어나는 온갖 악한 생각들이 주의 면전에서 줄행랑을 치게 하소서. 환난을 당할 때마다 주께로 피하여서 주를 의뢰하고, 내 마음 깊은 곳으로부터 주를 부르며, 주님으로부터 올 위로를 인내로써 기다리는 것이, 나의 소망이고 유일한 위로입니다.

마음에 빛을 비춰 주시기를 구하는 기도

8. 선하시고 자비로우신 예수님, 주의 밝고 영원한 빛을 내게 비추셔서, 내 마음속에 자리 잡고 있는 온갖 어둠을 몰아내어 주소서. 내 안에서 피어올라서 갈피를 잡지 못하고 헤매는 잡념들을 없애 주시고, 맹렬하게 공격해 오는 시험들을 분쇄해 주소서.
    나를 위해 용맹하게 싸워, 악한 짐승들, 즉 나를 유혹하는 육신의 정욕들을 격퇴시켜 주셔서, 나로 하여금 주의 능력 안에서 평화를 얻게 하시고, 주의 거룩한 전, 곧 순전한 양심이 주를 찬송하는 소리로 가득하게 하소서.

"잠잠하라"고 바람과 바다에게 명하시고, 바다를 향해 말씀하시며, 북풍에게 "불지 말라"고 말씀하소서. 그러면, 거기에는 지극히 큰 잔잔함과 고요함이 있게 될 것입니다.

9. 주의 빛과 주의 진리를 보내셔서, 땅을 비추게 하소서. 왜냐하면, 주께서 내게 빛을 비추실 때까지는, 나는 혼돈하고 공허한 땅 같은 존재에 지나지 않기 때문입니다.

위로부터 오는 주의 은혜를 부어 주시고, 하늘의 이슬로 내 마음을 적셔 주옵소서. 거룩한 생수를 공급해 주셔서 땅의 지면을 촉촉이 적셔 주심으로써, 선하고 온전한 열매가 맺어지게 하소서.

죄악의 무거운 짐에 눌려 있는 내 마음을 들어올려 주시고, 나의 모든 소원들이 하늘의 것들로 향하게 하셔서, 나로 하여금 위로부터 오는 달콤한 행복을 맛보고서는, 세상의 것들을 생각하는 것조차 싫어하게 하소서.

10. 나를 이끌어 주셔서, 피조물들로부터 오는 온갖 덧없는 위로로부터 건져 주소서. 그 어떤 피조물도 내 마음의 소원을 만족시켜 줄 수 없고, 내게 위로와 안식을 줄 수도 없습니다.

영원히 끊어지지 않는 사랑의 끈으로 나를 주께 매소서. 주를 사랑하는 사람을 만족시켜 줄 수 있는 것은 오직 주님뿐이고, 주 없이는 모든 것이 무가치할 뿐입니다.

제24장

다른 사람들의 삶에 호기심을 갖고서 알려고 하지 않음

1. **<그리스도>**

   아들아, 호기심을 갖지 말고, 쓸데없는 일들에 관심을 갖지 말라. 이런저런 일들이 너와 무슨 상관이 있느냐? 너는 나를 따르라. 어떤 사람이 어떻게 되거나, 그 사람이 무슨 말을 하든, 그것이 너와 무슨 상관이 있느냐? 장차 너는 다른 사람들을 대신해서 대답해야 할 의무는 주어지지 않을 것이고, 오직 네 자신에 대해서만 해명하고 책임을 지게 될 것이다. 그런데 왜 너는 다른 사람들의 일에 끼어들어 간섭을 하는 것이냐?

   보라, 나는 모든 사람을 알고 있고, 해 아래에서 행해지는 모든 일을 보고 있다. 또한, 나는 각 사람의 상태가 어떠하고, 무엇을 생각하고 있으며, 무엇을 바라고 있고, 어떤 목적과 의도로 행하고 있는지도 알고 있다.

   그러므로 너는 모든 일을 내게 맡겨 두고서, 깊은 평안 가운데서 잠잠히 지내라. 다른 사람들이 아무리 난리를 치고 소동을 부린다고 할지라도, 거기에 간섭하지 말고 내버려 두어라. 그들이 행하거나 말한 모든 것들은 그들 자신에게로 돌아가게 될 것이다. 왜냐하면, 그들은 나를 속일 수는 없기 때문이다.

2. 유명한 사람의 그늘 아래 들어가고자 하거나, 많은 사람들을 친구로 삼고자 하거나, 사람들의 사랑과 호의를 얻으려고 애쓰지 말라. 그런 것들에 힘을 쓰게 되면, 마음이 산란해지고, 많이 어두워지게 되기 때문이다.

   오직 네가 부지런히 나의 임재를 구하고, 네 마음의 문을 내게 열기만 하면, 나의 "말씀"이 네게 허심탄회하게 말을 걸어와서, 감추어져 있던 것들을 계시해 줄 것이다.

   그러므로 너는 늘 정신을 바짝 차리고서 깨어 기도하고, 모든 일에서 네 자신을 낮추어라.

제25장

마음의 견고한 평화와 참된 영적 진보는 어디에 있는가

1. <그리스도>

   아들아, 나는 이렇게 말했었다: "평안을 너희에게 끼치노니 곧 나의 평안을 너희에게 주노라 내가 너희에게 주는 것은 세상이 주는 것과 같지 아니하니라"(요 14:27).

   모든 사람이 평화를 원하지만, 참된 평화를 얻기 위해서는 어떻게 하여야 하는지에 대해서는 관심이 없다. 나의 평화는 마음이 겸손하고 온유한 사람과 함께 하기 때문에, 많이 인내하는 것 속에 평화가 있다. 내 음성을 듣고 따르는 사람은 큰 평화를 누릴 수 있다.

2. <제자>

   그렇다면, 주님, 내가 어떻게 하여야 합니까?

3. <그리스도>

   네가 무슨 일을 행하고 무슨 말을 하든지, 모든 일에서 네 자신을 잘 살펴서, 과연 너의 모든 목적과 의도가 오직 나만을 기쁘게 하는 데 있고, 네가 나와 상관없는 것은 그 어떤 것도 원하지도 않고 구하지도 않고 있는지를 확인하라.

   반면에, 다른 사람들의 말이나 행위와 관련된 모든 것에 대해서는 섣불리 아무것도 판단하지 말고, 네게 맡겨지지 않은 일들에는 휘말려들지 말라.

   그렇게만 한다면, 네 마음이 흐트러지는 일은 거의 일어나지 않을 것이다.

4. 하지만 마음의 평화가 깨뜨려지는 것을 전혀 경험하지 않게 되거나, 마음과 육신에 그 어떤 고통도 겪지 않게 되는 것은, 현세에서는 불가능하고, 오직 장차 영원한 안식에 들어갔을 때에만 가능한 일이다.

   그러므로 마음을 짓누르는 것이 없다고 해서, 참된 평화를 찾았다고 생각해서도 안 되고, 그 어떤 역경도 겪지 않고 있다고 해서, 모든 것이 형통하고 있다고 생각해서도 안 된다.

또한, 모든 일이 원하는 대로 이루어진다고 해서, 모든 것이 완벽하다고 생각해서도 안 된다. 큰 헌신과 행복감으로 충만해 있다고 해서, 네 자신을 대단한 사람이라고 생각하거나, 네가 특별히 사랑을 받고 있다고 생각해서도 안 된다.

왜냐하면, 그러한 것들은 네가 미덕을 진정으로 사랑하는 사람이라는 것을 보여 주는 증거들도 아니고, 그러한 것들을 통해서 한 사람이 영적으로 성장하거나 온전하게 되는 것도 아니기 때문이다.

5. \<제자\>

주님, 그렇다면 어떤 사람이 영적으로 성장하고 온전하게 되었다는 것은 무엇을 보고 알 수 있습니까?

6. \<그리스도\>

큰 일에서든 작은 일에서든, 현세의 일에서든 영원한 일에서든, 네 자신의 뜻대로 행하려고 하지 않고, 오직 온 마음을 다하여 네 자신을 하나님의 뜻에 맡겨 드리는 가운데, 형통할 때나 역경 속에서나 모든 일을 하나님의 뜻이라는 동일한 잣대로 바라보면서, 늘 변함없이 감사한다면, 너는 영적으로 성장하고 온전하게 되었다고 할 수 있다.

소망 안에서 담대하여 오래 참을 각오가 되어 있다면, 내적인 위로가 사라졌을 때에도, 네 마음은 한층 더 큰 역경을 얼마든지 감당할 수 있는 준비가 되어 있을 것이다.

마치 너는 의롭고 거룩하기 때문에, 그러한 힘든 일들을 겪어서는 안 되는 자인 것처럼 생각하지 말고, 내가 네게 행한 모든 일들 속에서 나의 의로움을 인정하고, 나의 거룩한 이름을 찬송하라.

그렇게 하면, 너는 참된 바른 평화의 길로 행하는 것이어서, 장차 나의 얼굴을 기쁨으로 다시 보게 될 확실한 소망을 갖게 될 것이다. 네 자신을 온전히 멸시하는 데 이르게 된다면, 이 땅에서 나그네로 살아가는 네게 허용되어 있는 한도 내에서 가장 크고 풍성한 평화를 누리게 될 것임을 알라.

제26장

탁월하고 자유로운 영혼은
독서가 아니라 간절한 기도로 얻어짐

1. **<제자>**

   주여, 하늘에 속한 일들을 깊이 생각하는 데 게으르지 않고, 염려해야 할 많은 일들 가운데서도 마치 전혀 염려가 없는 자처럼 살아가는 것이 온전한 사람의 모습인데, 이것은 그가 감정도 없고 무감각한 자이기 때문이 아니라, 그 어떤 피조물에도 지나친 애착을 갖지 않는 자유로운 영혼이기 때문에 갖게 되는 특권입니다.

2. 지극히 자비로우신 나의 하나님, "이생의 염려"로부터 나를 지켜 주셔서, 그런 염려들에 지나치게 휘말려들지 않게 해 주시고, 육신의 온갖 필요들로부터도 나를 지켜 주셔서, 육신의 쾌락에 붙잡혀 포로가 되지 않게 해 주시며, 영혼의 온갖 걸림돌로부터 나를 지켜 주셔서, 그런 것들과 싸우느라고 지쳐 쓰러지지 않게 해 주옵소서.

   이것은 나로 하여금 헛된 것들을 따르는 세상 사람들이 기를 쓰고 추구하는 그런 것들로부터 벗어나게 해 주시라고 간구하는 것이 아니고, 온 인류에게 보편적으로 임한 저주로 인해서 형벌을 받고 있는 주의 종의 영혼을 짓누르고 훼방하여 영적인 자유에 이를 수 없게 하고자 하고, 또한 실제로 자주 이를 수 없게 하는 저 참담한 것들로부터 벗어나게 해 주시라고 간구하는 것입니다.

3. 이루 말할 수 없이 감미로우신 나의 하나님, 육신적인 모든 위로가 내게 쓰디쓴 것이 되게 하셔서, 그것들이 내 앞에 현세에서 즐겁고 좋은 어떤 것들을 두어서 나를 유혹하여, 영원한 것들을 사랑하는 나의 마음을 빼앗아 버리고, 육신적인 위로를 붙잡는 쪽으로 끌고 가 버리는 일이 일어나지 않게 해 주소서.

나의 하나님이여, 혈과 육이 결코 나를 이기게 하지 마시고, 세상과 그 덧없는 영광이 나를 속이지 않게 하시며, 마귀와 그 교활한 궤계에 걸려 넘어지지 않게 해 주소서. 맞서 싸울 수 있는 용기와 감내할 수 있는 인내심과 끝까지 견딜 수 있는 끈기를 내게 주옵소서.

세상의 모든 위로 대신에 지극히 향기로운 주의 성령의 기름부음을 주시고, 육신적인 사랑 대신에 주의 이름을 사랑하는 마음을 내게 주소서.

4. 보십시오. 먹고 마시는 것과 입는 것을 비롯해서, 육신을 보전하는 데 필요한 온갖 것들은, 깨어 있는 영혼에게는 무겁고 거추장스러운 짐일 뿐입니다. 나로 하여금 그런 것들을 적정하게 사용할 수 있게 해 주시고, 그런 것들에 과도하게 집착하여 얽매이는 일이 없게 하소서.

사람은 목숨을 부지하여야 하기 때문에, 육신을 보전하는 데 필요한 것들을 모두 다 내팽개쳐 버리는 것은 합당하지 않지만, 없어도 되는 것들과 단지 쾌락을 위한 것들을 구하는 것은 거룩한 법에 의해 금지되어 있습니다. 만일 그런 것들을 구한다면, 육신은 영혼을 거슬러 일어나서 오만방자하게 행하게 될 것입니다.

그러므로 주여, 주의 손으로 나를 인도하시고 지도하셔서, 나로 하여금 육신에 필요한 것들을 지나치게 구하는 일이 없게 하여 주옵소서.

제27장

최고의 선을 이루는 데 가장 큰 걸림돌인 자기애

1. **<그리스도>**

   아들아, 모든 것을 얻기 위해서는 모든 것을 내어 주어야 하고, 네 자신의 소유는 아무것도 없어야 한다.

   네 자신을 사랑하는 것은 세상에서 그 어떤 것보다도 더 네게 해롭다는 것을 알라. 어떤 것에 대하여 네가 사랑과 애정을 쏟는 정도만큼, 그것은 네게 들러 붙게 될 것이다.

   너의 사랑이 순수하고 진실하며 합당한 것이라면, 너는 그 어떤 것의 포로도 되지 않을 것이다. 네게 허용되지 않은 것은 무엇이든지 탐하지 말고, 네게 걸림돌이 되거나 내면의 자유를 빼앗아갈 수 있는 것은 무엇이든지 소유하지 말라.

   네가 원하거나 갖고 싶어 하는 모든 것이 내게 있는데도, 네 자신을 내게 온전히 맡기지 않는 것은 정말 이상한 일이다.

2. 왜 너는 쓸데없고 헛된 일들로 고민하고 노심초사하며, 하지 않아도 될 염려들로 네 자신을 피곤하게 만드는 것이냐? 내가 기뻐하는 것을 굳게 붙잡아라. 그러면, 너는 그 어떤 손해도 입지 않게 될 것이다.

   네 자신이 좀 더 편안하고 즐겁게 지내기 위해서, 네 뜻과 생각을 따라 이런 저런 것들을 구하고, 이런저런 곳에 있기를 원한다면, 너는 결코 안식을 얻을 수도 없고 염려에서 해방될 수도 없을 것이다. 왜냐하면, 그 어떤 것에도 네 마음에 안 드는 점이 있고, 그 어떤 곳에도 너를 반대하는 사람이 있을 것이기 때문이다.

3. 그러므로 네게 도움이나 이익이 될 만한 외적인 것들을 많이 얻거나 쌓아 두는

것이 아니라, 도리어 그런 것들을 멸시하고, 네 마음에서 완전히 뿌리를 뽑아 버리는 것이야말로, 너를 진정으로 이롭게 하는 것이다.

이것은 돈과 부에만 해당되는 말이 아니고, 명예욕이나 헛된 영광을 구하는 욕망 같이, 세상과 함께 자취도 없이 사라져 버리게 될 모든 것들에도 해당되는 말이다. 경건한 열심으로 불타오르는 영혼이 결여되어 있다면, 높은 지위나 신분은 별 소용이 없고, 네 마음이 참된 토대 위에 서 있지 않다면, 즉 네가 내 안에 거하지 않는다면, 밖으로부터 온 평화는 오래가지 못한다.

너는 변할 수는 있겠지만, 더 나아질 수는 없을 것이다. 왜냐하면, 너는 지금까지는 용케도 이리저리 피하여서 평안과 안식을 지키고 있다고 할지라도, 언젠가는 네가 피하였던 것, 아니 그것보다 더 심한 것을 만나게 될 것이고, 그 때에는 네가 누리고 있던 평안과 안식이 순식간에 박살이 나서, 그것들이 얼마나 빈약한 것이었는지를 깨닫게 될 것이기 때문이다.

정결한 마음과 하늘의 지혜를 구하는 기도

4. <제자>
    하나님, 성령의 은혜로 나를 강건하게 하소서. 내게 능력을 주셔서 속사람이 강건해지게 하시고, 내 마음에서 온갖 무익한 염려와 고민을 몰아내 주시며, 귀한 것이든 천한 것이든, 어떤 것들에 대한 이런저런 욕망들에 내 마음이 끌려다니지 않게 하시고, 도리어 모든 것이 지나가는 것이고, 내 자신도 그 모든 것과 더불어 지나가는 존재라는 것을 깨달아 알게 해 주옵소서.

    해 아래에는 영원한 것이 없고, 모든 것이 헛된 것이며 나의 심령을 괴롭게 하는 것일 뿐입니다. 이것을 깨달은 사람은 얼마나 지혜로운 사람입니까!

5. 주여, 내게 하늘의 지혜를 주셔서, 다른 모든 것보다도 주를 구하여 찾는 법을 알게 하시고, 다른 모든 것보다도 주를 기뻐하고 사랑하게 하시며, 주의 지혜가 가르쳐 주시는 대로 모든 것을 알게 하소서.

    내게 듣기 좋은 말들을 하는 자들을 지혜롭게 피하게 하시고, 나를 반대하는 자들을 인내로써 감당하게 하소서. 왜냐하면, 사람들의 이런저런 말들에 요동하지 않고, 듣기 좋은 악한 말들에 귀 기울이지 않는 것이 큰 지혜이기 때문입니다. 그렇게 하였을 때, 우리는 처음에 시작하였던 바로 그 길로 안전하게 걸어가게 될 것입니다.

제28장

비방하는 말을 들었을 때에는 어떻게 하여야 하는가

1. **<그리스도>**

   아들아, 누가 너를 안 좋게 생각하고, 너에 대해서 네가 듣고 싶어 하지 않는 말을 한다고 해도, 너는 그것을 언짢아하지 말라. 너는 네 자신이야말로 가장 악한 자라고 느끼고, 그 누구도 너보다는 더 악하지 않다고 믿는 것이 마땅하다.

   네가 너의 내면의 삶을 중시하고 살아가고 있다면, 밖에서 사람들 사이에서 떠도는 말들에 크게 개의치 않을 것이다. 좋지 않은 때에는 침묵을 지키고, 그 마음을 내게 향하여 나만을 바라보며, 사람들의 판단에 요동하지 않는 것은 결코 작은 지혜가 아니다.

2. 네 마음의 평화가 사람들의 말에 좌지우지되게 하지 말라. 그들이 너에 대해서 좋게 말하느냐 나쁘게 말하느냐에 따라서, 너의 사람됨이 달라지는 것이 아니기 때문이다.

   참된 평화와 참된 영광은 어디에 있느냐? 그것들은 내 안에 있지 않느냐? 사람들을 기쁘게 하려고 애쓰지도 않고, 바른 말을 해서 사람들을 화나게 하는 것을 두려워하지도 않는 사람은 큰 평화를 누리게 될 것이다.

   마음의 모든 불안과 산만함은 무절제한 사랑과 쓸데없는 두려움으로부터 생겨나는 법이다.

제29장

환난을 당하였을 때에는 어떤 식으로
하나님을 부르고 송축하여야 하는가

1. **<제자>**

주님, 주의 이름이 영원토록 찬송 받으시기를 원합니다. 이 시험과 환난이 내게 임한 것은 주의 뜻이기 때문에, 나는 그것을 회피할 수 없고, 오직 주께 피할 수밖에 없사오니, 나를 도우셔서, 이 시험과 환난이 내게 유익이 되게 하소서.

주님, 지금 나는 환난 가운데 있고, 내 마음은 편하지 않습니다. 도리어, 나는 이 현재의 고난으로 말미암아 큰 고통과 괴로움 가운데 있습니다. 사랑하는 아버지여, 지금 내가 무슨 말을 하겠습니까? 나는 궁지에 몰려서 옴짝달싹도 못하고 있습니다. 이 시간으로부터 나를 건져 주옵소서. 하지만 이런 시간이 내게 임한 것은, 내가 이 일로 인하여 지극히 낮아졌을 때, 주께서 나를 건져 주시고서 영광을 받으시기 위한 것입니다.

주님, 이제 주께서 나를 건져 주시기를 기뻐하시기를 원합니다. 왜냐하면, 나 같은 비천한 자는 주님 없이는 아무것도 할 수 없고, 그 어디에도 갈 수 없기 때문입니다.

주님, 이 시간에도 내게 인내하게 하옵소서. 나의 하나님, 나를 도우소서. 그리하시면, 내가 아무리 심하게 괴롭더라도 두려워하지 않을 것입니다.

2. 지금 이런 상황에서 내가 무슨 말을 할 수 있겠습니까? 주님, 주의 뜻을 이루소서. 나는 괴로움과 고통을 당하는 것이 마땅합니다. 그러므로 이 폭풍우가 지나가고 맑고 고요한 시간이 다시 돌아올 때까지, 나는 그 괴로움과 고통을 인내로써 감당하는 것이 마땅합니다.

하지만 나의 전능하신 하나님께서 전에도 내게 자주 그러하셨듯이, 이제도 주의 전능하신 팔이 이 시험을 나로부터 들어올리셔서, 그 맹렬함을 감해 주셔야만, 나는 이 시험에 짓눌려 멸망하는 것에서 벗어날 수 있습니다. 이 시험을 벗어나는 것은 내 힘으로는 불가능한 일이지만, 지존자의 오른손이신 주께는 너무나 쉬운 일입니다.

제30장

하나님의 도우심을 구하고,
은혜가 회복될 것임을 확신함

1. **＜그리스도＞**

    나는 환난 날에 너의 힘이 되어 줄 니의 주님이다(나 1:7). 네게 어려운 일이 있
    을 때마다 내게 오라. 네가 하늘의 위로를 받는 데 가장 크게 방해되는 것은, 기
    도하기를 지체하는 것이다. 즉, 네가 내게 나아와서 간절히 기도하기 전에, 먼
    저 외적인 것들에서 이런저런 위로와 즐거움을 얻고자 하는 것이, 하늘의 위로
    를 받는 데 가장 큰 장애물이라는 말이다.

    그러므로 오직 나만이 나를 의뢰하는 자들을 구원하고, 나 외에는 강력하고
    유효한 도움이나 영속적인 치유책이 없다는 것을 네가 깨달을 때까지는, 네게
    는 그 어떤 것도 거의 유익이 될 수 없다.

    하지만 이제는 폭풍이 지나갔으니, 숨을 고르고, 내 긍휼의 빛 가운데서 강
    건하게 되어라. 왜냐하면, 나는 네 가까이에 있어서, 너의 모든 것을 원래대로
    회복시켜 줄 뿐만 아니라, 이전보다 더 풍성하고 차고 넘치게 회복시켜 주겠다
    고 이미 말하였기 때문이다.

2. 너무 어려워서 내가 처리하지 못할 일이 어디 있느냐? 내가 말만 하고 행하지
    않는 그런 존재더냐? 네 믿음은 다 어디로 갔느냐? 견고하게 서서 끝까지 믿음
    을 잃지 말라. 오래 참고, 담대한 자가 되라. 때가 되면, 위로가 네게 임할 것이
    다. 나를 바라고 기다려라. 내가 반드시 네게로 가서, 너를 고쳐 주리라.

    네가 괴로워한다면, 그것은 시험일 뿐이고, 네가 두려워한다면, 그것은 쓸데
    없는 두려움일 뿐이다. 네가 장래의 일들에 대하여 염려한다면, 그런 염려는 네
    게 슬픔과 괴로움만을 가져다주지 않느냐? 그 날의 괴로움은 그 날에 하는 것
    만으로 충분하다(마 6:34). 결코 일어나지 않을 수도 있는 장래의 일들을 가지고

서 괴로워하거나 기뻐하는 것은 헛되고 무익한 일이다.

3. 그런데도 장래에 일어날지도 모르는 일들을 상상하고 거기에 미혹되는 것이 사람의 본성이고, 원수 마귀의 꼬임에 너무나 쉽게 넘어가서 휘둘리는 것은 그 심령이 여전히 허약하다는 것을 보여 주는 증표이다. 원수 마귀는 참된 것이냐 거짓된 것이냐를 가리지 않고, 모든 수단과 방법을 총동원해서 너를 미혹시키고 속이고자 한다. 또한, 원수 마귀가 너를 무너뜨리고자 할 때에는, 지금 네게 있는 것들에 대한 너의 애착을 이용하기도 하고, 장래의 일들에 대한 너의 두려움을 이용하기도 한다.

   그러므로 너는 마음에 근심하거나 두려워하지 말고, 나를 믿고 나의 긍휼을 의지하라. 네 자신이 나에게서 멀리 떠나 있다고 생각될 그 때가, 사실은 내가 네게 더 가까이 있는 때인 경우가 많다. 너의 거의 모든 것을 다 잃었다고 생각될 그 때가, 사실은 네가 나에게서 더 큰 은혜를 받을 수 있는 좋은 기회인 경우가 많다.

   어떤 일이 네가 바라던 것과는 정반대로 흘러가더라도, 네가 모든 것을 다 잃는 것은 아니다. 너의 현재의 감정이나 느낌에 따라 판단해서도 안 되고, 너의 감정과 기분에 휘둘려서, 마치 모든 소망이 다 사라져 버린 것처럼 낙심하거나 절망해서도 안 된다.

4. 내가 잠시 너로 하여금 환난을 당하게 하거나, 네가 소중히 여기는 어떤 위로를 너로부터 잠시 거두어 갔다고 할지라도, 네 자신이 완전히 버림받았다고 생각하지 말라. 그런 것들은 천국으로 가는 길에서 자연스럽게 생겨나는 일들이기 때문이다.

   너를 비롯한 나의 모든 종들에게는, 너희가 원하는 대로 모든 일이 이루어지는 것보다는, 이런저런 역경들 속에서 연단을 받는 것이 더 유익이라는 것은 의심의 여지가 없다.

   나는 네 속에 은밀하게 감춰져 있는 생각들을 안다. 네가 계속해서 형통하면, 마치 네 자신이 무엇이라도 된 것처럼 교만해지기가 쉽기 때문에, 내가 너를 종종 고독하고 메마른 처지에 두는 것이고, 이것은 너의 구원에 크게 유익한 일이다. 그래서 나는 네게 준 것을 다시 거두어 가기도 하고, 필요할 때에 다시 베풀어 주기도 하는 것이다.

5. 내가 어떤 것을 네게 주더라도, 그것은 여전히 나의 것이고, 내가 어떤 것을 네게서 다시 거두어 갈지라도, 나는 너의 것을 빼앗는 것이 결코 아니다. "온갖 좋은 은사와 온전한 선물"은 나의 것이기 때문이다(약 1:17).

　내가 네게 아무리 큰 역경이나 고난을 보낸다고 하여도, 화를 내거나 마음에 슬퍼하지 말라. 나는 신속하게 너를 들어올려서, 그 어떤 무거운 짐이라도 기쁨으로 바꾸어 놓을 수 있기 때문이다. 내가 네게 이렇게 할 때, 나는 여전히 의롭고, 크게 찬송을 받아 마땅하다.

6. 내가 네게 이렇게 하는 것들을, 네가 올바르게 생각하고, 참된 시각에서 바라보기만 한다면, 너는 역경을 만났다고 해서 슬퍼하고 낙심하기는커녕, 도리어 기뻐하고 감사하지 않을 수 없게 될 것이다. 왜냐하면, 그 때에 너는 내가 인정사정 봐주지 않고 너로 하여금 괴로운 일들을 혹독하게 겪게 하는 것을 진정으로 기뻐해야 할 일로 여기게 될 것이기 때문이다.

　나는 나의 사랑하는 제자들에게, "아버지께서 나를 사랑하신 것 같이 나도 너희를 사랑한다"고 말하였다(요 15:9). 내가 그들을 보낸 것은 세상의 덧없는 기쁨들을 맛보게 하기 위한 것이 아니라 온 힘을 다하여 싸우게 하기 위한 것이고, 세상에서 명예를 얻고 높임을 받게 하기 위한 것이 아니라 멸시받게 하기 위한 것이며, 여유를 부리며 편안하게 살게 하기 위한 것이 아니라 수고하고 애쓰게 하기 위한 것이고, 편히 쉬며 안식하게 하기 위한 것이 아니라 인내로써 많은 열매를 맺게 하기 위한 것이다.

　내 아들아, 이 말을 명심하여라.

제31장

창조주를 만나기 위해서 모든 피조물을 멸시함

1. **<제자>**

   나의 주여, 내가 사람이나 그 밖의 다른 모든 피조물이 내게 방해가 되지 않는 그런 경지에 이르려면, 아직 내게는 주의 더 큰 은혜가 필요합니다. 그 어떤 것이 나의 발목을 잡고 있는 한, 나는 주께로 훨훨 날아갈 수 없기 때문입니다. 이렇게 훨훨 날아서 주께로 가기를 간절히 원하였던 어떤 사람은 "만일 내게 비둘기 같이 날개가 있다면 날아가서 편히 쉬리로다"(시 55:6)라고 탄식하여 말하였습니다.

   순전한 눈으로 오직 하나님만을 바라보는 사람보다 더 큰 안식을 누리는 사람이 어디 있겠으며, 이 땅에서 바라는 것이 아무것도 없는 사람보다 더 자유로운 사람이 어디 있겠습니까?

   그러므로 사람은 모든 피조물을 멸시하며, 자기 자신을 온전히 부인하고서 초연한 가운데서, 만물의 창조주이신 주님에 비견될 수 있는 피조물은 결코 존재할 수 없다는 것을 깨달아야 합니다. 사람은 모든 피조물로부터 벗어나서 얽매임 없이 초연해지지 않는다면, 하나님께 속한 일들에 제대로 착념할 수 없습니다.

   깊은 묵상에 들어간 사람이 드문 이유는, 잠시 후면 덧없이 사라질 피조물들로부터 벗어나서 초연하게 살아가는 법을 아는 사람이 드물기 때문입니다.

2. 영혼이 고양되어서 그 자신을 초월하려면, 큰 은혜가 필요합니다. 사람의 영혼이 고양되어서 모든 피조물로부터 벗어나서 하나님과 온전히 하나 되지 않는다면, 그 사람이 무엇을 알고 있고 무엇을 갖고 있는가 하는 것은 별로 중요하지 않습니다.

   유일하게 무한히 선하시고 영원하신 하나님 외에 다른 어떤 존재를 높이고

숭앙하는 사람은 오랫동안 이 땅에서 미물로 살아가게 될 것입니다. 하나님이 아닌 것은 무엇이든지 실제로 아무것도 아니기 때문에, 아무것도 아닌 것으로 여겨져야 합니다.

빛을 받아 깨달음을 얻은 경건한 사람의 "지혜"와 열심히 연구해서 많은 학식을 쌓은 학자의 "지식"은 큰 차이가 있습니다. 하나님의 감화를 통해서 위로부터 부어진 지식은 사람이 열심히 공부하고 연구해서 얻은 지식보다 훨씬 더 고귀합니다.

3. 묵상을 통해서 하나님을 만나고자 하는 사람은 많지만, 그들은 그렇게 되는 데 요구되는 것들을 행하려고 애쓰지는 않습니다. 또한, 묵상을 통해서 하나님을 만나는 데 큰 장애물은, 외적으로 나타난 표적들과 오감으로 느껴지는 것들에 만족해 버리고, 자기 자신을 온전히 죽이는 일에는 별 관심을 갖지 않는 것입니다.

우리는 신령한 자들이라고 불려지기를 바라면서도, 덧없고 무가치한 일들에 대해서는 그토록 심혈을 기울여서 열심으로 끈질기게 추구하는 반면에, 우리 자신의 내면의 상태를 살피는 일에는 거의 신경을 쓰지 않습니다. 나는 우리의 그러한 모습을 보고 있노라면, 이것이 도대체 어떻게 된 영문인지를 모르겠고, 우리가 어떤 영의 인도하심을 받고 있는 것이며, 어떤 착각을 하고 있는 것인지도 모르겠습니다.

4. 안타깝고 서글프게도, 우리는 잠시 생각하다가 밖으로 뛰쳐나가 버리고, 우리의 행위들을 치밀하게 살피지 않습니다. 우리가 어디에 마음을 쏟고 있는지도 신경 쓰지 않고, 우리가 생각하고 행하는 모든 것들이 너무나 더럽고 추해도 애통해하지 않습니다. 하나님께서 이 땅에 대홍수를 보내신 것은, "땅에서 모든 혈육 있는 자의 행위가 부패하였기" 때문이었습니다(창 6:12).

우리의 내면의 성정이 지극히 타락해 있기 때문에, 거기로부터 나오는 우리의 외적인 행위들도 타락한 것이 될 수밖에 없습니다. 우리의 타락한 행위는 우리의 내면에 힘이 결여되어 있음을 보여 주는 증표입니다.

순전한 마음에서 선한 삶이라는 열매가 나옵니다.

5. 우리는 어떤 사람이 얼마나 크고 많은 일들을 했는지에 대해서 묻지만, 그 사람이 얼마나 많은 덕을 행하며 살아 왔는지에 대해서는 그렇게 진지하게 생각하지 않습니다.

우리는 어떤 사람이 용감한지, 부유한지, 잘 생겼는지, 훌륭한 작가인지, 훌륭한 가수인지, 훌륭한 일꾼인지에 대해서는 묻지만, 그 사람이 얼마나 심령이 가난한지, 얼마나 오래 참고 온유한지, 얼마나 경건하고 영적인지에 대해서는 묻지 않습니다.

우리의 본성은 어떤 사람과 관련된 외적인 것들을 주목하는 반면에, 은혜는 그 사람의 내면으로 눈을 돌립니다. 우리의 본성은 흔히 속아 넘어가지만, 은혜는 하나님을 의지하기 때문에 속지 않습니다.

제32장

자기를 부인하고 모든 욕심을 버림

1. <그리스도>

아들아, 자기 자신을 온전히 부인하지 않는 한, 온전한 자유를 누리는 것은 불가능하다.

자기 자신을 사랑하여 자신의 이익을 추구하고, 탐욕과 호기심에 사로잡혀서 이리저리 떠돌아다니면서, 늘 흥미롭고 편안한 것만을 찾고, 예수 그리스도의 것을 찾지 않으며, 끊임없이 영원하지 않은 일들을 계획하고 도모하는 모든 사람들은 쇠사슬에 묶여서 살아가는 자들이다.

하나님으로부터 오지 않은 모든 것은 언젠가는 다 사라져 버릴 것들이다. "모든 것을 버리면, 모든 것을 얻게 될 것이고, 욕심을 버리면, 안식을 얻게 될 것이다"라는 짧지만 정곡을 찌르는 말을 굳게 붙들어라. 이 말을 마음에 새기고서 온전히 실천하면, 모든 것을 깨닫게 될 것이다.

2. <제자>

주여, 이것은 하루아침에 해낼 수 있는 일도 아니고, 어린아이들이 하는 놀이도 아닙니다. 정말 이 짧은 말 속에는 신앙인들을 온전한 자들로 만들어 줄 수 있는 모든 것이 들어 있습니다.

3. <그리스도>

아들아, 온전함에 이르는 길에 대하여 들었을 때, 그 즉시 피해 버리거나 낙심하지 말고, 도리어 더욱더 분발하여 더 높은 곳을 향하여 나아가거나, 최소한 그렇게 되기를 열망하여야 한다. 나는 네가 그렇게 되기를 바란다.

그렇게 하기만 한다면, 너는 이제 네 자신을 사랑하는 자에서 벗어나서, 나의 지시, 또는 내가 네 위에 세운 권세의 지시를 기꺼이 기다리는 자가 되어 있을 것이다. 그러면, 너는 나를 지극히 기쁘게 하는 자가 될 것이고, 너의 일생은 기쁨과 평안으로 넘치게 될 것이다.

하지만 네게는 아직 버려야 할 것들이 많기 때문에, 그 모든 것들을 내게 전적으로 맡기지 않는다면, 너는 네가 구하는 것을 얻지 못할 것이다. "내가 너를 권하노니 내게서 불로 연단한 금을 사서" 너를 "부요하게" 하라(계 3:18). 즉, 너는 땅에 속한 비천한 지혜와는 비교조차 할 수 없는 하늘의 지혜를 얻어서 부요해져야 한다는 것이다.

땅에 속한 온갖 지혜를 버리고, 네 자신이 기뻐하거나 사람들을 기쁘게 하는 온갖 것들을 버려라.

4. 나는 네게 "사람들이 귀하고 소중하게 여기는 것들을 팔아서, 사람들이 천하고 보잘것없는 것들로 여기는 것들을 사라"고 말했었다. 왜냐하면, 참된 하늘의 지혜는 자기 자신을 스스로 높이려고 하지도 않고 세상에서 높임을 받기를 추구하지도 않는 까닭에, 사람들의 눈에는 기이할 정도로 천하고 보잘것없으며 거의 눈여겨볼 가치조차 없는 것으로 보이기 때문이다.

많은 사람들이 입으로는 하늘의 지혜를 높이고 칭송하지만, 그들의 삶은 하늘의 지혜와는 거리가 멀다. 그러나 사실은 하늘의 지혜는 많은 사람들에게 숨겨져 있는 "극히 값진 진주"(마 13:46)이다.

제33장

사람의 마음은 변덕스럽기 짝이 없지만, 하나님을 최종적인 목표로 삼아야 함

1. **<그리스도>**

   아들아, 감정이나 기분을 믿지 말라. 그런 것들은 금세 다른 것들로 변하는 법이기 때문이다. 네가 살아 있는 동안에는, 아무리 원하지 않는다고 하여도, 너의 감정이나 기분은 변하게 되어 있다. 그래서 기뻤다가도 금방 슬퍼지고, 평화롭다가도 금방 불안해지고, 경건하게 행하다가도 금방 불경건하게 행하게 되고, 부지런했다가도 게을러지고, 마음이 무거웠다가도 금방 가벼워진다.

   하지만 지혜롭고 영적으로 잘 가르침을 받은 사람은 그러한 변화들을 초월해 있어서, 자기 자신 속에서 느껴지는 것이나, 변덕의 바람이 불어오는 쪽을 주목하지 않고, 원래 자신이 늘 바라보아야 할 최고의 목표에 자신의 온 마음과 뜻을 집중시킨다.

   왜냐하면, 그런 사람은 요동함이 없이 일편단심으로 나만을 바라보고 있는 까닭에, 온갖 변화가 끊임없이 일어나는 와중에서도, 그 마음이 나누어지거나 변하거나 흔들리지 않을 수 있기 때문이다.

2. 마음의 눈이 순전하면 할수록, 갖가지 폭풍우들을 흔들림 없고 변함없이 헤쳐나갈 수 있게 된다.

   하지만 마음의 눈이 어두워져 있는 사람이 많은데, 그것은 자신에게 쾌락을 주는 것들로 재빨리 마음의 눈을 돌려서, 거기에 자신의 마음을 주어 버리기 때문이고, 자신의 이익을 추구하는 타락한 본성으로부터 온전히 자유로운 사람은 거의 없기 때문이다.

   한 예로, 옛적의 유대인이 베다니에 있는 마르다와 마리아의 집에 간 것은 순전히 예수님을 보기 위한 것이 아니라, 나사로를 보기 위한 것이었다(요 12:9).

그러므로 너는 마음의 눈을 정결하게 하여서, 네가 가는 길에서 어떤 일들을 만난다고 할지라도, 그 모든 것들을 초월하여서, 오로지 일편단심으로 순전하고 올바르게 나만을 바라볼 수 있어야 한다.

제34장

하나님을 사랑하는 사람에게 하나님은
모든 일 속에서 다른 그 어떤 것보다도 달콤함

1.　<제자>

보십시오, "나의 하나님이여, 나의 모든 것이여!" 내가 무엇을 더 원하겠으며, 어떤 더 큰 행복을 바라겠습니까? 오, 이것은 너무나 감미롭고 달콤한 말씀입니다. 하지만 이것은 세상이나 세상에 있는 것들을 사랑하지 않고 "말씀"을 사랑하는 사람에게만 그렇습니다. "나의 하나님이여, 나의 모든 것이여!" 이 말씀을 이해하는 사람에게는 이 말씀으로 이미 충분하고, 이 말씀을 사랑하는 사람에게는 이 말씀을 시시때때로 반복하는 것만으로 즐겁습니다.

주께서 임재해 계실 때에는, 모든 것이 즐겁습니다. 반면에, 주께서 임재해 계시지 않을 때에는, 모든 것이 귀찮고 성가실 뿐입니다. 주님은 우리의 마음에 안식을 주시고, 큰 평화와 지극한 기쁨을 주십니다. 주님은 우리로 하여금 모든 일에서 올바르게 생각하게 해 주시고, 모든 일에서 주께 찬송을 돌리게 해 주십니다.

그 어떤 것도 주님 없이는 우리에게 오랫동안 즐거움을 줄 수 없습니다. 어떤 것이 즐겁고 좋은 것이 되려면, 반드시 주의 은혜가 거기에 함께 있어야 하고, 주의 지혜가 양념으로 들어가 있어야 합니다.

2.　주님을 맛보고 알게 된 사람이 무엇을 올바르게 알지 못하겠습니까? 반대로, 주를 맛보지도 못하고 알지도 못하는 사람이 무엇을 올바르게 알고서 기뻐할 수 있겠습니까?

세상적으로 지혜로운 자들과 육신을 따르는 자들은 주의 지혜에 이를 수 없습니다. 왜냐하면, 세상 지혜는 지극히 헛된 것을 따르고, 육신을 따라 생각하는 것은 사망에 이르게 되기 때문입니다. 반면에, 세상에 속한 것들을 멸시하고 육신을 죽이고서 주를 따르는 사람들은 헛된 것들을 버리고 참된 것으로 나아오고, 육신을 따르는 것을 그만두고 영을 따르는 것으로 나아온 사람들이기 때문에, 진정으로 지혜로운 사람들이라는 것이 드러나게 됩니다.

그런 사람들은 하나님이 어떤 분이시라는 것을 알기 때문에, 피조물들 속에서 발견되는 모든 선한 것을 하나님께로 돌리며 창조주 하나님을 찬송합니다.

창조주가 주는 달콤함과 피조물이 주는 달콤함, 영원이 주는 달콤함과 시간이 주는 달콤함, 본래의 참된 빛이 주는 달콤함과 피조되고 반사된 빛이 주는 달콤함은 서로 같을 수가 없고, 그 차이는 이루 말할 수 없이 큽니다.

3. 오, 모든 피조된 빛들을 초월하시는 영원하신 빛이시여, 위로부터 그 빛을 비추셔서, 내 마음의 가장 깊은 곳을 비추소서. 그 빛의 모든 능력으로 내 영혼에 순전함과 즐거움과 맑음과 생기를 주셔서, 놀라운 기쁨 가운데서 주를 꼭 붙들게 하소서.

내가 그토록 오매불망 기다려 왔던 저 복된 날, 곧 주의 임재로 나를 가득 채우셔서, 주님이 나의 전부가 되실 그 날은 언제나 올까요? 그 날이 오기까지는, 나의 기쁨은 온전할 수 없습니다. 왜냐하면, 너무나 슬프게도 여전히 내 안에는 옛 사람이 살아 있어서, 아직도 온전히 십자가에 못 박히지 못하였고, 아직도 완전히 죽지 않았기 때문입니다.

내 안에서 옛 사람은 여전히 성령을 거슬러 자신의 정욕과 욕심을 채우기 위하여 발악을 하고 있고, 내면의 전쟁들을 일으켜서, 내 영혼에 평화로운 천국이 이루어지지 못하게 방해하고 있습니다.

4. 주님은 흉용한 바다를 다스리시고, 사납게 출렁이는 파도들을 잔잔하게 하시는 분이시오니, 일어나셔서 나를 도와주소서. 전쟁을 좋아하는 민족들을 흩으시고, 주의 권능으로 그들을 멸하소서. 주께 간구하오니, 주의 크고 기이한 역사들을 나타내셔서, 주의 능력이 영광을 받으시게 하소서. 내게는 주 나의 하나님 외에는 그 어떤 소망도 없고 피난처도 없습니다.

제35장

현세에서 시험으로부터 안전한 곳은 없음

1. <그리스도>

아들아, 현세의 삶 속에서 안전한 곳은 그 어디에도 없기 때문에, 이 땅에서 살아가는 한, 너는 언제나 영적으로 무장되어 있지 않으면 안 된다. 너는 적들에 둘러싸여 살아가고 있고, 좌우로부터 공격을 받고 있다. 그러므로 인내의 방패를 사용해서 사방을 방어하지 않으면, 너는 머지않아 다치게 될 것이다.

게다가, 나를 위하여 모든 것들을 참고 감당하겠다는 참된 뜻을 품고서 너의 마음을 내게 바치고 일편단심으로 나를 바라보지 않는다면, 너는 적들의 맹렬한 공격을 감당할 수 없을 것이고, 복을 받은 자들을 위해 준비된 면류관을 얻지도 못할 것이다.

그러므로 너는 용감하게 이 모든 것들을 돌파해 나가야 하고, 너의 강한 손을 들어서 너를 가로막고 반대하는 것들과 맞서 싸워야 한다. 왜냐하면, 이기는 자에게는 주께서 감추어 두셨던 "만나"가 주어지겠지만(계2:17), 싸움을 회피하고 나태하게 산 자에게는 온갖 끔찍한 일들이 기다리고 있을 것이기 때문이다.

2. 현세의 삶 속에서 안식을 구한다면, 어떻게 영원한 안식에 들어갈 수 있겠느냐? 그러므로 이 땅에서는 많은 안식을 구하려고 하지 말고, 도리어 오래 참고 많이 인내하기로 작정하라. 이 땅에서가 아니라 하늘에서, 그리고 사람이나 그어떤 피조물에게서가 아니라 오직 하나님에게서 참된 평화를 구하라.

하나님의 사랑을 위해서 모든 것을 기꺼이 감수하여야 한다. 온갖 수고와 슬픔, 시험과 괴로움, 염려와 궁핍함, 연약한 것들과 상처, 비난과 질책, 굴욕과 수치, 책망과 멸시를 기꺼이 감수하라. 이런 것들은 덕을 기르는 데 도움이 되고, 이런 것들은 그리스도를 따르는 자들이 겪어야 하는 훈련들이며, 이런 것들은 하늘의 면류관을 만들어 나가는 데 사용되는 재료들이다.

　나는 잠시 동안의 너의 수고를 영원한 상으로 갚아 줄 것이고, 네가 잠시 당한 수모를 무한한 영광으로 갚아 줄 것이다.

3.　너는 언제나 네가 원하는 만큼 영적인 위로를 받게 될 것이라고 생각하느냐? 나의 성도들은 결코 그렇지 않았고, 도리어 많은 괴로움과 온갖 시험과 큰 외로움과 쓸쓸함을 경험하였다. 그러나 그들은 그 모든 것을 인내하며 감당하였고, 그러한 현재의 고난들이 장차 나타나게 될 영광에 비하면 아무것도 아니라는 것을 알고서(롬 8:17), 그들 자신을 의뢰하기보다는 하나님을 의뢰하였다.

　많은 성도들이 수없이 눈물을 흘리며 힘들게 수고한 후에야 겨우 얻게 된 것을, 너는 단번에 얻고자 하는 것이냐? 주님을 기다리고, 용감하게 행하며, 담대함을 가져라. 낙심하지 말고, 물러서지 말며, 도리어 너의 몸과 영혼을 변함없이 하나님께 드려서 영광을 돌려라. 내가 네게 차고 넘치게 갚아 줄 것이고, 환난을 당할 때마다 너와 함께 해 줄 것이다(시 91:15).

제36장

사람들의 판단은 헛됨

1. **<그리스도>**

   아들아, 너의 마음을 주께 견고히 두고서, 네 양심이 네가 올바르고 무죄하다고 말해 줄 때에는, 사람들의 판단을 두려워하지 말라. 그런 경우에, 사람들의 판단으로 말미암아 고난을 당하는 것은 좋고 복된 일이고, 자기 자신을 의뢰하지 않고 하나님을 의뢰하는 겸손한 심령은 사람들의 판단에 의해서 짓눌리지 않는다.

   사람들마다 판단이 각각 다르기 때문에, 사람들의 판단은 별로 믿을 만한 것이 못된다. 게다가, 모든 사람을 만족시키는 것은 불가능하다. 바울은 주 안에서 모든 사람을 기쁘게 하려고, "여러 사람에게 여러 모습"이 되려고 애쓰기는 하였지만(고전 9:22), 그럼에도 불구하고 사람으로부터 판단을 받는 것을 "매우 작은 일"로 여겼다(고전 4:3).

2. 바울은 다른 사람들을 세우고 구원하는 일에 최선을 다해 많이 수고하고 애를 썼지만, 종종 다른 사람들에 의해서 판단을 받고 멸시당하는 것을 피할 수는 없었다. 그러므로 그는 모든 것을 다 아시는 하나님께 모든 것을 맡겨 놓고서는, 세상의 헛된 생각들을 토대로 그 혀를 놀려서 불의하고 부당한 말들로 자기를 고소하고 비난하는 자들을 인내와 겸손으로 대하였고, 다만 자신의 침묵으로 인해서 믿음이 약한 자들이 실족하는 일이 없게 하기 위해서, 그런 경우에만 자신의 생각을 분명하게 밝혀서 반박하였다.

3. 사람은 언젠가는 죽을 수밖에 없는 유한한 존재인데, 왜 너는 사람을 두려워하느냐? 사람이라는 것은 오늘 살아 있다가도, 내일이면 흔적도 없이 사라지고 마는 존재이다. 하나님을 두려워하라. 그러면, 사람들의 위협을 두려워하지 않

게 될 것이다.

사람들이 자신들의 언행으로 네게 무슨 해를 입힐 수 있겠느냐? 그렇게 해서 해를 입는 것은 네가 아니라 그들 자신이 될 것이고, 또한 그들이 누구이든지 하나님의 심판을 피하지 못하게 될 것이다.

그러므로 하나님께 모든 것을 맡겨 드리고, 시비조의 말로 다투지 말라. 당장은 네가 지는 것 같고, 부당한 수모를 당하는 것처럼 보일지라도, 그런 것으로 인해서 분해하지 말고, 참지 못함으로 인해서 너의 면류관을 손상시키지 말라.

도리어, 너는 눈을 들어서 하늘에 있는 나를 바라보아라. 왜냐하면, 나는 너를 온갖 수모와 해악으로부터 건져 줄 수 있고, 각 사람에게 자신이 행한 대로 갚아 줄 수 있기 때문이다.

제37장

마음의 자유를 얻으려면
자기 자신을 온전히 버려야 함

1. <그리스도>

   아들아, 너를 버려라. 그러면, 나를 만나게 될 것이다. 네가 스스로 어떻게 하겠다는 생각을 비롯해서 네 자신을 주장하는 모든 것을 내려놓은 채로 가만히 있으면, 너는 언제나 유익을 얻는 자가 될 것이다. 왜냐하면, 네 자신을 버리고, 다시는 네 자신을 주장하지 않는다면, 그 즉시 네게는 더 큰 은혜가 주어질 것이기 때문이다.

2. <제자>

   주여, 얼마나 자주 나를 버려야 하고, 어떤 일들에서 나를 버려야 합니까?

3. <그리스도>

   너는 언제나 매 시간마다 네 자신을 버리고, 큰 일에서만이 아니라 작은 일에서도 네 자신을 버려야 한다. 나는 그 어떤 예외도 허용할 수 없고, 네가 모든 일에서 네 자신을 벗어 버리기를 원한다. 네가 내면적으로나 외적인 언행에서나 네 자신의 의지를 벗어 버리지 않는다면, 어떻게 네가 나의 것이 되고, 내가 너의 것이 될 수 있겠느냐?

   그렇게 하기를 더 신속하게 할수록, 더욱더 큰 유익을 얻게 될 것이고, 그렇게 하기를 더 온전하고 진실하게 할수록, 그것은 나를 더욱더 기쁘게 하는 것이 되고, 네게는 더 큰 유익이 될 것이다.

4. 어떤 사람들은 자기 자신을 버리기는 하지만, 몇 가지 예외를 남겨 놓는다. 그런 사람들은 하나님을 온전히 신뢰하지 않기 때문에, 적어도 몇 가지는 자기 자

신이 스스로 마련하여야 한다고 생각한다. 또한, 어떤 사람들은 처음에는 모든 것을 다 하나님께 올려 드리지만, 나중에 시험을 만나 힘들어지면, 다시 원래의 자리로 되돌아가 버린다.

그런 사람들은 미덕에 있어서 진보를 이루지 못한다. 먼저 그들 자신을 전적으로 버리고, 날마다 그들 자신을 내게 희생 제물로 올려 드리지 않는다면, 나와의 하나됨을 통해서 풍성한 열매를 맺는 것은 불가능하기 때문에, 순전한 마음에만 주어지는 참된 자유에 이를 수도 없고, 나와 기쁘게 교제하는 은혜를 누릴 수도 없다.

5. 내가 이전에 네게 자주 말하였지만, 지금도 다시 말하겠다: 너를 버리고, 너를 내려놓으라. 그러면, 내면의 큰 평화를 누리게 될 것이다. 모든 것을 다 주고, 아무것도 요구하지 말며, 그 어떤 보답도 바라지 말라. 아무런 망설임 없이 무조건적으로 내 안에 거하라. 그러면, 너는 나를 갖게 될 것이고, 네 마음이 자유를 얻게 될 것이며, 어둠이 너를 이기지 못할 것이다.

네 자신을 주장하는 모든 것으로부터 벗어나서, 완전히 비워진 채로, 너를 위하여 자신의 모든 것을 비우신 예수님을 따르고, 네 자신에 대해서는 죽고, 나에 대해서 영원히 사는 것, 오직 이 일에 힘쓰고, 이 일을 위해 기도하며, 이 일을 소원하라. 그러면, 너를 괴롭히던 온갖 망상들과 혼란함들과 쓸데없는 염려들이 다 사라질 것이고, 과도한 두려움이 떠나갈 것이며, 무절제한 사랑도 없어질 것이다.

제38장

외적인 일들을 지혜롭게 다스리고,
위험한 일들에서 하나님을 의지함

1. <그리스도>

   아들아, 네가 어디에서 무슨 외적인 행위나 일을 행하든지, 너는 내적으로 자
   유롭고, 네 자신을 잘 다스려서, 네가 그 행위나 일의 종이 되는 것이 아니라,
   그 행위나 일이 너의 종이 되게 하여, 그 행위나 일에 있어서 너는 종이나 단순
   한 삯꾼이 아니라, 주인과 다스리는 자가 되기 위하여 부지런히 애써야 한다.
   왜냐하면, 너는 종의 신분에서 해방되어 하나님의 자녀라는 신분과 자유를 얻
   어서, 자유인이자 참 히브리인이 된 사람이기 때문이다.

   하나님의 자녀들은 현재의 것들 너머에 있는 영원한 것들을 바라보고, 왼쪽
   눈으로는 현세의 덧없는 것들을 보면서도, 오른쪽 눈으로는 하늘에 속한 것들
   을 보는 사람들이어서, 현세의 것들에 사로잡혀서 거기에 집착하는 것이 아니
   라, 단지 하나님이 원래 정하신 고유한 용도를 따라 현세의 것들을 사용할 뿐
   이다. 하나님은 위대하신 건축자이신 까닭에, 그가 지으신 피조세계에는 고유
   한 용도와 질서를 지니지 않은 것은 단 하나도 존재하지 않기 때문이다.

2. 따라서 네가 모든 일에서 단지 겉으로 보이는 것들만을 고집하지 않고, 육신의
   눈에 보이거나 귀에 들리는 것들에만 집착하지 않으며, 무슨 일에서든지 모세
   와 함께 성막으로 들어가서 하나님의 뜻을 구한다면, 너는 종종 하나님의 응답
   을 들으며, 현재와 장래의 많은 일들에 대하여 가르침을 받고, 거기에서 나오
   게 될 것이다.

   모세는 이런저런 의심과 의문이 생길 때에나, 위험에 처한 때에나, 사람들로
   부터 해악을 입게 될 우려가 있을 때마다 늘 성막으로 달려가서 하나님께 기도
   하며 도우심을 구하였다. 이렇게 너도 네 마음의 골방으로 달려가서, 하나님의

도우심을 간절하게 구하는 것이 마땅하다.

여호수아와 이스라엘 백성이 기브온 족속의 거짓된 충성맹세에 속아 넘어간 것은, 그들이 먼저 하나님께 구하여 그 입에서 나오는 말씀을 듣지 않고, 기브온 사람들의 겉만 번지르르하고 듣기에 그럴 듯한 말을 너무나 경솔하게 믿었기 때문이었다고 성경은 기록하고 있다.

제39장

무슨 일이든지 조급해하지 않음

1. <그리스도>

   아들아, 네 일이 무엇이든 언제나 내게 맡겨라. 때가 되면, 내가 그 일을 선하고 바르게 처리해 줄 것이다. 내가 그 일을 처리할 때까지 기다려라. 그러면, 네가 그렇게 한 것이 네게 유익이었다는 것을 결국에는 알게 될 것이다.

2. <제자>

   주여, 나의 모든 일을 아주 기꺼이 주께 맡깁니다. 내가 스스로 나의 일들을 아무리 열심히 계획하고 궁리한다고 할지라도, 별로 성과도 없고 유익도 없기 때문입니다. 그러므로 나는 장래의 일들에 대하여 골몰하지 않고, 아무런 망설임 없이 내 자신을 주의 기뻐하시는 뜻에 맡겨 드리기를 원합니다.

3. <그리스도>

   아들아, 흔히 사람은 자기가 원하는 것을 얻기 위하여 열심히 힘쓰고 애쓰지만, 그것을 얻었을 때에는, 마음이 바뀌어서, 마치 그것이 자기가 원하던 것이 아니었던 것처럼 생각하기 시작한다. 왜냐하면, 사람의 마음은 어느 한 곳에 머물러 있는 것이 아니라, 늘 이곳저곳으로 옮겨 다니는 법이기 때문이다. 그러므로 사람이 지극히 작은 일들에서 자기 자신을 버리는 것은 결코 작은 일이 아니다.

4. 사람에게 있어서 참된 성장은 자기부인에 있고, 자기를 부인하는 사람에게는 큰 자유와 평안이 있다. 하지만 모든 선한 것을 대적하는 우리의 옛 원수인 마귀는 사람들을 시험하고 유혹하는 일을 결코 그치지 않기 때문에, 밤낮으로 쉬지 않고 덫을 놓아서, 깨어 있지 않은 사람들을 사로잡으려고 한다. 그래서 나는 제자들에게 "시험에 들지 않게 깨어 기도하라"(마 26:41)고 말하였다.

제40장

사람에게는 선한 것도 없고 자랑할 만한 것도 없음

1. <제자>

주님, 사람이 무엇이라고 주께서는 사람을 생각하시며, 인자가 무엇이라고 주께서는 인자를 돌보시는 것입니까(시 8:4)? 사람에게 무슨 자격이 있다고, 주께서는 사람에게 은혜를 베푸시는 것입니까? 주님, 주께서 나를 버리신다고 하여도, 내가 불평할 이유가 어디 있겠습니까? 주께서 내가 구하는 것을 들어 주시지 않으신다고 하여도, 내게 무슨 할 말이 있겠습니까?

내가 진정으로 생각할 수 있고 말할 수 있는 것은 이것뿐입니다: 주님, 나는 아무것도 아니고, 내게는 선한 것이 아무것도 없으며, 나는 모든 면에서 부족하고, 아무것도 할 수 없습니다. 주께서 나를 도우시고, 내 마음을 붙잡아 주지 않으시면, 나는 아무런 열심도 없이 냉랭하고 흐리멍덩한 채로 살아갈 수밖에 없는 존재입니다.

2. 주님은 늘 동일하시고 영원토록 계시는 분이시고, 언제나 선하시고 의로우시며 거룩하신 분이시기 때문에, 모든 일을 선하고 의로우며 거룩하게 행하시고, 모든 일을 지혜롭게 처리하십니다. 반면에, 나는 성장해 나가기보다는 퇴보하기 쉬운 존재이고, 변화무쌍한 "일곱 때"(단 4:16)를 지내야 하기 때문에, 결코 한결 같이 동일한 상태에 머물러 있을 수 없습니다.

하지만 주께서 그 기쁘신 뜻 가운데서 내게 도움의 손길을 내미시면, 나의 사정은 금세 좋아집니다. 왜냐하면, 사람이 나를 어떻게 판단하든, 그런 것과는 상관없이, 오직 주님은 나를 도우시고 내게 힘을 주셔서, 나로 하여금 이곳저곳으로 눈을 돌리지 않고, 오로지 주님만을 바라보며 주 안에서 안식할 수 있게 해 주실 수 있으시기 때문입니다.

3. 그러므로 깊은 경건에 도달하기 위해서이든, 사람들로부터 위로를 얻을 수 없어서 어쩔 수 없이 주님을 찾을 수밖에 없게 되었기 때문이든, 내가 사람들에게서 어떤 위로를 구하는 것이 부질없는 일이라는 것을 알게 되었다면, 나는 주의 은혜를 진정으로 소망할 수 있는 준비가 된 것이기 때문에, 주님으로부터 새롭게 위로를 받고 기뻐할 수 있습니다.

4. 내가 형통할 때마다, 나는 모든 일을 주관하시는 주께 감사를 드립니다.

하지만, 나는 주 앞에서 아무것도 아닌 허망한 존재일 뿐이고, 변덕스럽고 연약한 인간일 뿐입니다. 그러므로 나에게 자랑할 만한 것이 무엇이 있겠으며, 내가 어떻게 높임을 받고 싶어 할 수 있겠습니까? 설마 내가 아무것도 아닌 존재라는 것을 자랑하겠습니까? 나를 자랑한다는 것은 정말 너무나 헛된 것입니다.

헛된 자랑은 지극히 헛된 것일 뿐만 아니라, 우리로 하여금 참된 영광으로부터 멀어지게 만들고, 우리에게서 하늘의 은혜를 빼앗아가 버린다는 점에서 악한 역병 같은 것입니다.

자기 자신을 기쁘게 하는 것은 주님을 노여우시게 하는 것이고, 사람들로부터의 칭찬에 목말라 하면, 참된 미덕을 잃습니다.

5. 사람에게 있어서 참된 영광과 거룩한 기쁨은 자기 자신이 아니라 주님을 자랑하는 데 있고, 자신의 미덕이 아니라 주의 이름을 기뻐하는 데 있으며, 오직 주님을 인해서가 아니면 그 어떤 피조물 속에서도 즐거움을 찾지 않는 데 있습니다.

나의 이름이 아니라 주의 이름이 찬송을 받게 하시고, 내가 한 일이 아니라 주께서 행하신 일이 찬양을 받게 하시며, 주의 거룩하신 이름이 송축을 받게 하시고, 사람들의 칭송이 절대로 내게 향하지 않게 하소서.

주는 나의 영광이시고, 주는 내 마음의 기쁨이시오니, 나는 종일토록 오직 주님만을 자랑하고 기뻐할 것이고, 내 자신에 대해서는 나의 "약한 것들" 외에는 자랑하지 않을 것입니다(고후 12:5).

6. 유대인들은 "서로 영광을" 취할지라도(요 5:44), 나는 오직 하나님으로부터 오는 영광만을 구할 것입니다. 사람으로부터 취하는 모든 영광, 이 세상에서 주어지는 모든 영예, 온갖 세상적인 존귀함은, 주님이 주시는 영원한 영광에 비하면, 참으로 헛되고 무의미한 것일 뿐입니다.

   오, 나의 진리이시고 나의 자비이신 나의 하나님, 찬송 받으시기에 합당하신 삼위일체 하나님이시여, 찬송과 존귀와 능력과 영광이 세세토록 영원무궁히 오직 주께만 있기를 원하옵니다.

제41장

세상에서의 온갖 명예를 멸시함

1. **<그리스도>**

   아들아, 다른 사람들은 존귀하게 대우받고 높임을 받는 반면에, 네 자신은 멸시받고 비천해진다고 할지라도, 너는 그런 것에 개의치 말고, 네 마음을 들어올려서, 하늘에 있는 나를 바라보라. 그러면, 너는 이 땅에서 사람들로부터 멸시를 받더라도 슬퍼하지 않게 될 것이다.

2. **<제자>**

   주님, 우리는 눈이 멀어 있어서, 헛된 것에 의해서 금세 유혹을 당하고 맙니다. 내가 내 자신을 제대로 올바르게 들여다본다면, 나는 어떤 피조물이 내게 해악을 끼친 것이 아니고, 내 자신이 스스로 자초한 것임을 알게 됩니다. 그러므로 나는 주 앞에서 그 어떤 불평도 할 수 없습니다.

   내가 주께 중대한 범죄를 무수히 일삼았기 때문에, 모든 피조물들이 들고 일어나서 나에게 대적하는 것은 당연한 일입니다. 따라서 나는 수모와 멸시를 당하는 것이 마땅하고, 주님은 찬송과 존귀와 영광을 받으시는 것이 마땅합니다.

   내가 모든 피조물에 의해서 멸시받고 버림받으며 아무것도 아닌 존재로 여김을 받는 것이 마땅하다는 것을 기꺼이 받아들일 준비가 되어 있지 않다면, 나의 마음은 평화와 안정을 누릴 수도 없고, 영적으로 깨우침을 받을 수도 없으며, 주님과 온전히 연합될 수도 없습니다.

제42장

평화는 사람들에게 달려 있지 않음

1. **<그리스도>**

   아들아, 어떤 사람이 너와 마음이 잘 맞는다거나 친밀하게 지낸다는 이유로, 너의 평화를 그 사람에게 의지한다면, 너는 늘 불안정하고 혼란스러울 수밖에 없게 될 것이다. 하지만 언제나 살아 있고 영원히 존재하는 진리를 의지한다면, 친한 친구가 죽거나, 그에게서 네가 버림을 받을지라도, 슬픔에 빠지지 않을 것이다.

   네 눈에 좋아 보이는 친구이든, 현세의 삶에서 네게 대단히 소중한 친구이든, 너는 내 안에서 친구를 사귀어야 하고, 나를 인하여 친구를 사랑하여야 한다. 나를 빼놓고서 맺은 우정은 가치도 없고 오래 지속될 수도 없으며, 내가 묶어주지 않은 사랑은 참될 수도 없고 순수할 수도 없다.

   그러므로 사랑하는 사람들에 대하여 연연해하며 애착을 갖는 것이 네 속에서 죽어져야 하고, 더 나아가 할 수만 있다면, 사람들과의 교제 없이 살아가는 쪽을 선택하여야 한다.

   사람은 이 세상이 주는 온갖 위로로부터 더 멀어질수록, 하나님께 더 가까이 나아갈 수 있게 된다. 사람은 자기 자신 속으로 더 깊이 들어가서, 자신이 얼마나 악한지를 더 생생하게 깨달을수록, 하나님을 향해 더 높이 날아오를 수 있게 된다.

2. 반면에, 자기 자신 속에 선한 것이 있다거나 자기가 선한 일을 하고 있다고 생각한다면, 그것은 하나님의 은혜가 자기에게 임하는 것을 훼방하는 것이다. 성령의 은혜는 언제나 겸손한 심령을 지닌 사람을 찾아가기 때문이다.

   네 자신이 아무것도 아니라는 것을 철저히 깨닫고, 피조물을 사랑하는 마음을 온전히 비워내기만 한다면, 반드시 나는 네게로 흘러들어가서, 네 안에서 큰 은혜의 강물을 이루게 될 것이다. 하지만 네가 피조물들에 눈길을 준다면, 창조주께서는 네게서 눈을 돌려 버리실 것이다.

창조주를 생각하여 모든 일에서 네 자신을 이기는 법을 배우라. 그러면, 너는 하나님을 아는 지식에 이를 수 있게 될 것이다. 아무리 작고 사소한 것이라도, 네가 그것을 무절제하게 사랑하고 소중히 여긴다면, 너는 타락하고 부패하여져서, 지존자에게로 나아가지 못하게 될 것이다.

제43장

헛된 세상 지식을 경계함

1. **<그리스도>**

   아들아, 사람들이 하는 듣기 좋고 세련된 말들에 흔들리지 말라. 하나님의 나라는 말이 아니라 능력에 있기 때문이다(고전4:20). 그러므로 내가 하는 말들을 경청하라. 나의 말들은 마음을 뜨겁게 하고 영혼에 빛을 비추어서 통회자복하게 만들고 이런저런 모양으로 풍성한 위로를 가져다주기 때문이다.

   네 자신이 더 박식하게 보이거나 더 지혜롭게 보이기 위한 목적으로 "말씀"을 읽어서는 안 되고, 네 안에 있는 죄악들을 죽이기 위해서 "말씀"을 읽으라. 네 안에 있는 죄악들을 죽이는 것이 수많은 어려운 문제들을 풀 수 있는 지식을 얻는 것보다 네게 훨씬 더 유익하다.

2. 많은 것들을 읽고 배운 후에는, 언제나 하나의 원리로 되돌아와야 하는데, 그것은 사람에게 지식을 가르치는 이는 "나"이고(시94:10), 나는 어린아이들에게도 사람이 전수해 줄 수 있는 것보다 더 생생한 지식을 줄 수 있다는 것이다. 내게서 가르침을 받은 사람은 신속하게 지혜롭게 되고, 영적으로 많이 성장하게 된다.

   사람들에 대해서는 호기심을 가지고 많은 것들을 꼬치꼬치 캐묻지만, 나를 섬기는 길에 대해서는 별로 관심이 없는 자들에게는 화가 있을 것이다. 선생들의 선생이시고 천사들의 주이신 그리스도께서 모든 사람의 변론을 청취하시고 각 사람의 양심을 살피실 날이 올 것이다. 그 날에 주님은 예루살렘에 등불을 비추시고서 샅샅이 살피실 것이고, 어둠에 감춰진 일들이 명명백백하게 드러나게 될 것이며, 자기 자신을 변호하던 사람들의 혀는 침묵하게 될 것이다.

3. 나는 겸손한 심령을 눈 깜짝 할 사이에 높이 들어올려서, 신학교에서 십 년을

공부한 사람보다도 영원한 진리를 더 많이 깨닫게 해 주는 이이다.

나의 가르침에는, 시끄럽게 많은 말들을 하는 것도 없고, 이런저런 복잡한 생각을 유도하는 것도 없으며, 자랑하고자 하는 것도 없고, 논쟁하며 다투는 것도 없다.

나는 사람들에게 이 땅에 속한 것들을 멸시하고, 현세에 속한 것들을 혐오하며, 영원에 속한 것들을 구하고, 영원한 것들을 누리며, 높임 받는 것을 피하고, 걸림돌이 되는 것들을 감내하며, 모든 소망을 내게 두고, 나 외에는 아무것도 원하지 않으며, 다른 모든 것보다도 나를 열렬히 사랑하라고 가르친다.

4. 어떤 사람은 단지 나를 지극히 사랑함으로써 하나님께 속한 신령한 진리들을 배웠고 기이한 일들에 대하여 말할 수 있게 되었는데, 그 사람은 모든 것을 버렸기 때문에, 난해한 문제들을 열심히 연구한 경우보다 영적으로 더 큰 진보를 이룰 수 있었다.

하지만, 나는 어떤 사람들에게는 일반적인 것들에 대하여 말해 주고, 어떤 사람들에게는 특별한 것들에 대하여 말해 준다. 어떤 사람들에게는 표적과 상징을 사용해서 희미하게 계시해 주고, 어떤 사람들에게는 신비에 속한 일들을 좀 더 명확하게 계시해 준다.

이것은 어떤 책이 내는 목소리는 하나이지만, 그 책이 모든 사람에게 동일한 것을 깨닫게 해주는 것은 아닌 것과 같다. 왜냐하면, 나는 사람들의 심령에 진리를 가르치는 선생으로서, 각 사람의 마음을 살피고 그 생각들을 분별해서, 각 사람에게 가장 적합한 것을 나누어 주기 때문이다.

제44장

외적인 일들에 지나친 관심을 갖지 않음

1. **<그리스도>**

아들아, 세상에는 모르는 것이 좋은 일들이 많다. 너는 네 자신이 이 땅에서 죽
은 자이고, 온 세상에 대하여 십자가에 못 박힌 자로 여기는 것이 마땅하다. 또
한, 너는 많은 것들을 못 들은 체 흘려버리고, 너의 평화와 관련된 것들에 집중
하여야 한다.

마음에 안 드는 일이 있을 때에는, 논쟁에 뛰어들어서 자신의 주장을 관철시
키려고 하기보다는, 그 일로부터 눈길을 돌려서, 각 사람이 어떤 생각을 하고
어떤 말을 하든 상관하지 않는 편이 네게 더 유익하다.

하나님과의 관계가 좋고, 하나님의 판단이 너의 마음속에 가장 중요하게 자리
잡고 있다면, 이 땅에서 지는 자로 살아가는 것이 훨씬 쉬워질 것이다.

2. **<제자>**

우리는 지금 어떤 상태에 있습니까? 보십시오, 우리는 세상에서 손해를 보면
못 견디하고, 아주 작은 이득을 얻기 위해서 노심초사하는 반면에, 영적으로 손
해를 보았을 때에는 신경도 쓰지 않고 금세 잊어버리고 다시는 거의 기억조차
하지 못합니다. 전혀 또는 별로 유익이 없는 것에는 신경을 곤두세우지만, 절대
적으로 필요한 것에는 신경도 쓰지 않고 넘겨 버리는데, 그 이유는 우리의 모든
관심이 오로지 외적인 것들에 있기 때문입니다.

따라서 속히 제정신을 차리고서, 그런 상태에서 빠져 나오지 않는다면, 우리
는 외적인 것들에 함몰되어 살아가는 삶에 만족하고 즐거워하게 되어 버릴 것
입니다.

제45장

사람은 말에서 실수하기 쉽기 때문에, 사람들의 말을 함부로 믿지 않아야 함

1. <제자>

    주여, 사람의 도움은 헛되오니, 환난의 때에 나를 도우소서(시 60:11). 지금까지 살아오면서, 사람을 믿었다가 배신을 당한 경우가 비일비재하였고, 거의 기대하지 않았던 곳에서 도움을 얻은 경우도 많았습니다. 따라서 사람에게 소망을 두는 것은 헛되고, 의인들의 구원은 하나님 안에 있습니다.

    주 하나님이시여, 우리에게 일어나는 모든 일에서 오직 주님만이 찬송을 받으소서. 우리는 연약하고 늘 흔들리는 불안정한 존재여서, 쉽게 속고 금세 변합니다.

2. 모든 일에서 극히 조심스럽고 용의주도해서 어떤 경우에도 속거나 헷갈리는 일이 없어서 자기 자신을 잘 지켜 나갈 수 있는 사람이 어디에 있겠습니까? 하지만 주를 신뢰하고 일심으로 주를 찾는 사람은 그렇게 쉽게 미끄러져 넘어지지 않습니다.

    그런 사람은 그 어떠한 환난에 아무리 깊이 빠져 있더라도, 주님으로 말미암아 거기로부터 속히 건짐을 받거나, 그 가운데서도 위로를 받게 될 것입니다. 주님은 주께 소망을 두고서 끝까지 주를 붙드는 사람을 결코 버리지 않으시기 때문입니다.

    친구가 계속해서 온갖 곤경을 겪고 있을 때, 그 친구에게 끝까지 신의를 지키는 사람은 극히 드뭅니다. 주여, 오직 주님만이 모든 일에서 지극히 신실하시고, 주님 외에 그렇게 신실한 이는 결코 없습니다.

3. 참으로 지극히 지혜롭고 거룩한 영혼은 이렇게 말합니다: "나의 마음은 그리

스도 안에 터를 잡고서 견고하게 뿌리를 내리고 있습니다." 만일 내가 그런 사람이라면, 사람이 두려워서 안절부절못하거나, 사람이 쏘아붙이는 말들에 금세 흔들리는 일이 거의 없을 것입니다.

누가 장래에 일어날 모든 일들을 미리 내다볼 수 있겠으며, 누가 장래에 닥칠 모든 해악들을 미리 대비할 수 있겠습니까? 우리는 미리 내다본 일들에 의해서도 종종 상처를 입는데, 미리 내다보지 못한 일들에 의해서는 얼마나 큰 상처를 입겠습니까? 그런데도 미리 좀 더 잘 대비하지 못하는 우리는 정말 한심한 자들이 아니겠습니까? 왜 나는 다른 사람들을 그토록 쉽게 믿어 버리는 것입니까?

많은 사람들이 우리를 천사들이라고 생각하고 그렇게 부른다고 할지라도, 우리는 인간일 뿐이고, 쉽게 부서지는 연약한 인간일 뿐입니다. 주여, 내가 누구를 믿고 의지하겠습니까? 주님 외에 누구를 믿고 의지할 수 있겠습니까?

주님은 진리이시기 때문에, 속이실 수도 없으시고 속으실 수도 없으신 분입니다. 반면에, 사람은 다 거짓되고(롬 3:4) 연약하며 불안정하고, 특히 말에서 실수가 많은 존재이기 때문에, 겉으로 옳아 보인다고 해도, 함부로 믿어서는 안 됩니다.

4. 주님이 "사람들을 삼가라 사람의 원수가 자기 집안 식구리라"(마 10:17, 36)고 하시고, "사람이 너희에게 말하되 보라 그리스도가 여기 있다 혹은 저기 있다 하여도 믿지 말라"(마 24:23)고 하신 것은, 얼마나 지혜로우신 말씀입니까. 나는 값비싼 대가를 치르고 이 교훈을 배웠기 때문에, 앞으로는 더욱더 조심해서, 더 이상 어리석은 자가 되지 않았으면 좋겠습니다.

전에 어떤 사람이 내게, 자기가 지금 말하는 것은 다른 사람에게는 말하지 말고 꼭 혼자만 알고 있으라고 말하였습니다. 그래서 나는 그가 한 말을 발설해서는 안 된다고 믿고서 다른 사람들에게 한 마디도 발설하지 않았지만, 내게 발설하지 말라고 요청했던 바로 그 사람은 도리어 얼마 안 있어서 그 말을 다른 사람들에게 발설하여, 나와 자기 자신을 배신한 후에 떠나 버렸습니다.

주여, 그런 식으로 허풍을 치고 경거망동하는 사람들로부터 나를 보호해 주셔서 그런 자들의 수중에서 놀아나지 않게 하시고, 행여나 내 자신이 그런 일을 저지르는 일이 없게 해 주시며, 내 입에는 늘 참되고 변함없는 말들만이 있게 하시고, 즉흥적이거나 임기응변식의 말들은 내게서 제거해 주소서. 내가 다른 사람들로부터 겪고 싶지 않은 일은, 어떻게든 나도 다른 사람들에게 행하지 않도록 조심하고 피하는 것이 마땅한 일이기 때문입니다.

5. 다른 사람들에 대해서는 침묵하고, 사람들이 하는 모든 말을 무턱대고 믿지 않으며, 사람들에게서 들은 말들을 다른 사람들에게 옮기지 않고, 자기 자신을 오직 소수의 사람들에게만 드러내며, 마음을 감찰하시는 주님을 늘 찾고, 바람 같은 온갖 말들에 휘말리지 말며, 내적으로나 외적으로 일어나는 모든 일들이 주의 기쁘신 뜻을 따라 이루어지기를 바라는 것은 참으로 좋은 일이고 화평하게 하는 일입니다.

하늘로부터 오는 은혜를 유지하는 가장 안전한 방법은, 사람들 앞에 나서는 것을 피하고, 사람들의 칭송을 받을 만한 외적인 일들을 행하려고 하지 않으며, 오직 자신의 삶을 고치고 하나님에 대하여 뜨거운 열심을 내는 데 유익한 일들에 온 힘을 쏟는 것입니다.

얼마나 많은 사람들이 자신들의 덕이 제대로 성숙되기도 전에 널리 알려져서 사람들의 칭송을 듣게 된 까닭에 해를 입어 왔습니까. 시험과 싸움으로 가득한 이 살얼음판 같은 삶 속에서 조용히 은혜를 유지하며 살아갈 수 있다면, 그것만으로도 얼마나 큰 유익이겠습니까.

제46장

사람들이 던진 말들로 인해
마음이 상할 때에는 하나님을 의뢰함

1. <그리스도>

   아들아, 굳건하게 서서 나를 의뢰하라. 사람들이 하는 말들은 그저 말일 뿐이 지 않느냐? 그 말들은 허공을 가르고 날아오지만, 돌멩이 하나를 던진 것만큼 도 상처를 입히지 못한다.

   사람들의 말을 듣고, 네가 잘못한 것을 깨달았다면, 너의 잘못을 기꺼이 고 쳐야 하겠다고 생각하라. 하지만 네가 잘못한 것이 전혀 없다면, 하나님을 인 하여 그 말들을 기꺼이 감내할 것이라고 생각하라.

   네가 아직은 심한 말들을 감당할 만한 힘이 없기 때문에, 어쩌다가 한 번씩 참아내는 것만으로는 부족하다. 사람들이 하는 말들은 사실 신경을 쓸 만한 것 들이 아닌데도 불구하고 그토록 마음을 쓰는 것은, 네가 아직까지 육신적이어 서, 사람들을 지나치게 의식하기 때문이 아니겠느냐? 즉, 너는 사람들로부터 멸시당하는 것이 두렵기 때문에, 너의 잘못들로 인하여 안 좋은 말들을 듣고 싶어 하지 않는 것이고, 그래서 어떻게든 변명을 찾아내서 빠져나가고자 하는 것이다.

2. 하지만 네 자신을 좀 더 철저하게 들여다보아라. 그러면, 세상이 여전히 네 안 에 살아 있어서, 사람들을 기쁘게 하고자 하는 헛된 욕망이 네 속에서 꿈틀대 고 있는 것을 알게 될 것이다. 너의 잘못들로 인해서 네가 비천해지고 당혹스 러워질 것이 두려워서 멀리 도망친다면, 그것은 네가 진정으로 낮아지거나 겸 손해지지 않았고, 세상에 대하여 진정으로 죽지 않았으며, 세상이 너에 대하여 여전히 십자가에 못 박히지 않았다는 사실을 분명하게 보여 주는 것이다.

   나의 말에 귀를 기울여라. 그러면, 사람들이 만 마디의 말을 한다고 할지라도, 너는 그런 말들에 개의치 않게 될 것이다. 사람들이 너에 대하여 지독한 악의를 품고서 네게 온갖 독설과 폭언을 퍼붓는다고 할지라도, 네가 그 말들을 지푸라기 정도로 여기고서 완전히 흘려듣는다면, 그 말들이 네게 무슨 해악을 입힐 수 있겠느냐? 사람들의 그러한 말들이 너의 머리카락 하나라도 뽑을 수 있겠느냐?

3. 그런데도 마음에 하나님을 두지 않고, 자신의 눈 앞에 하나님을 두지 않은 사람은 남들로부터 좋지 않은 말을 들으면 쉽게 그 마음이 흔들려 버리고 만다. 반면에, 자신의 판단을 고집하지 않고, 나를 신뢰하고 의지하는 사람은 사람들을 두려워하는 것으로부터 해방될 것이다. 나는 모든 은밀한 일들을 다 알고 심판하는 이이기 때문이다.

    나는 모든 일들이 어떤 식으로 일어나게 되었는지를 알고, 누가 해악을 입혔고, 누가 해악을 입었는지를 안다. 많은 사람들의 마음에 있는 생각들을 드러내기 위하여, "말씀"이 내게서 나가서, 나의 허락 하에서 이런저런 모든 일들이 일어난다. 이것은 내가 장차 죄 있는 자들과 죄 없는 자들을 심판할 것이지만, 지금 미리 은밀한 심판을 통해서 그 두 부류의 사람들을 시험하고자 하는 것이다.

4. 사람들의 증언은 자주 거짓되지만, 나의 판단은 참되기 때문에, 언제까지나 변함이 없을 것이고, 번복되는 일도 결코 없을 것이다. 나의 판단은 많은 사람들에게 숨겨져 있고, 오직 소수의 사람들만이, 그것도 특별한 경우에 알게 될 뿐이다. 나의 판단은 우매한 자들의 눈에는 옳아 보이지 않지만, 언제나 옳고, 거기에는 결코 오류가 없다. 그러므로 사람들은 어떤 것을 판단할 때에는 언제나 나를 의지하여야 하고, 자신의 생각을 의지해서는 안 된다.

    그래서 의인은 하나님이 자기에게 그 어떠한 일이 일어나게 하실지라도 당혹해하지 않는다. 하나님께서 그로 하여금 억울한 일을 당하게 하셔도 별로 개의치 않고, 다른 사람들에 의해서 자신의 누명이 벗겨져도 괜히 뛸 듯이 기뻐하지도 않는다. 그는 내가 사람들의 심장과 폐부를 감찰하고, 사람을 겉모습이나 외모를 따라 판단하지 않는다는 것을 알기 때문이다.

사람들이 칭찬받을 만한 것으로 판단하는 일이, 내가 보기에는 책망받아 마땅한 일인 경우가 비일비재하다.

5. <제자>

능력이 많으시고 오래 참으시며, 사람들의 연약함과 패역함을 아시는 의로우신 심판자이신 주 하나님이여, 나의 힘과 나의 전적인 의지가 되어 주소서. 내 자신의 양심만으로는 내게 충분하지 않기 때문입니다.

주님은 내가 알지 못하는 것을 아시기 때문에, 주께서 나를 책망하실 때마다, 나는 내 자신을 낮추고 납작 엎드려서, 순순히 그 책망하심을 인정하고 받아들이는 것이 마땅합니다. 하지만 나는 지금까지 그렇게 하지 못한 적이 많사오니, 그런 나를 너그러이 용서해 주시고, 다음번에는 순순히 인정할 수 있도록 내게 더 큰 은혜를 허락하소서.

왜냐하면, 나의 죄사함을 얻는 데에는, 내 양심의 깊은 곳에 무엇인가 의로운 것이 감추어져 있을 것이라고 생각해서, 거기에서 나의 의를 찾아내려고 하는 것보다는, 주님이 베풀어 주시는 풍성하신 긍휼을 의지하는 것이 내게 더 낫고 이롭기 때문입니다.

내가 내 자신에게서 그 어떤 잘못도 찾아내지 못한다고 하여도, 나는 그것을 근거로 내세워서 내 자신을 의롭다고 할 수 없습니다. 주께서 긍휼과 자비를 베풀어 주시지 않는다면, 살아 있는 사람들 중에서 주 앞에서 의롭다고 할 수 있는 사람은 단 한 명도 있을 수 없습니다.

제47장

영생을 얻기 위해서 온갖 괴로운 일들을 참음

1. **<그리스도>**

   아들아, 나를 위해 네가 짊어진 수고로 인해서 무너지지 말고, 네가 당하는 온갖 환난들로 인해서 주저앉지 말며, 도리어 어떤 일을 만나도 나의 약속을 기억하고서 힘을 내고 위로를 받으라.

   내게는 차고 넘치는 풍성한 상을 네게 줄 충분한 능력이 있다. 네가 이 땅에서 수고할 날은 그리 길지 않을 것이고, 언제까지나 슬픔과 괴로움에 눌려 지내지도 않을 것이다. 잠시만 기다려라. 그러면, 너의 고난이 속히 끝나는 것을 볼 것이다. 모든 수고와 괴로움이 그치게 될 시간이 올 것이다. 시간이 흐르면 사라지는 것들은 모두 덧없고 보잘것없는 것들이다.

2. 그러므로 네가 지금 행하고 있는 것들을 진지하게 행하고, 나의 포도원에서 신실하게 수고하라. 장차 내가 너의 상급이 될 것이다. 쓰고, 읽고, 찬송하고, 애통해하고, 침묵하고, 기도하고, 굳세게 역경들을 감내하라. 영생을 얻기 위해서라면, 이 모든 것들은 물론이고, 더 큰 싸움도 할 만한 가치가 있다.

   하나님만이 아시는 장래의 한 날에 평화가 임할 것이고, 그 날에는 현재와 같은 낮이나 밤은 없을 것이고, 영원히 비치는 빛과 무한한 밝음이 있을 것이며, 항구적인 평화와 모든 염려로부터 해방된 참된 안식이 있을 것이다. 그 날에 너는 "이 사망의 몸에서 누가 나를 건져내랴"고 말하지 않게 될 것이고(롬 7:24), "내가 이 곳에 더 머물게 되었으니, 내게 화로다"라고 울부짖지도 않게 될 것이다. 그 날에는 사망이 내동댕이쳐지고, 온전한 구원이 임할 것이며, 걱정과 염려가 없을 것이고, 복된 기쁨과 달콤하고 고귀한 사귐이 있을 것이기 때문이다.

3. 전에 이 세상에서는 경멸받을 만한 자들로 여김을 받고, 살 만한 가치조차 없는 자들로 취급받았던 성도들이, 지금은 하늘에서 그 머리에 영원한 면류관을 쓰고서, 이루 말할 수 없이 큰 영광을 누리며, 지극히 기뻐하고 있는 모습을 볼 수만 있다면, 분명히 너는 그 즉시 네 자신을 낮추어 기꺼이 땅바닥에 납작 엎드리고자 할 것이고, 단 사람이라도 그 위에 있기보다는, 모든 사람 아래 있기를 원하게 될 것이다.

   또한, 너는 현세의 모든 날 동안 즐겁고 기쁘게 살아가려고 하지 않고, 도리어 하나님을 위해 환난을 당하고 괴로움을 받는 것을 더 기뻐하며, 사람들 가운데서 아무것도 아닌 존재로 여김을 받는 것을 네게 가장 큰 유익으로 생각하게 될 것이다.

4. 네가 이러한 것들을 대단히 기뻐하고, 이러한 것들에 대한 확신이 네 마음 깊은 곳에 자리 잡고 있다면, 어떻게 네 입에서 불평이 섞인 말이 단 한 마디라도 나올 수 있겠느냐? 너는 영생을 얻기 위해서 이 모든 힘들고 괴로운 것들을 기꺼이 감내하는 것이 마땅하지 않겠느냐?

   하나님의 나라를 얻거나 잃는 것은 절대로 작은 일이 아니다. 그러므로 하늘을 향해 네 얼굴을 들어서, 나와 나의 모든 성도들을 보라. 그들은 세상에서는 큰 환난을 당하였지만, 지금은 기뻐하고 있고, 지금은 위로를 받고 있으며, 지금은 안전하고, 지금은 안식을 누리고 있으며, 앞으로도 나와 함께 영원히 내 아버지의 나라에 거하게 될 것이다.

제48장

영원한 날과 곤고한 인생

1. **〈제자〉**

   하늘의 도성에 있는 지극히 복된 처소여! 밤에 의해서 어두워지지 않고, 최고의 진리가 늘 빛나는 지극히 밝은 영원한 날이여! 늘 즐겁고 늘 안전하며 절대로 정반대의 상태로 변하지 않는 날이여! 그 날이 밝아 와서, 이 모든 덧없는 것들이 끝이 난다면, 얼마나 좋겠습니까!

   그 날이 하늘에 있는 성도들에게는 영원한 빛으로 충만한 가운데 펼쳐져 있지만, 이 땅에서 나그네로 살아가고 있는 사람들에게는 마치 거울을 통해 보는 것 같이 저 멀리 희미하게 보일 뿐입니다.

2. 하늘의 시민들은 그 날이 얼마나 기쁨으로 충만한 날인지를 알지만, 이 땅에서 유배생활을 하는 하나님의 자녀들은 하루하루를 고통스럽게 보내며 진저리를 치며 살아가고 있습니다. 현세의 날들은 짧고 악하며, 슬픔과 괴로움으로 가득합니다.

   이 땅에서 사람들은 많은 죄로 더럽혀져 있고, 많은 정욕에 사로잡혀 있으며, 많은 두려움에 떨고 있고, 많은 염려에 짓눌려 있으며, 많은 호기심으로 산만해져 있고, 많은 헛된 것에 붙잡혀 있으며, 많은 오류에 둘러싸여 있고, 많은 수고로 지쳐 있으며, 많은 시험으로 괴로워하고 있고, 많은 쾌락들을 추구하느라고 약해져 있으며, 궁핍으로 고통당하고 있습니다.

3. 이 많은 수고가 언제쯤이나 끝나겠습니까? 죄악의 종살이를 하는 이 참담한 삶에서 언제쯤이나 해방될 수 있겠습니까?

   주여, 언제쯤이나 오직 주님만을 생각할 수 있겠습니까? 언제쯤이나 주님을 온전히 기뻐할 수 있겠습니까?

   언제쯤이나 마음과 몸을 옭아매는 온갖 것들로부터 벗어나서 그 어떤 방해도 없이 참된 자유를 누릴 수 있겠습니까? 언제쯤이나 그 어떤 것에도 미동도 하지 않는 견고한 평화, 내적으로나 외적으로나 모든 면에서 확실하게 보장된 온전한 평화를 누릴 수 있겠습니까?

선하신 예수님, 언제쯤이나 주님 앞에 서서 주님의 얼굴을 뵈올 수 있겠습니까? 언제쯤이나 주의 나라의 영광을 이 눈으로 직접 볼 수 있겠습니까? 언제쯤이나 주님이 나의 모든 것이 될 수 있겠습니까? 오, 언제쯤이나 주께서 주를 사랑하는 자들을 위해 영원 전부터 준비해 놓으신 주의 나라에서 주와 함께 있게 되겠습니까?

나는 날마다 전쟁들과 큰 재난들이 그치지 않는 원수의 땅에 버려진 가련한 유배자입니다.

4. 나의 유배생활을 위로해 주시고, 나의 슬픔을 어루만져 주소서.

내 영혼은 온통 주를 사모하며 탄식하고 있는데, 이 세상이 위로랍시고 내게 주는 모든 것은 내게는 단지 무거운 짐일 뿐이고, 주와 친밀하게 교제하기를 열망하지만, 그러한 열망은 이루어지지 않습니다. 하늘에 속한 것들만을 굳게 붙잡고 싶은 마음뿐인 데도, 세상의 덧없는 것들과 아직도 여전히 죽지 않은 육신의 정욕들이 나를 짓누릅니다. 내 마음에서는 이 모든 것들을 다 초월하고 싶지만, 육신적으로는 나의 의지와는 상관없이 그런 것들에 끌려 다니게 됩니다.

이렇게 나의 영은 위에 있는 것을 찾지만, 나의 육신은 아래에 있는 것을 찾기 때문에, 나는 내 자신과 싸우게 되고, 내 자신에게조차 무거운 짐이 됩니다. 그러므로 나는 곤고한 자일 수밖에 없습니다(롬 7:24).

5. 내가 마음으로 하늘에 속한 것들을 묵상하거나 기도할 때면, 여지없이 수많은 육신적인 생각들이 내게 쇄도해 오기 때문에, 내 마음은 이루 말할 수 없이 괴롭습니다! 나의 하나님이여, 내게 노하셔서, 내게서 물러나 나를 멀리하지 마시며, 주의 종에게서 등을 돌려 떠나지 마시고, 도리어 번개를 보내셔서, 내 속에서 일어나는 육신적인 생각들을 흩으시고, 화살들을 쏘셔서, 원수가 불러일으킨 공상들을 쓰러뜨려 없애소서. 나의 모든 지각들을 주께로 모으게 하셔서,

세상에 속한 모든 것들을 잊게 하시고, 온갖 악한 공상들을 경멸하고 꾸짖어 신속하게 내쫓을 수 있게 하옵소서.

영원하신 진리시여, 나를 도우셔서, 그 어떤 헛된 것에도 흔들리지 않게 하옵소서. 하늘의 향기시여, 내게 오셔서, 온갖 더럽고 역겨운 것들이 주의 면전에서 달아나게 하옵소서. 내가 종종 기도 중에 주님 외에 다른 것들을 생각하게 될 때에도, 나를 용서하시고, 주의 자비하심으로 나를 온유하게 대해 주소서.

내게는 끊임없이 잡생각을 하곤 하는 것이 습관처럼 되어 있음을 솔직하게 고백합니다. 그래서 내 자신이 지금 내가 서 있거나 앉아 있는 곳에 있는 것이 아니라, 나의 생각이 나를 이끄는 그 곳에 가 있는 경우가 비일비재합니다. 나는 나의 생각이 있는 그 곳에 가 있고, 나의 생각은 내가 좋아하는 것이 있는 그 곳에 가 있곤 합니다. 내가 본성적으로 좋아하거나, 습관을 통해서 좋아하게 된 것들이 나의 생각 속에서 자연스럽게 떠오릅니다.

6. 그런 이유로, 진리이신 주님께서는 "네 보물 있는 그 곳에는 네 마음도 있느니라"(마 6:21)고 분명하게 말씀하셨습니다.

천국을 사랑한다면, 누가 시키지 않아도 자연스럽게 하늘에 속한 것들을 생각하게 될 것이고, 세상을 사랑한다면, 저절로 세상이 주는 행복을 기뻐하고, 세상에서 역경을 만났을 때에는 슬퍼하게 될 것입니다. 육신을 사랑한다면, 육신에 속한 것들을 끊임없이 생각하게 될 것이고, 영을 사랑한다면, 영적인 일들을 생각하는 것을 좋아하게 될 것입니다.

자기가 사랑하는 것이 무엇이든지, 밖에서 사람들을 만나면, 그것에 대해서 자꾸 말하고 듣고 싶어 할 것이고, 집으로 돌아올 때에도 그러한 대화의 여운들을 고스란히 간직한 채로 돌아올 것입니다.

하지만 주를 위해서 기꺼이 모든 피조물들과 결별하고, 자신의 본성을 쳐서 굴복시키며, 영적인 열심으로 육신의 정욕을 십자가에 못 박음으로써, 맑고 깨끗한 양심으로 주께 순전한 기도를 드리고, 내적으로나 외적으로나 땅에 속한 모든 것들을 자기에게서 제거하여, 하늘의 찬양대의 일원이 되기에 합당하게 된 사람은 복 있는 사람입니다.

제49장

영생을 사모하고, 선한 싸움을 싸우는 자에게 약속된 지극히 큰 상을 바라봄

1. **<그리스도>**

   아들아, 영원한 복이 위로부터 부어지기를 소원하는 마음이 네 속에서 느껴지고, 육신의 장막으로부터 벗어나서, 회전하는 그림자도 없는 나의 영광을 보고자 하는 갈망이 느껴진다면, 너의 마음을 활짝 열고서, 지극히 간절한 심정으로 그 거룩한 감동을 받아들여라.

   그런 후에, 자신을 지극히 낮추시고 너를 극진히 대하셔서, 자비하심으로 너를 찾아 오사, 너를 감동시켜 뜨겁게 하시고, 그 큰 능력으로 붙들어 주시는 지극히 선하신 하나님께 온 마음을 다하여 감사함으로써, 네 자신의 무게에 눌려서 다시 아래로 미끄러져서 땅에 속한 것들을 생각하게 되는 일이 일어나지 않게 하라.

   왜냐하면, 네게 그러한 감동이 주어진 것은, 네 자신이 의도하거나 애썼기 때문이 아니라, 오로지 하나님이 너를 생각하셔서 하늘로부터 은혜를 베풀어 주신 때문이고, 그 목적은 너로 하여금 미덕에 있어서 진보를 이루고 더욱 겸손해져서, 앞으로 있을 싸움들을 대비하게 하시고, 너의 온 마음을 다하여 나를 꼭 붙들게 하시며, 뜨거운 열심으로 나를 섬기게 하시기 위한 것이기 때문이다.

2. 아들아, 불이 타올라서 불길이 위로 올라갈 때에는, 흔히 연기가 생겨나는 법이다. 마찬가지로, 하늘에 속한 것들을 향하여 사람들의 열망이 타오를 때에도, 여전히 그들은 육신의 정욕으로 인한 시험으로부터 완전히 벗어나 있는 것은 아니다. 그러므로 그들이 하나님께 아주 간절하게 기도할지라도, 그들의 마음 속에는 순전히 하나님을 높이고자 하는 열망만이 있는 것이 아니다.

   이것은 너의 경우에도 마찬가지여서, 너는 네가 간절하게 드리는 기도가 진실하고 순전하다고 생각하겠지만, 실제로는 그렇지 않다. 왜냐하면, 자신의 유익을 구하는 것이 너의 기도 속에 섞여 있다면, 너의 기도는 순전하고 온전하다고 할 수 없기 때문이다.

3. 네게 즐겁고 이로운 것들을 구하지 말고, 내게 열납되고 영광이 될 것들을 구하라.

　네게 올바르게 판단할 수 있는 힘이 있기만 한다면, 당연히 너는 네 자신이 원하는 것, 즉 네가 원하는 모든 것들을 내려놓고서, 내가 정해 준 것들을 따르려고 할 것이 틀림없다. 나는 네가 원하는 것들이 어떤 것들인지를 알고 있고, 네가 무수히 탄식하고 신음하는 소리를 들어 왔다.

　너는 이미 하나님의 자녀들에게 주어지는 영광스러운 자유 가운데 있기를 원하고, 이미 너의 영원한 거처, 곧 기쁨으로 충만한 천국을 바라보며 기뻐하고 있다. 하지만 실제로 천국에서 그러한 자유를 누릴 수 있는 때는 아직 오지 않았고, 여전히 마지막 한 때, 곧 이 땅에서 힘들고 고된 싸움을 거쳐 연단되는 과정이 남아 있다. 너는 최고의 선으로 충만하게 되기를 원하지만, 지금은 그런 상태에 이를 수 없다.

　내가 바로 그 최고의 선이다. 그러므로 너는 장차 하나님의 나라가 임할 때까지 나를 기다려라.

4. 너는 여전히 이 땅에서 많은 일들을 겪으며 연단을 받아야 한다. 너에게는 이따금씩 위로가 주어질 것이지만, 네 영혼이 만족할 만한 차고 넘치는 온전한 위로는 허락되지 않을 것이다. 그러므로 담대하라. 본성을 거스르는 일들을 행할 때에나 감내하여야 할 때에 강건하고 담대하라. 새 사람을 입고 변화되어서, 완전히 다른 사람이 되어야 한다. 대체로 네가 하고 싶지 않은 일들은 행하고, 네가 하고 싶은 일들은 행하지 않아야 한다.

　또한, 네게는 다음과 같은 일들이 벌어지게 될 것이다: 다른 사람들은 자기가 기뻐하는 일들을 하면 형통하지만, 네가 네 자신을 기쁘게 하는 일들을 하면 형통하지 못할 것이다. 다른 사람들이 하는 말들에는 사람들이 귀를 기울여 잘 듣지만, 네가 하는 말들은 아무것도 아닌 것으로 치부하여 무시해 버릴 것이다. 다른 사람들은 하나님께 기도하여 구하면 응답을 받지만, 너는 구하여도 얻지 못할 것이다. 다른 사람들은 칭송을 받고 명성을 얻지만, 너에 관한 얘기는 아예 사람들의 입에 오르내리지도 않을 것이다. 다른 사람들에게는 이런저런 일들이 맡겨지지만, 너는 쓸모없는 자로 취급받을 것이다.

5. 이런 일들을 겪다 보면, 너의 본성은 자주 괴로움과 슬픔에 빠지게 되겠지만, 그러한 괴로움과 슬픔을 묵묵히 참고 견딘다면, 네게 큰 상이 있을 것이다. 왜냐하면, 하나님께서는 자신의 신실한 종이 자신을 어디까지 부인할 수 있고, 모든 일에서 자기 자신을 쳐서 복종시킬 수 있는지를 보시기 위하여, 이런 일들이나 그 비슷한 수많은 일들을 통해서 시험하시는 것이기 때문이다.

너의 마음에 들지 않는 일들을 보고 있거나 직접 겪어야 하는 경우보다, 네가 네 자신에 대하여 죽을 것을 더 강력하게 요구하는 때는 없다. 특히, 네가 정말 하기 싫은 일이나 너에게 전혀 유익이 되지 않아서 아무짝에도 쓸데없을 것 같은 일들을 행하라는 명령을 받았을 때, 너는 네 자신에 대하여 죽지 않고서는, 그 일들을 해낼 수 없다.

그리고 너는 네가 권세 아래 있는 처지여서, 감히 권세에 대항할 수 없어서 어쩔 수 없이 그 명령을 강제로 행하는 것이라는 생각 때문에, 네 자신의 뜻을 완전히 다 버리고, 다른 사람의 뜻을 따라 행하기가 더더욱 어렵고 힘들며 괴로워 보이게 된다.

6. 그러나 아들아, 이러한 힘든 수고들이 지극히 귀한 열매를 맺게 될 것임은 물론이고, 이러한 수고들은 신속하게 끝날 것이고, 그 후에는 네게 큰 상이 주어질 것임을 깊이 생각하라. 그러면, 너는 그러한 힘겨운 수고들을 감내하는 것이 힘들고 고달픈 것이 아니라, 도리어 너의 인내가 네게 지극히 강력한 위로가 될 것이다. 왜냐하면, 지금 이 땅에서 네가 원하는 보잘것없는 것들을 미련 없이 내려놓는다면, 장차 천국에서는 네가 원하는 것들을 언제나 마음껏 갖게 되고 누리게 될 것이라는 소망이 네 안에 넘치게 될 것이기 때문이다.

거기에서는 네가 원하던 모든 것들은 물론이고, 네가 원하게 될 모든 것들을 다 누리게 될 것이다. 거기에서는 모든 선한 것들을 얻어 누릴 수 있고, 잃어버릴 염려는 결코 없을 것이다.

거기에서는 너의 뜻은 언제나 나의 뜻과 동일할 것이기 때문에, 너는 나의 뜻에서 벗어난 것은 그 어떤 것도 원하거나 구하지 않을 것이다.

거기에서는 아무도 네게 대적하지 않을 것이고, 아무도 너에 대하여 불평하지 않을 것이며, 아무도 너를 훼방하지 않을 것이고, 너의 길을 가로막는 것은 아무것도 없을 것이다. 도리어, 네가 원하던 모든 것들이 거기에 다 있어서, 네 성정 전체가 새로워지고, 너는 차고 넘치는 만족감을 얻게 될 것이다.

거기에서는 너는 여기에서 겪은 멸시와 천대 대신에 영광을 입게 될 것이고, 네가 여기에서 겪은 슬픔과 괴로움 대신에 찬송의 옷을 입게 될 것이며, 네가 여기에서 앉았던 지극히 낮고 비천한 자리 대신에 영원히 다스리는 자리에 앉게 될 것이다.

거기에서는 순종의 열매가 나타날 것이고, 회개의 수고가 기쁨과 즐거움으로 바뀔 것이며, 겸손한 순복이 영광의 면류관으로 바뀔 것이다.

7. 그러므로 지금 여기에서는 모든 사람의 손 아래에서 겸손히 네 자신을 굽혀 순복하라. 이것을 누가 말하였고 저것을 누가 명하였는지에 대해서는 개의치 말고, 어떤 일을 해 주기를 네게 바라거나 요구한 사람이 윗사람이든 아랫사람이든 동료이든, 그것을 특별히 신경 써서 듣고 전적으로 선의로 받아들여서, 온 마음을 다해 진지하게 그 일을 완수하려고 애쓰라.

어떤 사람은 이것을 구하고, 어떤 사람은 저것을 구한다면, 그렇게 하도록 내버려 두라. 이 사람은 이것을 자랑하고, 저 사람은 저것을 자랑하면서, 사람들로부터 무수히 칭찬을 받는다면, 그렇게 하도록 내버려 두라.

오직 너는 이것도 저것도 구하거나 자랑하지 말고, 도리어 네 자신을 멸시하기를 기뻐하고, 오로지 나만을 즐거워하고 높이라. 네가 마땅히 원하여야 할 것은, 살든지 죽든지 네 안에서 늘 하나님이 영광을 받으시게 하는 것이다.

제50장

고독한 사람은 어떻게 자신을 하나님의 손에 맡겨야 하는가

1. **<제자>**

   주 하나님, 거룩하신 아버지시여, 지금은 물론이고 영원토록 찬송을 받으소서. 모든 일이 주께서 뜻하신 대로 이루어지고, 주께서 행하시는 모든 일은 선하시기 때문입니다.

   주의 종으로 하여금 자기 자신이나 다른 어떤 것이 아니라 주를 기뻐하게 하소서. 주여, 오직 주님만이 참된 기쁨이시고, 나의 소망이자 면류관이시며, 나의 즐거움이자 영광이시기 때문입니다.

   주의 종에게 있는 것들은 모두 다 아무런 공로나 자격도 없이 주님으로부터 받은 것들이고, 그렇지 않은 것이 어디 하나라도 있습니까? 주께서 주신 것이나 만드신 것은 무엇이나 다 주의 것입니다.

   나는 "어릴 적부터" 가진 것이 없이 곤고할 뿐이어서(시 88:15), 내 심령은 비탄에 젖어 눈물을 흘리는 때가 많고, 어떤 때에는 겪어야 하는 고난들로 인하여, 내 영혼이 내 속에서 불안해하기도 합니다.

2. 나는 평화로 인한 기쁨을 갈망하고, 위로의 빛 가운데서 주님으로부터 양식을 얻는 주의 자녀들이 누리는 평화를 간절히 구합니다. 주께서 내 안에 평화를 주시고 거룩한 기쁨을 주입해 주신다면, 이 종의 심령은 찬송으로 차고 넘쳐서, 종일 주를 찬송하게 될 것입니다.

   하지만 주께서 지금까지 자주 그러셨듯이, 이 종에게서 물러가 버리신다면, 이 종은 주께서 명하신 길로 달려갈 수 없고, 도리어 무릎을 꿇고 가슴을 치게 될 것입니다. 왜냐하면, 어제까지만 해도 주의 빛이 이 종의 머리에 머물러 있었고, 주께서는 이 종을 주의 날개 그늘 아래 보호하셔서, 물밀듯이 밀려오는 시험들로부터 이 종을 보호해 주셨지만, 지금은 이 종의 형편이 그렇지 않기 때문입니다.

3. 영원히 찬송 받으시기에 합당하신 의로우신 아버지, 이 종이 시험을 받아야 할 시간이 이르렀습니다. 사랑하는 아버지, 이 시간에 이 종이 주님을 위하여 고난 받는 것은 합당합니다.

영원히 높임을 받으시기에 합당하신 아버지, 주께서 영원 전부터 미리 알고 계셨던 그 시간, 곧 이 종이 잠시 외적으로는 굴복하는 것 같지만, 사실 내적으로는 주와 함께 영원히 살게 될 그 시간이 이르렀습니다. 이 종이 사람들의 눈에는 잠시 멸시당하고 비천하게 되어 죽어가는 것처럼 보이고, 고난들로 인하여 기진맥진하여 쓰러져 가는 것처럼 보이지만, 사실은 새 날의 빛이 밝아올 때, 주와 함께 부활하여, 하늘에서 영광을 받게 될 그 시간이 이르렀습니다.

거룩하신 아버지, 이것은 주께서 정하신 것이고, 뜻하신 것이며, 주께서 명하신 대로 이루어지는 것입니다.

4. 주의 벗이 주를 사랑하여 이 세상에서 고난을 받고 환난을 당하는 것은, 주께서 자신의 벗에게 베푸시는 은혜입니다. 주님이 누구를 사용하셔서 누구에게 얼마나 자주 고난과 환난을 겪게 하시는지는 전혀 중요하지 않습니다. 이 땅에서 일어나는 모든 일들에는 주님의 계획과 섭리가 있고, 그 일들이 일어나야 할 어떤 이유가 존재합니다.

주여, 주께서 나를 낮추시는 것은, 나로 하여금 주의 의로우심을 배우게 하시고, 온갖 높아지고 주제넘은 마음을 버리게 하시기 위한 것이기 때문에, 그것은 내게 유익입니다. 주께서 수치로 내 얼굴을 덮으시는 것은, 나로 하여금 사람들에게서가 아니라 주님에게서 위로를 찾게 하시는 것이기 때문에, 그것은 내게 유익입니다.

또한, 나는 주께서는 악인을 사용하셔서 의인을 징계하시는데도, 그것이 공평하시고 의로우신 일이라는 것을 깨닫고서는, 인간의 능력으로는 도저히 헤아릴 수 없는 주의 판단을 두려워하는 법을 배웠습니다.

5. 주께서 나의 악들을 눈감아 주지 않으시고, 사랑의 회초리로 인정사정없이 때리셔서, 정신적으로나 나의 심신을 고통스럽고 괴롭게 하신 것을 감사합니다. 하늘 아래에 있는 모든 것들 가운데서 나를 위로하실 이는 오직 영혼들을 치료하시는 의사이신 주 나의 하나님밖에 없습니다. 주님은 회초리로 때리기도 하시고 상처를 싸매 주기도 하시며, 지옥까지 끌어 내리기도 하시고 거기에서 다시 건져 올리기도 하시는 분이십니다. 나를 징계하시는 주의 회초리가 나를 가르칩니다.

6. 보십시오, 사랑하는 아버지, 나는 주의 수중에 있고, 주의 징계하시는 회초리에 내 자신을 맡깁니다. 나의 등과 목을 치셔서, 나의 왜곡된 심성을 바로잡아 주의 뜻에 순복하게 하소서. 주의 선하신 뜻을 따라 나를 경건하고 겸손한 제자로 만드셔서, 모든 일에서 주께서 명하신 대로만 행하게 하소서. 내 자신과 나의 모든 것을 주께 맡기오니, 고쳐 주시고 바로잡아 주소서. 장차 벌을 받는 것보다는 여기에서 벌을 받는 편이 더 낫기 때문입니다.

   주께서는 모든 것을 전체적으로도 아시고, 그 하나하나도 다 아시기 때문에, 사람의 양심 속에 있는 것은 그 어떤 것도 주님으로부터 숨겨질 수 없습니다. 주님은 어떤 일이 일어나기 전에, 이미 그 일을 아시기 때문에, 그 누구도 이 땅에서 일어나는 일들에 대하여 주께 알리거나 경고할 필요가 없습니다.

   주님은 내가 영적으로 진보하기 위해서는 어떤 것들이 필요한지, 그리고 죄악의 녹을 벗겨내어 깨끗하게 하는 데 환난이 얼마나 큰 도움이 되는지를 아십니다. 오직 주님만이 어느 누구보다도 나를 더 잘 분명하게 아시오니, 죄로 가득한 나의 삶을 멸시하지 마시고, 주의 선하시고 기뻐하시는 뜻을 따라 내게 행하소서.

7. 주여, 나로 하여금 알아야 할 것들을 알게 하시고, 사랑해야 할 것들을 사랑하게 하시며, 주께서 가장 기뻐하시는 것들을 찬송하게 하시고, 주께서 보시기에 가장 귀한 것들을 높이게 하시며, 주 앞에 추하고 부정한 것들을 책망하게 하소서.

육신의 눈에 보이는 것을 따라 판단하지 않게 하시고, 무지한 인간의 귀에 들리는 것을 따라 심판하지 않게 하시며, 도리어 눈에 보이는 것들과 진정으로 신령한 것들을 올바르게 분별하여 판단하게 하시고, 무엇보다도 늘 주의 선하시고 기뻐하시는 뜻이 무엇인지를 물으며 꼼꼼히 살피게 하소서.

8. 사람의 지각은 어떤 것을 판단할 때에 자주 속습니다. 또한, 세상을 사랑하는 사람들은 오직 눈에 보이는 것들만을 사랑하기 때문에, 어떤 것을 판단할 때에 속습니다. 사람들이 어떤 사람을 위대하다고 여긴다고 해서, 그 사람이 실제보다 더 나아집니까? 사람들이 어떤 사람을 칭찬하는 것은, 속이는 자가 속이는 자를 속이는 것이고, 헛된 자가 헛된 자를 속이는 것이며, 눈먼 자가 눈먼 자를 속이는 것이고, 못 믿을 자가 못 믿을 자를 속이는 것이기 때문에, 실제로는 헛된 칭찬으로 그 사람을 당혹스럽게 하는 것입니다. 겸손한 성 프란체스코가 말한 대로, 주께서 각 사람을 어떻게 보시든, 그것이 그 사람의 모습이고, 그 사람은 그 이상의 모습이 될 수 없습니다.

제51장

최선의 일을 할 수 있는 힘이 없을 때에는 비천한 일을 하여야 함

1. <그리스도>

아들아, 너는 늘 계속해서 지극히 뜨거운 열심을 품고서 미덕들을 추구할 수도 없고, 늘 높은 경지의 묵상 가운데 머물러 있을 수도 없으며, 원죄로 인한 부패함으로 인해서 때로는 어쩔 수 없이 낮고 천한 곳으로 내려와서, 넌더리가 나고 싫더라도 이 부패한 삶의 무거운 짐을 짊어지지 않으면 안 된다. 언젠가는 죽을 수밖에 없는 육신을 입고 있는 동안에는, 너의 마음은 피곤하고 지치며 괴롭고 힘들 수밖에 없다. 그러므로 너는 늘 영적인 뜨거운 열심을 유지할 수도 없고, 끊임없이 신령한 묵상에만 몰두할 수도 없기 때문에, 육신 가운데 있는 동안에는, 육신의 무거운 짐으로 인해서 자주 신음하지 않을 수 없다.

2. 그런 때에는 외적인 비천한 일들로 피신해서, 선한 행위들로써 네 자신을 새롭게 하고, 내가 하늘로부터 강림하여 너를 찾아줄 것임을 확신하고서 기다리는 가운데, 내가 다시 너를 찾아와서 너를 모든 염려로부터 해방시켜 줄 때까지, 너의 유배 생활과 메마른 심령을 참고 견디는 것이 네게 유익하다.

때가 되면, 내가 네게로 와서, 너로 하여금 그동안의 모든 수고를 잊게 해 주고, 내면의 평화를 차고 넘치게 누릴 수 있게 해 줄 것이다. 나는 성경의 푸른 초장을 네 앞에 펼쳐 보일 것이고, 너는 가슴을 펴고서 내가 명한 길로 내달리기 시작하면서, 이렇게 말하게 될 것이다: "현재의 고난은 장차 우리에게 나타날 영광과 비교할 수 없도다"(롬 8:18).

제52장

자기 자신을 위로를 받아야 할 자가 아니라 징계를 받아 마땅한 자로 여김

1. **<제자>**

주여, 나는 주님으로부터 그 어떠한 위로나 영적인 보살핌을 받을 자격이 없는 자입니다. 그러므로 주께서 나를 고적하고 곤고하게 내버려 두신다고 하여도, 그것은 지극히 합당한 일입니다. 설령 내가 흘리는 눈물이 쌓여 바다 같이 된다고 하여도, 나는 주의 위로를 받을 자격이 없습니다. 나는 무수히 주님을 격노하시게 해 왔고, 많은 일들에서 크게 범죄해 왔기 때문에, 오로지 징계와 형벌을 받는 것이 마땅합니다. 따라서 모든 것을 제대로 다 고려해 보았을 때, 나는 주님의 위로를 받을 자격이 조금도 없습니다.

그러나 은혜와 자비가 풍성하신 주께서는 자신이 이루신 구원 사역이 수포로 돌아가는 것을 원치 않으셔서, 긍휼의 그릇들에게 주의 은혜의 부요하심을 보여 주시려고, 아무런 자격도 없는 이 종에게, 황송하게도 사람이 도저히 가늠할 수 없을 정도로 차고 넘치는 위로를 베풀어 주십니다. 왜냐하면, 주님이 주시는 위로들은 사람들이 위로하는 말들과는 차원이 다르기 때문입니다.

2. 주여, 대체 내가 한 것이 뭐가 있다고, 주께서는 내게 하늘의 위로를 부어 주시는 것입니까? 내가 지금까지 해온 일들을 생각해 보면, 선한 일을 한 기억은 전혀 없고, 오로지 늘 죄를 짓는 데에는 빠르고, 나의 잘못을 고치는 데에는 느리고 더뎠던 기억만이 날 뿐입니다. 이것은 엄연한 사실이고, 나는 이 사실을 부인할 수 없습니다. 만일 내가 이 사실과 다른 말을 한다면, 주께서는 나를 대적하여 일어나실 것이고, 그 때에는 나를 변호할 수 있는 사람은 아무도 없을 것입니다.

내가 지은 죄악들을 생각하면, 내가 갈 곳은 오직 지옥의 영원한 불구덩이 말고 어디가 있겠습니까? 나는 온갖 조롱과 멸시를 받아 마땅한 자이고, 주의 신실한 종들 중의 한 사람으로 기억되기에 합당하지 않은 자라는 것을 솔직하게 고백합니다.

나도 내가 그런 자라는 것을 인정하고 싶지 않지만, 주의 긍휼과 자비가 내게 얼마나 절실한지, 그리고 하루라도 빨리 받지 않으면 안 되는지를 주님께 호소하기 위해서, 나의 죄악들을 고백하여, 진실을 있는 그대로 드러내고자 합니다.

3. 행한 것이 온통 죄악들뿐이어서 수치스럽고 부끄러워 어쩔 줄 몰라 하는 내가 무슨 말을 하겠습니까? 그러므로 내 입으로는 오직 "주님, 내가 범죄하고 범죄하였사오니, 내게 자비와 긍휼을 베푸셔서, 나의 죄를 사하여 주소서"라는 말만을 할 수 있을 뿐입니다. 내가 사망의 그늘로 뒤덮여 있는 흑암의 땅으로 가기 전에 내 자신을 위하여 애곡할 수 있도록 내게 잠시 말미를 주소서(욥 10:20-21).

    죄악들을 저지른 참담한 죄인에게 주께서 가장 원하시는 것은, 그 죄인이 자신이 저지른 죄악들을 생각하고서 통회자복하며 자기 자신을 낮추는 것이 아니고 무엇이겠습니까? 진정으로 통회자복하여 마음이 낮아질 때에만, 죄사함을 받게 될 소망이 생겨나고, 괴롭고 곤혹스러웠던 양심이 하나님과 화해를 이루며, 잃어버렸던 은혜가 회복되고, 사람이 장래의 진노를 피할 수 있으며, 회개한 심령이 하나님과 만나 거룩한 입맞춤을 하게 됩니다.

4. 주여, 죄인들이 자기 자신을 낮추고 겸손히 통회자복하는 것은, 주의 존전에 바쳐지는 그 어떤 향보다도 훨씬 더 큰 향기를 발산하는, 주께서 열납하시는 제사입니다. 또한, 그것은 주의 발에 부어진 저 향기로운 향유이기도 합니다. 왜냐하면, "하나님께서 구하시는 제사는 상한 심령"이고, 주께서는 "상하고 통회하는 마음을 멸시하지 아니하시기" 때문입니다(시 51:17).

    오직 통회자복하는 것만이, 원수의 분노하는 얼굴로부터 벗어날 수 있는 피난처가 될 수 있습니다. 오직 통회자복할 때에만, 죄인들의 심령에 덕지덕지 붙어 있던 온갖 죄악들이 씻겨나가서 온전히 깨끗해질 수 있습니다.

제53장

하나님의 은혜는 세상적인 지혜와 함께 할 수 없음

1. **<그리스도>**

아들아, 나의 은혜는 지극히 귀해서, 세상적인 것들이나 세상적인 위로들과 함께 할 수 없다. 그러므로 네게 은혜가 부어지기를 원한다면, 은혜를 받을 수 없게 방해하는 온갖 것들을 내던져 버려야 한다.

네 자신만의 골방을 마련해 놓고, 거기에 홀로 머물면서, 사람들과는 일체 대화하지 말고, 오직 온 마음을 다하여 하나님께 간절히 기도함으로써, 통회하는 마음과 순수한 양심을 유지하라. 온 세상을 아무것도 아닌 것으로 여기고, 모든 외적인 일들보다도 하나님과 함께 교제하는 것을 우선하라.

나와 교제하면서, 동시에 세상의 덧없는 것들을 즐기는 것은 불가능하다. 지인들이나 친구들을 멀리하고, 세상의 온갖 덧없는 위로에 마음을 두지 않아야 한다. 그래서 저 복된 사도 베드로는 그리스도를 믿는 사람들에게 이 세상에서 "거류민과 나그네" 같이 살아가라고 권면하였다(벧전 2:11).

2. 어떤 사람이 죽는 순간에 이 세상에 대하여 그 어떤 미련이나 애착도 없을 때, 그 사람은 얼마나 큰 확신 속에서 죽을 수 있겠는가! 병든 심령을 지닌 사람은 세상의 모든 것에 대하여 미련이나 애착이 없어야 한다는 것이 도대체 무슨 의미인지를 이해할 수 없고, 육신에 속한 사람은 영적인 사람이 누리는 자유를 알지 못한다. 하지만 진정으로 영적인 사람이 되고자 한다면, 낯선 사람들만이 아니라 친한 사람들도 멀리하여야 하고, 다른 그 어떤 사람보다도 자기 자신을 경계하고 조심하여야 한다.

자기 자신을 이긴다면, 다른 모든 것들은 좀 더 쉽게 굴복시킬 수 있다. 온전한 승리는 자기 자신을 이기는 것이다. 자기 자신을 이기는 사람은 자신의 정욕을 이성에게 굴복시킬 수 있고, 모든 일에서 자신의 이성을 나에게 굴복시킬 수 있기 때문이다. 그런 사람이 진정으로 자기 자신을 이긴 사람이고, 세상을 다스리는 주인이다.

3. 이 높은 고지에 오르고자 한다면, 용기를 내어서 도끼를 뿌리에 대고서, 네 자신 속에 숨겨져 있는 악, 곧 자기 자신과 온갖 세상적인 것들을 사랑하고 거기에 이끌리는 무절제한 성향을 샅샅이 찾아내어 파괴하는 작업을 시작하지 않으면 안 된다. 사람이 행하는 거의 모든 악들은 자기 자신을 무절제하고 지나치게 사랑하는 이 악으로부터 생겨나는 것이기 때문에, 너는 이 악을 반드시 철저하게 뿌리 뽑아야 한다. 이 악을 이기고 다스려야만, 큰 평화와 안식이 길게 지속될 수 있다.

　　자기 자신에 대하여 온전히 죽고, 자기 자신으로부터 온전히 벗어나려고 애쓰는 사람이 별로 없기 때문에, 사람들은 여전히 그들 자신에게 얽매여서, 영적으로 그들 자신을 뛰어넘을 수 없다. 그러나 모든 것으로부터 자유를 얻고 나와 함께 동행하고자 하는 사람은, 자신의 온갖 악하고 제멋대로인 욕망들을 반드시 죽여야 하고, 그 어떤 피조물에 대해서도 사사로운 애착이나 욕심을 가져서는 안 된다.

제54장

본성과 은혜는 정반대로 움직임

1. **<그리스도>**
   아들아, 본성의 움직임과 은혜의 움직임을 세밀하게 주의해서 눈여겨보라. 왜
   냐하면, 이 둘은 서로 정반대로 아주 미묘하게 움직이는 까닭에, 그 마음에 빛
   을 받은 영적인 사람 외에는, 그 움직임의 차이를 거의 분간해 내지 못하기 때
   문이다.
   　사실, 모든 사람이 선을 추구하고, 선한 말을 하고 선한 일을 하려고 애쓴다.
   이렇게 사람들이 추구하는 것들이 어쨌든 표면상으로는 선해 보이기 때문에,
   많은 사람들이 거기에 속는 것이다.

2. 본성은 교활하고 간교하여, 많은 사람들을 유인해서 올무에 걸리게 하고 속여
   서, 늘 자신의 목적을 이루고 관철시킨다. 반면에, 은혜는 사심 없이 진실하게
   행하고, 조금이라도 악한 것은 멀리하며, 속임을 베풀지 않고, 오로지 전적으로
   하나님을 위하여 행하며, 오직 하나님만을 자신의 궁극적인 목적으로 삼는다.

3. 본성은 죽고자 하지 않고, 억압당하거나 지는 것을 싫어하며, 남의 밑에 있거
   나 자발적으로 복종하려고 하지 않는다. 반면에, 은혜는 자기 자신을 죽이려고
   애쓰고, 육신의 정욕에 맞서며, 복종하고자 하고, 지기를 바라며, 자신의 자유
   를 사용하고자 하지 않고, 가르침 받기를 좋아하며, 누구를 지배하기를 원하지
   않고, 도리어 늘 하나님 아래에서 살아가고 존재하면서, 하나님으로 인하여 모
   든 사람에게 기꺼이 겸손하게 순복하고자 한다.

4. 본성은 자신의 이익을 위해 애쓰고, 사람들로부터 모종의 이득을 얻어 낼 궁리
   만 한다. 반면에, 은혜는 무엇이 자기에게 유익하고 이익이 될 것인지를 생각하

는 것이 아니라, 많은 사람들에게 유익이 될 수 있는 것이 무엇인지를 생각한다.

5. 본성은 사람들로부터 존귀와 공경을 받는 것을 좋아한다. 반면에, 은혜는 모든 존귀와 영광을 진정으로 하나님께 돌린다.

6. 본성은 수모와 멸시를 당하는 것을 두려워한다. 반면에, 은혜는 예수님의 이름을 위하여 수치와 모욕을 당하는 것을 기뻐한다.

7. 본성은 한가롭게 여유를 즐기는 것과 육신이 편안하게 쉬는 것을 좋아한다. 반면에, 은혜는 아무 일도 하지 않고 한가하게 지내는 것을 불편해해서, 일부러 기꺼이 수고를 아끼지 않는다.

8. 본성은 진귀하고 아름다운 것들을 갖고 싶어 하고, 조잡한 싸구려들을 몹시 싫어한다. 반면에, 은혜는 소박하고 허름한 것들을 좋아하고, 조잡한 것들에 대하여 거부감이 없으며, 낡고 오래된 옷들을 입는 것을 거부하지 않는다.

9. 본성은 세상의 덧없는 것들을 대단하게 여기고, 세상적으로 이득을 얻었을 때에는 기뻐하며, 손해를 보았을 때에는 슬퍼하고, 조금이라도 심기를 건드리는 말을 들으면 화를 낸다. 반면에, 은혜는 영원한 것들에 집중하고, 세상의 덧없는 것들에 집착하지 않으며, 손해를 보아도 아무렇지도 않게 여기고, 심한 말을 들어도 기분 나빠하지 않는다. 왜냐하면, 은혜는 자신의 보화와 기쁨을 하늘에 두었고, 거기에서는 그 어떤 것도 잃을 염려가 없기 때문이다.

10. 본성은 탐욕스러워서, 주는 것보다 받는 것을 더 좋아하고, 자기 것을 애지중지한다. 반면에, 은혜는 정직하고 공평하며, 자기 것을 챙기는 짓을 하지 않고, 적은 것으로 만족하며, 받는 것보다 주는 것이 더 복되다고 여긴다.

11. 본성은 사람을 피조물들과 자신의 육신과 헛된 것들로 이끌어서, 그런 것들을

항하여 달려가게 만든다. 반면에, 은혜는 사람을 하나님과 미덕들로 이끌어서, 피조물들을 버리게 만들고, 세상을 멀리하게 만들며, 육신의 소욕들을 미워하게 만들고, 밖으로 나돌아 다니는 것을 절제하게 만들며, 사람들 앞에 공공연하게 모습을 드러내는 것을 부끄러워하게 만든다.

12. 본성은 사람의 오감을 즐겁게 해 줄 어떤 외적인 위안거리를 갖고 싶어 한다. 반면에, 은혜는 오직 하나님 안에서만 위로받고자 하고, 눈에 보이는 모든 것들을 뛰어넘어서 오직 최고의 선에서만 기쁨을 얻고자 한다.

13. 본성은 자신의 이득과 이익을 위해서 모든 일을 하고, 아무런 대가가 없이는 그어떤 일도 할 수 없기 때문에, 자기가 남들에게 해 준 일에 대해서는 동일하거나 더 나은 대가를 받거나, 최소한 칭찬과 박수갈채라도 받기를 바라고, 자기가 이룬 일들과 베푼 은혜가 많은 사람들의 입에서 널리 회자되기를 바란다. 반면에, 은혜는 자기가 행한 일들에 대해서 이 세상에서 그 어떤 대가나 상을 바라지 않고, 오직 하나님만을 바랄 뿐이며, 영원한 것들을 얻는 데 꼭 필요한 정도만큼만 세상의 것들을 구할 뿐이다.

14. 본성은 친구들과 친척들과 가까운 사람들이 많은 것을 기뻐하고, 고귀한 가문과 신분을 자랑하며, 세도가들에게 잘 보이고자 하고, 부자들에게 아첨하며, 자신과 동급인 부류들에게 박수를 보낸다. 반면에, 은혜는 심지어 자신의 원수들조차 사랑하고, 친구가 많다고 해서 어깨에 힘을 주지도 않으며, 고귀한 가문과 신분이라고 할지라도, 미덕과 아무런 관련이 없는 경우에는 대단하다고 여기지 않고, 부자들보다는 가난한 자들을 더 좋아하며, 세도가들보다도 청렴결백한 자들과 함께 어울리고, 속이는 자들이 아니라 진실한 자들과 함께 즐거워하며, 선한 사람들에게 더 나은 은사들을 얻으려고 애쓰고, 미덕들을 행함으로써 하나님의 아들이신 예수 그리스도를 닮아가라고 권면한다.

15. 본성은 조금이라도 부족하다고 느끼거나 심신이 괴로우면 금세 불평한다. 반

면에, 은혜는 어떤 것이 부족하고 괴로운 일이 있어도 아무런 요동함 없이 한결같은 마음으로 감내해 나간다.

16. 본성은 모든 것을 자기 자신과 관련시켜서 바라보고, 자기 자신을 위해서 애쓰고 고군분투한다. 반면에, 은혜는 모든 것을 그 근원이신 하나님께로 돌리고, 그 어떤 선한 것도 자기 자신에게 돌리지 않으며, 그 선한 것으로 인하여 오만 방자하게 행하지도 않고, 다투지 않으며, 자신의 생각이 다른 사람들의 생각보다 더 낫다고 여기지 않고, 분별과 명철이 요구되는 모든 일에서 자기 자신을 영원하신 지혜와 하나님의 판단에 맡겨 드린다.

17. 본성은 은밀한 일들을 몹시 알고 싶어 하고, 새로운 것들에 대하여 몹시 듣고 싶어 하며, 밖으로 나돌아 다니면서, 자신의 감각들로 많은 것을 몹시 경험하고 싶어 하고, 자기가 사람들에게 널리 알려지고 인정받기를 바라며, 사람들로부터 칭찬과 감탄을 받을 만한 일들을 행하는 것을 좋아한다. 반면에, 은혜는 새롭거나 흥미로운 것들을 듣거나 보거나 아는 것에 관심이 없다. 왜냐하면, 이 땅에는 새롭거나 영원한 것이 없고, 그런 것들은 모두 다 사람의 타락한 옛 본성으로부터 생겨나는 것들일 뿐이기 때문이다.

그러므로 은혜는 감각들을 억제하고 절제하라고 가르치고, 헛된 자기만족과 과시하고자 하는 욕구를 피하라고 가르치며, 사람들로부터 칭찬과 감탄을 받을 만한 일들을 했을 때에는 그 일들을 숨기고 겸손하라고 가르치고, 모든 일과 모든 지식에서 유익한 열매와 하나님으로부터 오는 칭찬과 영광만을 구하라고 가르친다.

은혜는 자기 자신이나 자신에게 속한 어떤 것이 사람들로부터 칭찬을 받는 것을 원하지 않고, 오로지 사랑으로 말미암아 모든 것을 우리에게 주시는 하나님만이 그가 주신 모든 것 속에서 찬송을 받으시기를 원한다.

18. 이 은혜는 본성을 초월해서 주어지는 빛이고, 하나님의 특별한 선물이며, 택함받은 자에게 주어지는 고유한 표이고, 영원한 구원을 보증해 주는 담보물이기

때문에, 사람을 높이 들어올려서, 땅에 속한 것들을 버리고, 하늘에 속한 것들을 사랑하게 만들어 주고, 육신적인 사람에서 벗어나서 영적인 사람이 되게 만들어 준다. 그러므로 본성이 억제되고 정복되는 정도만큼, 더 큰 은혜가 주어지고, 속사람은 날마다 새로운 은혜를 받아서 점점 더 하나님의 형상으로 변화되어 간다.

제55장

본성의 부패함과 하나님의 은혜의 역사

1. <제자>

    주의 형상과 모양대로 나를 창조하신 주 나의 하나님이여, 사람이 구원을 받는 데에는 하나님의 은혜가 절대적으로 필요하다는 것을 보여 주셨사오니, 내게 그러한 은혜를 허락하셔서, 늘 나를 죄와 멸망으로 이끌어 가기만 하는 나의 악한 본성과 싸워 이기게 하소서.

    나의 육신 속에서 죄의 법이 내 마음의 법과 싸워 이겨서, 많은 일들에서 나를 사로잡아 육신의 정욕에 굴복하게 만드는데, 나는 주님의 지극히 거룩하신 은혜가 나의 마음에 뜨겁게 부어져서 나를 돕지 않으신다면, 내가 육신의 정욕과 맞서 싸워 이길 수 없다는 것을 느끼기 때문입니다.

2. "어려서부터" 나를 늘 악으로 이끌어 왔던 이 본성을 이기기 위해서는, 주의 은혜가 필요하고, 그것도 큰 은혜가 필요합니다. 왜냐하면, 인간의 본성은 첫 사람 아담으로 말미암아 타락하고 죄로 인해 부패해졌고, 그러한 죄로 얼룩진 본성이 모든 인간에게 대물림된 까닭에, 주께서 선하고 바르게 지으신 "본성"은 이제 죄로 인하여 썩어 문드러진 병들고 악한 본성이 되어서, 그대로 내버려 두면, 사람들을 늘 악으로 이끌고 비열한 일들을 행하도록 이끌기 때문입니다.

    사람들 속에 아직 남아 있는 작은 힘은 잿더미에 감춰져 있는 희미한 불씨와 같은데, 이것이 바로 짙은 어둠에 의해서 둘러싸여 있는 자연적인 이성입니다. 자연적인 이성은 선악을 판단하고, 참과 거짓을 구별해 낼 수는 있지만, 자신이 옳다고 인정하는 모든 것을 행할 힘도 없고, 진리의 완전한 빛을 소유할 수도 없으며, 진리로 인한 건강한 성정을 지닐 수도 없습니다.

3. 나의 하나님이여, 그런 까닭에, 나는 주의 계명이 선하고 의로우며 거룩하다는

것을 알고서, 속사람으로는 주의 법을 즐거워하고, 온갖 죄악을 피하는 것이 마땅하다고 말하면서도, 육신으로는 이성이 아니라 정욕을 따라 죄의 법을 섬기고 있고, 내 안에 선을 행하고자 하는 의지가 있는데도, 정작 선을 행하는 것은 내게 없습니다.

그런 까닭에, 나는 자주 선한 일을 하려고 수도 없이 계획하지만, 나의 연약함을 도와 줄 은혜가 내게 없기 때문에, 약간의 가벼운 저항에 부딪히기만 하여도, 나는 뒤로 물러나서 주저앉아 버리고 맙니다.

그런 까닭에, 나는 완전함에 이르는 길을 알고 있고, 완전함에 도달하기 위해서는 어떤 것들을 행하여야 하는지도 내 눈에 아주 분명하게 보이지만, 내 자신의 부패한 본성의 무게에 짓눌려서, 좀 더 완전한 것들을 향해 나아가기 위하여 일어서지를 못합니다.

4. 주여, 내가 선한 일을 시작하는 데에도, 그리고 그 선한 일을 계속해서 수행해나가는 데에도, 그리고 마침내 그 선한 일을 완성하는 데에도, 내게는 주의 은혜가 절대적으로 필요합니다. 주의 은혜가 없이는 아무것도 할 수 없지만, 주의 은혜로 말미암아 능력을 얻게 되면, 주 안에서 모든 것을 할 수 있습니다.

하늘로부터 임하는 참된 은혜여, 그 은혜가 없이는, 우리 자신의 공로들은 아무것도 아니고, 우리의 본성이 지니고 있는 그 어떤 능력도 아무것도 아닙니다. 주여, 뛰어난 솜씨나 부, 아름다움이나 용맹함, 타고난 재능이나 탁월한 언변도, 주의 은혜가 없이는 무용지물일 뿐입니다.

본성을 따라 타고난 것들은 선한 자들에게나 악한 자들에게 똑같이 주어지지만, 은혜나 사랑은 오직 택함 받은 자들에게만 주어지는 은사이고, 그러한 은사가 주어진 자는 누구든지 영생을 얻기에 합당한 사람입니다. 사람이 예언의 은사나 이적을 행하는 은사나 그 어떤 깊은 비밀도 다 꿰뚫어 보는 은사를 지니고 있다고 할지라도, 이 은혜 없이는, 그러한 은사들은 아무것도 아닌 것이 되어 버릴 정도로, 이 은혜는 아주 중요하고 대단한 것입니다.

믿음이나 소망이나 그 어떤 다른 미덕도, 사랑과 은혜 없이는, 주께 열납될 수 없습니다.

5. 오, 지극히 복된 은혜여, 은혜는 심령이 가난한 자를 미덕에 있어서 부요한 자로 만들고, 세상의 온갖 좋은 것들을 향유하며 살아가는 부자를 마음이 겸손한 자로 만듭니다.

　은혜여, 날이 밝자마자 속히 내게 오셔서, 주의 위로로 나를 충만하게 하심으로써, 내 영혼이 지치고 메말라서 쓰러지지 않게 하소서. 주여, 나로 하여금 주 앞에서 은혜를 얻게 하시기를 간구합니다.

　나의 본성이 원하는 것들은 하나도 얻지 못한다고 할지라도, 내게는 주의 은혜만 있으면 충분합니다. 내가 많은 환난을 겪으며 시험을 받고 괴로움을 당한다고 할지라도, 주의 은혜가 나와 함께 하는 한, 나는 그 어떤 해악도 두려워하지 않을 것입니다.

　오직 이 은혜만이 나의 힘이고, 오직 이 은혜만이 나의 조언자이고 조력자입니다. 이 은혜는 나의 모든 원수들보다 더 힘 있고, 모든 지혜자들보다 더 지혜롭습니다.

6. 이 은혜는 내게 진리를 가르쳐 주는 스승이고, 나를 훈육시키는 선생이며, 내 마음의 빛이고, 마음이 눌릴 때에 나의 위로가 되어 주며, 내게서 슬픔을 몰아내어 주고, 나를 두려움에서 건져 주며, 나의 신앙과 경건을 잘 자라게 해 주고, 나로 하여금 하염없이 눈물을 흘리게 합니다. 내게 은혜가 없다면, 나는 아무 짝에도 쓸모가 없어서 밖에 내버려야 마땅한 마른 나무일 뿐이고 앙상한 가지일 뿐입니다.

　그러므로 주여, 주의 은혜가 나의 앞뒤를 늘 호위하게 하셔서, 나로 하여금 하나님의 아들 예수 그리스도로 말미암아 늘 온갖 선한 일들에 착념하게 하소서. 아멘.

제56장

그리스도를 본받아,
우리 자신을 부인하고 십자가를 짊어짐

1. **<그리스도>**

아들아, 네 자신에게서 벗어날수록, 너는 더 깊이 내 속으로 들어올 수 있게 될 것이다. 외적인 것들에 대한 욕심을 버릴수록, 더 깊은 내적인 평화를 얻을 수 있는 것과 마찬가지로, 너의 내면에서 네 자신을 버릴수록, 너는 하나님과 더 깊이 하나가 될 수 있다. 나는 네가 네 자신을 온전히 부인하고서, 그 어떤 이의 제의나 불평 없이 나의 뜻을 전적으로 따르는 것을 배우기를 원한다.

　나를 따르라. 나는 "길"이요 "진리"요 "생명"이다(요 14:6). 길이 없으면, 갈 수 없고, 진리가 없으면, 알 수 없으며, 생명이 없으면, 살 수 없다. 나는 네가 따라야 할 길이고, 네가 믿어야 할 진리이며, 네가 소망하여야 할 생명이다. 나는 그 누구도 함부로 침범할 수 없는 지극히 거룩한 길이고, 오류가 있을 수 없는 진리이며, 다함이 없는 영원무궁한 생명이다.

　나는 지극히 바른 길이고, 지극히 높은 진리이며, 참된 생명이고, 복된 생명이며, 피조되지 않은 생명이다. 나의 "길" 안에 거하면, "진리"를 알게 될 것이다. 진리는 너를 자유롭게 할 것이고(요 8:32), 너는 영원한 "생명"을 얻게 될 것이다.

2. 생명에 들어가고자 한다면, 계명들을 지켜라(마 19:17). 진리를 알고자 한다면, 나를 믿으라. 온전해지고자 한다면, 모든 것을 팔아라. 나의 제자가 되고자 한다면, 네 자신을 부인하라. 복된 생명을 얻고자 한다면, 현세에서 주어진 목숨을 멸시하라. 천국에서 높임을 받고자 한다면, 이 세상에서 네 자신을 낮추라. 나와 함께 다스리고자 한다면, 나와 함께 십자가를 지라. 오직 십자가를 지고 나를 따라오는 자들만이 복된 생명과 참된 빛을 얻을 수 있다.

3. <제자>

    주 예수 그리스도시여, 주께서는 세상으로부터 멸시받는 좁고 험한 삶을 사셨사오니, 나도 주를 본받아 세상으로부터 멸시받는 삶을 살게 하소서. 종이 주인만 못하고, 제자가 스승만 못한 법이오니(마 10:24), 이 종을 훈련시키셔서, 주의 삶을 본받을 수 있게 하소서. 거기에 나의 구원이 있고, 참된 거룩함이 있기 때문입니다.

    내가 주의 삶을 본받는 것이 없다면, 어떤 것을 읽고 어떤 것을 듣더라도, 나는 그런 것들로는 온전한 힘과 기쁨을 얻을 수 없습니다.

4. <그리스도>

    아들아, 네가 이 모든 것들을 알았고 읽었기 때문에, 이제 그것들을 행하기만 한다면, 네게 복이 있을 것이다. 나의 계명을 간직하고 지키는 자, 바로 그가 나를 사랑하는 자이다(요 14:21). 그러므로 나도 그를 사랑하여, 그에게 나를 나타낼 것이고, 내 아버지의 나라에서 나와 함께 앉게 할 것이다.

5. <제자>

    주여, 나로 하여금 주께서 말씀하시고 약속하신 것을 받기에 합당한 자가 되게 해 주셔서, 그런 것들이 내게 이루어지게 하소서. 나는 십자가를 받았고, 주님의 손에서 그 십자가를 받았습니다. 나는 주께서 내게 짊어지게 하신 그대로 그 십자가를 죽기까지 지고 갈 것입니다. 사실은 수도원에서 제대로 살아가는 것 자체가 십자가이고, 그 십자가를 지고 가다 보면, 어느새 낙원에 이르러 있을 것입니다. 이 일을 이미 시작하였기 때문에, 되돌아가서도 안 되고, 중도에 포기하고 그만두어서도 안 됩니다.

6. 형제들이여, 함께 전진해 나아갑시다. 예수님이 우리와 함께 하실 것입니다. 우리는 예수님을 위하여 이 십자가를 짊어졌습니다. 그러므로 예수님을 위하여 이 십자가를 끝까지 짊어지고 갑시다. 우리의 인도자이시고 우리보다 앞서 가신 예수님이 우리를 돕는 자가 되어 주실 것입니다. 우리의 왕이 우리보다 앞

서 가시면서, 우리를 위해 싸워 주실 것입니다. 우리는 아무것도 두려워하지 말고, 용기를 내어 예수님을 따라가면 됩니다. 용감하게 싸우다가 죽을 각오를 합시다. 십자가로부터 도망쳐서, 우리의 영광을 욕되게 해서는 안 됩니다.

제57장

실족하여 잘못을 저질렀다고 해서 지나치게 낙심하지 않음

1. **<그리스도>**

   나는 네가 형통하여 많은 위로를 받고 열심을 내는 모습보다도, 역경 속에서 인내하고 낮아져 있는 모습을 더 기뻐한다.

   왜 너는 누가 네게 조금만 안 좋은 말을 해도 슬퍼하는 것이냐? 사실은 네가 훨씬 더 심한 말을 들었다고 할지라도, 너는 조금도 요동하지 않았어야 했다. 그러므로 지금부터는 그런 말을 들으면, 그냥 흘러 넘겨라. 그런 말을 듣는 것이 처음도 아니고 새삼스러운 일도 아니며, 네가 이 땅에서 살아갈 날들이 아직도 많이 남아 있기 때문에, 그런 말을 듣는 것이 마지막도 아닐 것이다.

   역경을 만나지 않은 동안에는, 너는 아주 용감하고, 다른 사람들에게 좋은 조언을 해 주기도 하며, 격려의 말로 다른 사람들의 힘을 북돋워 줄 줄도 안다. 하지만 예기치 않은 환난을 만나면, 갑자기 기운이 쭉 빠져서 힘을 잃고 어찌할 바를 알지 못한다.

   이렇게 너는 아주 작은 일들에서 너무나 자주 네가 얼마나 연약한 존재인지를 경험한다. 그러므로 너는 네가 얼마나 연약한 존재인지를 똑똑히 알아야 한다. 하지만 이런 일들이 일어날 때, 그것은 너의 유익을 위해서 일어나는 것이다.

2. 너는 그런 일들을 마음에 담아 두지 말고, 그런 일들로 인해서 네게 괴로움이 생겨난 경우에도, 그 때문에 낙심하거나 거기에 오랫동안 잡혀 있지 말라. 그런 일들을 기쁨으로 감내하는 것이 가장 좋지만, 그렇게 되지 않을 때에는 적어도 참고 견뎌내라.

   너에 대하여 사람들이 안 좋은 말을 하는 것을 정말 듣고 싶지 않고, 그런 말을 들었을 때에는 화가 나겠지만, 네 자신을 절제하여, 믿음이 약한 사람들을 실족시킬 수 있는 절제되지 않은 막말이 네 입에서 나오지 않게 하라. 그러면, 흥분하여 요동하던 마음은 금세 잔잔해질 것이고, 네 안의 괴로움도 다시 돌아온 은혜로 말미암아 사라지게 될 것이다.

하나님께서는 "나는 여전히 살아 있어서, 너를 도울 준비가 되어 있고, 네가 나를 의뢰하고 간절히 부르면, 기꺼이 네게 더 큰 위로를 줄 준비가 되어 있다"고 말씀하신다.

3. 차분한 마음을 가지고서, 지금보다 더 큰 환난들을 감당할 준비를 하여라. 네가 툭 하면 환난을 당하고 심한 시험을 겪는다고 할지라도, 그것은 네가 좌절하거나 절망할 일이 결코 아니다.

너는 사람이고 하나님이 아니다. 너는 육신을 지닌 존재이고 천사가 아니다. 하늘에 있던 천사도 타락하였고, 첫 사람 아담도 낙원에서 타락하였는데, 네가 어떻게 늘 좋은 상태에서 미덕들만을 행할 수 있겠느냐?

나는 애통해하는 자를 건져내어 안전하고 좋은 곳에 이르게 하는 자이고, 자신의 연약함을 아는 자들을 불러서 신의 성품에 참여하게 하는 자이다.

4. <제자>
주여, 주께서 하신 말씀이 내 입에 꿀이나 송이 꿀보다 더 달아서(시 119:103), 내가 주를 송축합니다. 주께서 그 거룩하신 말씀으로 내게 힘과 위로를 주시지 않는다면, 내가 이처럼 큰 환난과 곤경 속에서 무엇을 할 수 있겠습니까? 구원의 항구에 도달할 수만 있다면, 내가 어떠한 환난들을 당하고, 아무리 많은 환난들을 당한다고 할지라도, 나는 그런 것들을 개의치 않겠습니다.

내 인생의 결말이 좋게 하셔서, 행복한 마음으로 이 세상을 떠날 수 있게 해주소서. 나의 하나님이여, 나를 기억하시고 바른 길로 인도하셔서, 주의 나라에 들어가게 하소서. 아멘.

제58장

하나님의 은밀한 판단들이나 비밀에 속한 일들을 파헤치려고 하지 않음

1. **<그리스도>**

    아들아, 하나님의 은밀한 판단들이나 비밀에 속한 일들에 대해서 논쟁하는 것을 피하라.

    왜 이 사람은 이렇게 버림을 받았고, 왜 저 사람은 그토록 큰 은혜를 받은 것인가? 왜 이 사람은 이토록 뼈 빠지게 고생만 하고, 왜 저 사람은 저토록 늘 부귀영화만을 누리는 것인가? 이런 일들은 모두 인간의 능력을 벗어나는 것이기 때문에, 인간의 이성으로 아무리 논쟁을 해도, 하나님이 어떠한 판단에서 그렇게 하셨는지를 알아낼 수 없다.

    그러므로 원수 마귀가 이런 일들을 한 번 파헤쳐 보라고 너를 부추기거나, 호기심 많은 사람들이 그런 일들에 대하여 질문하면, 너는 옛적에 선지자가 한 다음과 같은 말들로 대응하라: "여호와여, 주는 의로우시고 주의 판단은 옳으니이다"(시 119:137). "주의 판단은 전적으로 참되고 의로우니이다"(cf. 시 19:9).

    나의 판단들은 사람들의 지각으로는 이해할 수 없는 것이기 때문에, 너는 그것들을 논쟁의 대상이 아니라 경외의 대상으로 삼는 것이 마땅하다.

2. 마찬가지로, 성인(聖人)들의 공로와 관련해서도, 누가 더 거룩한지, 또는 누가 천국에서 더 큰 자인지를 따지거나 논쟁하지 말라. 그러한 질문들은 흔히 쓸데없는 언쟁과 다툼만을 낳고, 서로 자기가 선호하는 성인(聖人)이 더 훌륭하다고 주장하면서, 시기와 미움과 분열이 생겨나고, 교만과 헛된 자랑이 부추겨질 뿐이다. 그런 것들을 알고자 하고 파헤치고자 하는 것은 아무런 유익도 없는 일이고, 단지 성인들을 불편하게 하는 일일 뿐이다. 왜냐하면, 나는 분열이 아니라 화평의 하나님이고, 화평은 자기를 높이는 데 있지 않고, 진정으로 자기를 낮

추는 데 있기 때문이다.

3. 어떤 사람들은 이런저런 특정한 성인에게 더 큰 애정을 느끼고서, 거기에 이끌려 그 특정한 성인을 열렬히 사랑하지만, 그런 것은 인간적인 애정일 뿐이고, 하나님으로부터 온 사랑이 아니다.

모든 성인들을 지은 이는 바로 나다. 내가 그들에게 은혜를 주었고, 그들을 영광으로 이끌었다. 나는 각각의 성인이 받게 될 상을 알고 있고, 나의 "아름다운 복으로" 그들을 영접하였다(시 21:3). 나는 내가 사랑하는 자들을 창세 전부터 알았고, 그들이 나를 택한 것이 아니라, 내가 세상으로부터 그들을 택하였다. 나는 은혜로 그들을 불렀고, 자비와 긍휼로 그들을 내게로 이끌었다. 나는 그들을 인도하여 온갖 시험을 안전하게 통과할 수 있게 해 주었다. 나는 그들에게 차고 넘치는 위로를 베풀어 주었고, 그들의 인내에 관을 씌워서, 끝까지 인내하여 신앙을 지킬 수 있게 해 주었다.

4. 나는 신앙에 있어서 첫째인 자와 꼴찌인 자를 알고 있지만, 헤아릴 수 없이 큰 사랑으로 모든 성도들을 똑같이 품에 안는다. 나는 나의 모든 성도들 안에서 찬송을 받아 마땅하고, 만물 위에 송축을 받아 마땅하다. 내가 아무런 공로가 없는 자들을 미리 예정하여, 그토록 큰 영광과 존귀를 얻게 해 준 자들이 바로 성도들이기 때문에, 나는 모든 성도 안에서 높임을 받아 마땅하다.

그러므로 나의 성도들 중에서 가장 작은 자를 멸시하는 사람은 지극히 큰 자인 나조차도 공경하지 않는 것이다. 왜냐하면, 나는 작은 자와 큰 자를 둘 다 지은 이이기 때문이다. 그리고 성도들 중의 어느 한 사람이라도 비난하는 자는 나를 비난하는 것이고, 천국에 있는 나머지 모든 성도들을 비난하는 것이다.

모든 성도들은 사랑의 띠로 하나가 되어서, 동일한 것을 생각하고, 동일한 것을 원하며, 서로를 사랑한다.

5. 하지만 그런 것보다 훨씬 더 아름답고 귀한 것은, 그들이 그들 자신이나 자신들의 공로보다 나를 더 사랑한다는 것이다. 그들은 자기 자신을 뛰어넘고 자기

애에서 벗어나서, 전적으로 나를 열렬히 사랑하고 있고, 나를 기뻐하며 내 안에서 안식하고 있다. 그들은 영원한 진리로 충만하여, 꺼지지 않는 사랑의 불로 타오르고 있어서, 그들의 사랑을 억누르거나 다른 데로 돌릴 수 있는 것은 아무것도 없다.

그러므로 모든 육신적이고 동물적인 자들로 하여금 성도들의 상태에 대하여 입을 다물게 하라. 그런 자들은 오직 어떻게 해야 그들 자신의 사사로운 즐거움들을 누릴 수 있는지만을 아는 자들이어서, 영원한 진리이신 하나님이 기뻐하시는 대로 말하는 것이 아니라, 자신들의 기호에 따라 제멋대로 빼기도 하고 더하기도 해서 말하는 자들이기 때문이다.

6. 많은 사람들이 무지한데, 특히 하늘의 빛을 거의 받지 못해서, 온전한 영적인 사랑으로 누군가를 사랑하는 것이 거의 불가능한 사람들이 더욱 그러하다. 그런 사람들은 여전히 대체로 본성적인 애정과 인간적인 우정을 따라서 이 사람 저 사람에게 이끌리고, 땅에 속한 비천한 일들에 대한 자신들의 경험에 비추어서, 하늘에 속한 일들을 상상한다.

하지만 온전하지 못한 자들이 머리로 상상하는 것과 하늘의 빛을 받은 사람들이 위로부터 임한 계시를 통해 보게 된 것 간에는, 아예 비교조차 할 수 없을 정도로 큰 차이가 존재한다.

7. 그러므로 아들아, 너는 호기심에 이끌려서 너로서는 도저히 알 수 없는 것들을 파헤치려고 하지 말고, 도리어 하나님의 나라에서 말석이라도 얻기 위하여, 그 것을 너의 일로 삼고서, 거기에 온 힘을 다하여라.

설령 어떤 사람이 성도들 중에서 누가 더 거룩한지, 또는 누가 천국에서 가장 큰 자로 여김을 받고 있는지를 안다고 할지라도, 그가 내 앞에서 낮아져서, 내 이름을 더 큰 소리로 찬송하지 않는다면, 그가 지닌 그러한 지식이 그에게 무슨 유익이 있겠느냐?

성도들 중에서 누가 더 큰 자이고 누가 더 작은 자인지를 놓고 열변을 토하는 사람보다는, 자신의 죄악들은 이루 말할 수 없이 큰 반면에, 자신의 미덕들은 지극히 보잘것없어서, 자기는 완전함에 이른 성도들과는 너무나 거리가 멀다는 것을 아는 사람이, 하나님을 훨씬 더 기쁘시게 하는 사람이다.

8. 사람들이 스스로 자족하고서, 그런 쓸데없고 무익한 말들을 자제하는 법을 배운다면, 성도들은 더할 나위 없이 만족해할 것이다. 왜냐하면, 성도들은 내가 무한한 사랑으로 그들에게 모든 것을 주었다는 것을 아는 까닭에, 그 어떤 선한 것도 그들 자신에게 돌리지 않고, 모든 것을 나에게 돌리고, 그들 자신의 공로를 자랑하지 않기 때문이다.

　또한, 그들은 하나님에 대한 지극히 큰 사랑으로 충만하고, 차고 넘치는 기쁨으로 충만하기 때문에, 그들에게는 영광도 부족하지 않고, 행복도 부족할 수 없다. 모든 성도들은 자신들이 받는 영광이 더 커질수록, 그들 자신을 낮추고 더 겸손해져서, 내게 더욱더 가깝고 사랑스러워진다. 그래서 성경에서는 이렇게 기록하고 있다: "이십사 장로들이 보좌에 앉으신 이 앞에 엎드려 세세토록 살아 계시는 이에게 경배하였다"(계 4:10).

9. 많은 사람들은 자신이 하나님의 나라에 들어가서 가장 작은 자라도 될 수 있을지조차 모르면서, 거기에서 누가 가장 큰 자인지에 대하여 왈가왈부한다. 천국에 있는 모든 사람은 하나님의 자녀이고, 또한 그렇게 불릴 것인 까닭에, 너나 할 것 없이 다 큰 자들이기 때문에, 거기에서 가장 작은 자라도 된다는 것은 대단한 일이다. 거기에서는 "가장 작은 자가 천 사람의 몫을 해낼 것이고, 겨우 백 살밖에 못 살고 죽은 사람은 죄인 취급을 받을 것이다."

　제자들은 천국에서는 누가 가장 큰 자인지를 물었을 때, 다음과 같은 대답을 들었다: "너희가 돌이켜 어린 아이들과 같이 되지 아니하면 결단코 천국에 들어가지 못하리라 그러므로 누구든지 이 어린 아이와 같이 자기를 낮추는 사람이 천국에서 큰 자니라"(마 18:3-4).

10. 어린 아이들 같이 그들 자신을 기꺼이 낮추기를 거부하는 자들에게는 화가 있을 것이다. 천국의 문은 낮아서, 그런 자들은 들어갈 수 없게 될 것이기 때문이

다. 이 땅에서 위로를 얻는 부자들에게도 화가 있을 것이다. 가난한 자들이 하나님의 나라로 들어갈 때, 부자들은 바깥에 서서 통곡하게 될 것이기 때문이다. 겸손한 자들아, 기뻐하라. 가난한 자들아, 즐거워하라. 너희가 낮아지고 가난하게 살아간다고 해도, 진리 안에서 행한다면, 하나님의 나라는 너희의 것이기 때문이다.

제59장

오직 하나님께 모든 소망과 신뢰를 두고, 조금도 흔들리지 않음

1. **<제자>**

   주여, 나는 이 세상을 살아가면서 무엇을 믿고 신뢰하여야 하고, 하늘 아래 보이는 모든 것들 중에서 무엇을 나의 가장 큰 위로로 삼아야 하는 것입니까? 그것은 한없는 자비와 긍휼을 지니신 주 나의 하나님이 아니겠습니까? 지금까지 내가 주님 없이 잘된 적이 있었거나, 주께서 함께 하시는데 잘못된 적이 있었습니까? 주님 없이 부자로 살아가는 것보다는, 차라리 주님을 인하여 가난하게 살겠습니다. 주님 없는 천국에 살아야 한다면, 차라리 주님과 함께 이 땅에서 나그네로 살아가겠습니다.

   주님이 계시는 곳이 곧 천국이고, 주님이 계시지 않는 곳이 곧 죽음과 지옥입니다. 내가 사모하는 것은 오로지 주님뿐이기 때문에, 나는 주님을 향해 부르짖고 간절히 기도하며 탄식할 수밖에 없습니다. 곤경에 처하였을 때에 나를 도와주실 것이라고 내가 온전히 신뢰할 수 있는 분은 오직 주 나의 하나님뿐입니다. 주님은 모든 일에서 나의 소망이시고, 내가 신뢰할 수 있는 분이며, 나를 위로하시는 분이고, 가장 신실하신 분이십니다.

2. 모든 사람은 자신의 유익을 추구하지만, 주님은 나의 구원과 유익을 가장 먼저 생각하시고, 모든 것이 합력하여 내게 유익이 되게 만드십니다. 주께서 나를 온갖 시험과 역경에 노출시키신다고 할지라도, 그 모든 것은 나의 유익을 위해 안배하시는 것입니다. 주님은 자기가 사랑하시는 자들을 온갖 다양한 방법으로 연단시키고자 하시기 때문입니다.

   그런 까닭에, 주님은 하늘의 위로들로 나를 충만하게 하실 때와 마찬가지로, 온갖 시험과 역경으로 나를 연단시키실 때에도, 나의 사랑과 찬송을 받으시는 것이 마땅합니다.

3. 그러므로 나는 주 나의 하나님을 나의 모든 소망과 피난처로 삼고서, 나의 모든 괴로움과 염려를 주께 맡깁니다. 왜냐하면, 나는 주님 외에는 내 눈에 보이는 모든 것들이 하나같이 다 연약하고 불안정한 것을 발견하기 때문입니다.

   주께서 친히 도우시고 힘주시며 위로하시고 가르치시며 지켜 주시지 않으시면, 친구들이 많아도 아무 소용이 없고, 힘 있는 조력자들도 도움이 되지 않으며, 지혜로운 자들의 조언도 유익이 되지 않고, 박사들이 쓴 책들도 힘이 되지 않으며, 천하의 귀중한 보물로도 자유를 얻을 수 없고, 아무리 은밀하고 아름다운 곳이라도 안식처가 되지 못합니다.

4. 평화와 행복을 가져다줄 것처럼 보이는 모든 것들도, 주님이 계시지 않을 때에는 아무것도 아니고, 실제로 그 어떤 행복도 가져다주지 못합니다. 이렇게 주님은 모든 선한 것의 종착지이시고, 가장 높은 생명이시며, 모든 것들을 담을 수 있는 가장 깊은 존재이십니다.

   그러므로 다른 모든 것 위에 주님께 소망을 두고 있다는 것은, 주의 종들에게 가장 강력한 위로가 됩니다. 그래서 나는 눈을 들어 주님을 바라보고, 긍휼에 풍성하신 아버지이신 나의 하나님을 신뢰합니다.

5. 하늘의 복으로 내 영혼을 복주시고 거룩하게 하셔서, 주의 거룩한 거처가 되게 하시고, 주의 영원하신 영광이 머무는 거처가 되게 하시며, 주님이 거하시는 거룩한 성전에 주의 엄위하신 눈에 거슬리는 것이 조금도 없게 하소서.

   주의 많은 자비하심과 크신 인자하심으로 나를 돌아보셔서, 주님을 멀리 떠나 이 사망의 그늘의 땅에서 나그네로 살아가고 있는 이 가련한 종의 기도를 들어주소서.

   부패한 세상의 무수한 위험들 가운데 놓여 있는 주의 종의 영혼을 보호하시고 지켜 주시며, 주의 은혜로 함께 하셔서, 평화의 길을 따라 영원한 빛이신 아버지께로 인도하소서. 아멘.

"수고하고 무거운 짐 진 자들아 다 내게로 오라 내가 너희를 쉬게 하리라"(마 11:28).

"내가 줄 떡은 곧 세상의 생명을 위한 내 살이니라"(요 6:51).

"받아서 먹으라"(마 26:26).

"이것은 너희를 위하는 내 몸이니 이것을 행하여 나를 기념하라"(고전 11:24).

"내 살을 먹고 내 피를 마시는 자는 내 안에 거하고 나도 그 안에 거하나니"(요 6:56).

"내가 너희에게 이른 말은 영이요 생명이라"(요 6:63).

4권

성찬에 관한 경건한 권면

De Imitatione Christi

제1장

얼마나 큰 경외심을 지니고서
그리스도를 받아야 하는가

1. <제자>

영원한 진리 되시는 그리스도여, 이것들은 한자리에서 동일한 시간에 말씀하신 것도 아니고, 성경의 동일한 대목에 함께 기록된 것도 아니지만, 틀림없이 주께서 하신 말씀들입니다. 이것들은 주의 진리의 말씀들이기 때문에, 나는 감사함과 믿음으로 받는 것이 마땅합니다. 이것들은 주의 말씀들이고, 주께서 말씀하신 것들입니다. 그리고 이것들은 주께서 나의 구원을 위하여 말씀하신 것이기 때문에, 내게 주신 말씀들이기도 합니다. 그러므로 나는 주님의 입술로부터 나온 이 말씀들을 기쁜 마음으로 받아서, 내 마음속에 더욱더 깊이 새겨 두고 싶습니다.

이것들은 향기로움과 사랑으로 가득한 너무나 자애로우신 말씀들이어서, 나를 깨우고 일으켜 세웁니다. 하지만 나의 허물들이 나를 두렵게 만들고, 나의 더러운 양심이 나로 하여금 이 거룩한 성찬으로 나아가는 것을 주저하게 만듭니다. 주님의 말씀들에서 풍겨 나오는 향기가 내게 나아오라고 손짓하지만, 나의 많은 악들이 무거운 짐이 되어 나를 짓누릅니다.

2. 주께서는 내가 주와 함께 하고 싶다면 믿고 나아오라고 명하시고, 내가 영원한 생명과 영광을 얻고자 한다면 영원히 죽지 않게 해 줄 양식을 받으라고 명하십니다. "수고하고 무거운 짐 진 자들아 다 내게로 오라 내가 너희를 쉬게 하리라"(마11:28)고 주님은 말씀하십니다.

주 나의 하나님께서 이 부족하고 가련한 자를 초대하셔서, 주의 지극히 거룩하신 몸에 참여하라고 하시니, 그 말씀이 이 죄인의 귀에 너무나 달콤하고 향기롭습니다. 주님, 내가 누구이기에, 감히 주님께 나아가고자 하는 엄두를

널 수 있겠습니까? 보십시오. 하늘들 중에서 가장 높은 하늘이라도 주님을 담을 수 없는데, 주께서는 "다 내게로 오라"고 말씀하십니다.

3. 주께서 이렇게 자신을 낮추시고 우리를 극진히 대해 주시며, 이렇게 지극한 사랑으로 초대해 주시는 것은, 도대체 무엇을 의미하는 것입니까? 내게는 선한 것이 조금도 없다는 것을 내가 너무나 잘 알고 있는데, 어떻게 그것을 짐짓 모른 체하고서, 감히 주께 나아갈 수 있겠습니까? 주님의 지극히 인자하신 얼굴을 밥 먹듯이 욕되게 해 온 내가 어떻게 주님께 나의 집에 들어오시라고 할 수 있겠습니까?

   천사들과 천사장들도 주님을 경외하고, 거룩한 자들과 의인들도 주님을 두려워하는데, 주님은 "다 내게로 오라"고 말씀하십니다. 주께서 친히 그렇게 말씀하지 않으셨다면, 누가 그 말씀이 진짜라고 믿겠습니까? 주께서 친히 명하시지 않으셨다면, 누가 주님께 나아갈 엄두를 낼 수 있겠습니까?

4. 보십시오. 노아는 의인이었을지라도, 몇 안 되는 사람들과 함께 구원을 받기 위해서, 백 년 동안이나 수고하고 땀 흘려서 방주를 지어야 했습니다. 그런데 어떻게 내가 단지 한 시간 동안 준비해서, 세상을 지으신 창조주를 경외하는 마음으로 영접할 수 있겠습니까?

   또한, 모세는 주님의 큰 종이자 특별한 벗이었지만, 십계명 율법이 기록된 두 개의 돌판을 보존하기 위해서, 썩지 않는 나무로 법궤를 만들어 순금을 입혀야 했습니다. 그런데 타락하여 부패한 피조물에 지나지 않는 내가 어떻게 감히 율법의 창시자이자 생명의 수여자이신 주님을 이렇게 쉽게 받을 수 있겠습니까?

   또한, 솔로몬은 이스라엘의 왕들 중에서 가장 지혜로운 왕이었지만, 주의 이름을 찬송하기 위한 장엄한 성전을 건축하는 데 칠 년이라는 오랜 세월 동안 공을 들여야 하였을 뿐만 아니라, 성전을 건축하고 나서도 팔 일에 걸쳐서 낙성식을 거행하고 일천 번제를 드린 후에야, 비로소 울려 퍼지는 나팔 소리와 큰 기쁨으로 언약궤를 성전의 정해진 자리에 엄숙하게 모실 수 있었습니다.

   그런데 사람들 중에서도 가장 비참하고 형편없는 내가 어떻게 주님을 나의 집에 모실 수 있겠습니까? 나는 단 삼십 분 동안도 경건하게 보내지 못하는 그런 자이기 때문에, 단 한 번만이라도 삼십 분이라는 시간을 제대로 경건하게 보낼 수 있다면 여한이 없겠습니다.

5. 오, 나의 하나님이여, 노아와 모세와 솔로몬 같은 사람들은 주님을 기쁘시게 해드리기 위하여 얼마나 마음을 쓰고 애를 썼습니까! 그런데 슬프게도, 내가 주님을 기쁘시게 해드리기 위하여 하는 일들은 너무나 하찮고 보잘것이 없습니다.

   또한, 내가 성찬을 받기 위해서 준비하는 시간도 너무나 짧아서, 모든 잡념에서 완전히 벗어나 온전히 집중할 수 있게 되는 경우는 극히 드뭅니다. 내가 곧 영접하게 될 분은 천사가 아니라 천사들의 주이시기 때문에, 나의 구원의 주의 임재 앞에서 합당치 않은 생각이 내 마음속에 생겨나거나, 내 마음이 그 어떤 피조물에 의해서 장악당해서는 안 된다는 것은 너무나 분명한 데도 말입니다.

6. 성물들이 들어 있는 언약궤와 이루 말할 수 없이 큰 능력을 지닌 주님의 지극히 순결하신 몸 사이에는 엄청난 차이가 있고, 장차 도래할 것들에 대한 예표였던 율법의 제사와 옛적의 모든 제사를 완성하시기 위하여 주님이 자신의 몸으로 드리신 참된 제사 사이에는 엄청난 차이가 있습니다.

   그런데도 도대체 왜 내게는 주의 그러한 경이로운 임재를 어서 만나고자 하는 뜨거운 열망이 없는 것입니까? 옛적의 저 거룩한 족장들과 선지자들, 그리고 또한 이스라엘의 왕들과 고관들은 온 백성과 함께 하나님을 예배하는 일에 아주 뜨거운 열심과 헌신을 보여 주었는데, 도대체 왜 나는 주의 거룩한 성찬을 받기 위하여 더 큰 열심과 간절함으로 나의 마음을 준비하지 않는 것입니까?

7. 지극히 깊은 신앙과 경건을 지니고 있었던 다윗 왕은, 하나님께서 지난날들에 자신의 조상들에게 베풀어 주셨던 은택들을 기억하면서, 하나님의 법궤 앞에서 온 힘을 다해 춤을 추었습니다. 그는 여러 가지 악기들을 만들었고, 시편들

을 지었으며, 사람들로 하여금 그 시편들을 가지고 기쁨으로 찬송하게 하였고, 성령의 은혜에 감동되어서 자주 친히 수금을 연주하기도 하였으며, 이스라엘 백성을 가르쳐서, 그들로 하여금 온 마음을 다하여 하나님을 찬송하고, 한 목소리로 날마다 하나님을 송축하고 하나님께 영광을 돌리게 하였습니다.

이렇게 그 옛날에 증거궤 앞에서 다윗 왕을 비롯한 온 백성이 그토록 큰 신앙과 경건을 드러내고 하나님을 열렬히 찬송하였다고 한다면, 오늘날 나와 모든 그리스도인들은, 얼마나 큰 경외심과 신앙심과 경건함으로, 성찬을 거행하고, 지극히 고귀하신 그리스도의 몸을 받아야 하겠습니까?

8. 많은 사람들은 성인들이 남긴 유물들을 보기 위해서 이곳저곳으로 달려가서, 그들의 행적들에 대하여 듣고서는 경탄하고, 그들을 모신 크고 웅장한 성소 건물을 보고서는 놀라며, 비단과 금으로 싸여 있는 그들의 거룩한 뼈들에 입을 맞춥니다. 그런데, 보십시오. 지금 내 앞의 제단 위에 계시는 분은, 성인들 중의 성인이시고, 인간을 지으신 창조주이시며, 천사들의 주이신 나의 하나님이십니다.

사람들은 흔히 지금까지 보지 못한 새로운 것들을 보고자 하는 호기심으로 인해서 성인들이 남긴 유물들을 보러 가는 것이기 때문에, 마음이나 삶의 변화라는 열매를 얻지 못하고서 돌아오는 경우가 많은데, 그들이 진정으로 통회하는 마음 없이 경박하게 성지들을 돌아다닐 때에 특히 그러합니다.

그러나 이 성찬의 제단에는 인간이 되신 그리스도 예수, 곧 나의 하나님이 온전히 임재해 계시기 때문에, 여기에서는 주의 몸을 믿음으로 합당하게 받는 사람이라면 누구든지 영원한 구원의 열매를 얻습니다. 이 성찬의 제단 앞으로 나아오는 사람들은 아무런 생각 없는 경박한 마음이나 호기심이나 육신의 정욕에 이끌려서가 아니라, 견고한 믿음과 경건한 소망과 진실한 사랑에 이끌려서 나아오기 때문입니다.

9. 오, 세계를 지으신 보이지 않는 창조주이신 하나님, 이 성찬에서 우리를 향하신 주님의 역사는 너무나 경이롭고, 주님이 택함 받은 자들에게 자신을 주셔서

받게 하시는 역사는 너무나 달콤하고 은혜가 넘칩니다.

성찬에서 이루어지는 주님의 역사는 인간의 지성을 뛰어넘습니다. 그 역사는 경건한 자들의 마음을 특별한 방식으로 이끌어서 열렬한 사랑의 불을 붙입니다. 자신의 온 삶을 바쳐서 완전함을 향해 나아가기로 작정한 주님의 참된 신자들조차도, 흔히 이 지극히 거룩한 성찬을 통해서 큰 은혜를 받아서, 믿음과 경건이 깊어지고, 사랑할 수 있는 힘을 얻게 됩니다.

10. 오, 성찬에 숨겨진 놀랍고 경이로운 은혜여! 하지만 이 은혜는 오직 그리스도를 믿는 자들만이 알 뿐이고, 믿지 않는 자들과 죄를 섬기는 자들은 경험할 수 없습니다.

이 성찬을 통해서 영적인 은혜가 수여되고, 잃어버렸던 영적인 능력이 회복되며, 죄로 인해 흉측해졌던 아름다움이 되돌아옵니다. 어떤 때에는 이 은혜가 너무나 커서, 믿음과 경건이 충만해져서, 마음만이 아니라 연약한 육신까지도 더 큰 힘을 얻게 된 것을 느끼게 됩니다.

11. 구원 받게 될 사람들의 모든 소망과 상급이 그리스도 안에 있기 때문에, 더욱 더 뜨거운 열심으로 그리스도를 영접하고자 하는 것이 마땅한데도, 우리가 여전히 그런 일에 무관심하고 냉랭한 것은 정말 참담한 일이고, 통탄하지 않을 수 없는 일입니다.

그리스도는 우리를 거룩하게 하시고 속량하실 수 있으신 분이십니다. 그리스도는 이 세상에서 나그네로 살아가고 있는 자들에게는 위로가 되시고, 천국에 이미 들어가 있는 성도들에게는 영원한 기쁨이 되십니다.

그런데도 천국에는 기쁨이 되고 만유를 붙들어 주는 힘이 되는 "구원의 신비의식"인 성찬을 주목하는 사람이 너무나 적다는 것은 정말 통탄할 일입니다. 사람들이 인간에게 주어진 이루 말할 수 없이 고귀한 선물인 이 성찬을 주목하지 않는 것은, 그들의 마음이 눈멀고 완악해서, 날마다 아무 생각 없이 그런 마음이 시키는 대로 살아가기 때문입니다.

12. 만일 이 지극히 거룩한 성찬이 온 세상에서 오직 한 곳에서 한 명의 사제에 의해서 거행된다면, 사람들은 온 세상에 한 명뿐인 하나님의 사제가 저 거룩한 신비의식을 거행하는 것을 직접 보고자 하는 뜨거운 열망에 사로잡혀서, 만사를 제쳐두고 득달같이 그 곳으로 달려오지 않겠습니까? 하지만 현실에서는 많은 사람들이 사제가 되어서, 많은 곳에서 성찬이 거행되고 있는데, 그것은 사람들을 향하신 하나님의 은혜와 사랑을 더 널리 드러내고, 성찬이 세상의 모든 곳에서 행해지게 하기 위한 것입니다.

영원한 목자가 되시는 선하신 예수님, 주께서 친히 그 입으로 "수고하고 무거운 짐 진 자들아 다 내게로 오라 내가 너희를 쉬게 하리라"고 말씀하시며, 이 땅에 유배되어 나그네로 살아가는 가련한 자들인 우리를 초대하셔서, 이 거룩한 신비에 참여하여, 주의 그 귀한 살과 피를 먹고 새 힘을 얻게 하시는 것을 감사합니다.

제2장

하나님의 크신 사랑과 선하심이
성찬에서 사람들에게 나타남

1. <제자>

주님, 마치 병자가 자신을 치료해 줄 사람에게 나아가고, 주리고 목마른 자가 생명의 샘에 나아가며, 궁핍한 자가 하늘의 왕에게 나아가고, 종이 주인에게 나아가며, 피조물이 창조주에게 나아가고, 고독한 자가 자기를 부드럽게 위로해 줄 자에게 나아가는 것이 마땅하듯이, 주의 선하심과 크신 자비하심을 의지해서 내가 주께 나아가는 것이 마땅합니다.

그런데 주께서 내게 나아오신다니, 이것이 도대체 무슨 일입니까? 내가 누구이기에, 주께서 자기 자신을 내게 주시고자 하시는 것입니까? 어떻게 이 죄인이 감히 주님 앞에 나서겠습니까? 도대체 무슨 영문으로 황송하게도 주께서 이 죄인에게 오시고자 하시는 것입니까? 주께서는 이 종을 아시고, 이 종 안에 선한 것이 전혀 없다는 것을 아시며, 그렇기 때문에 이 종에게 그렇게 하실 필요가 없다는 것도 아십니다.

그러므로 나는 주님이 찾아 주실 만한 가치가 없는 그런 존재임을 고백함과 동시에, 그럼에도 불구하고 나를 찾아 주시는 주님의 선하심과 자애로우심을 인정하고 찬양하며, 주님의 지극히 크신 사랑을 인해 감사를 드립니다.

주께서 내게 이렇게 하시는 것은, 내가 그런 대접을 받을 만한 자격이 있어서가 아니라, 오로지 주님 자신의 뜻을 이루시기 위한 것입니다. 즉, 주께서는 이렇게 하심으로써, 주의 선하심을 내게 더 분명하게 알게 해 주시고, 나를 향하신 주의 사랑을 더 생생하게 보여 주시며, 주의 겸비하심을 더 온전하게 드러내고자 하시는 것입니다.

주님은 자신의 기쁘신 뜻을 따라 이 일이 이렇게 이루어지게 명하셨고, 주님이 자신을 낮추어 이렇게 나를 극진히 대해 주시는 것을 나도 기뻐하기 때문에, 내가 그럴 자격이 없다는 사실은 결코 걸림돌이 될 수 없습니다.

2. 오, 지극히 인자하시고 자애로우신 예수님, 그 누구도 말로 표현할 수 없는 고귀함을 지니신 주의 거룩하신 몸을 우리로 하여금 받게 해 주시니, 우리가 아무리 큰 경외하는 마음을 품고서, 주님께 아무리 지극한 감사를 드리며 영원토록 찬송을 올려 드린다고 할지라도 턱없이 부족할 것입니다.

   주의 거룩하신 몸을 받고자 하는 열망이 내게 너무나 간절하다고 할지라도, 나는 주님이 받으셔야 마땅한 정도의 경외심을 주님께 드릴 수 없는 그런 존재인데, 이 성찬에서 내 주님께 나아갈 때, 주님 앞에서 내 자신을 온전히 낮추고, 나를 향하신 주님의 무한하신 선하심을 묵상하는 것보다, 내게 더 좋고 유익한 묵상이 어디 있겠습니까?

   나의 하나님이여, 나는 주님을 찬송하고 영원히 높입니다. 그리고 내 자신이 얼마나 형편없고 무가치한 존재인지를 깊이 깨닫고서, 내 자신을 멸시하고, 주님 앞에 납작 엎드립니다.

3. 보십시오. 주님은 거룩한 자들 중에서도 가장 거룩하신 분이시고, 나는 죄인들 중에서도 가장 더러운 죄인입니다.

   보십시오. 나는 주님 앞에서 얼굴조차 들 수 없는 자인 데도, 주께서는 친히 몸을 굽히셔서 나를 바라보십니다.

   보십시오. 주님은 내게로 오셔서, 나와 함께 하시기를 원하시고, 주께서 베푸신 잔치에 나를 초대하셔서, 천사들이 먹는 떡인 하늘의 양식을 내게 주시고자 하시는데, 이 떡은 하늘로부터 내려 오셔서 세상에 생명을 주시는 주님 자신입니다.

4. 이 사랑이 어디로부터 나오는지를 보시고, 이 사랑 속에서 주님의 겸비하심이 얼마나 밝게 빛나고 있는지를 보십시오. 이러한 은혜를 생각한다면, 주님께 지극히 큰 감사와 찬송을 드리는 것이 마땅하지 않겠습니까!

   주께서 성찬을 제정하셨을 때, 그 목적은 너무나 선하고 유익한 것이었습니다. 주께서 자기 자신을 우리의 양식으로 주셨을 때, 그것은 너무나 달콤하고 즐거운 잔치였습니다.

오, 주님, 주의 역사는 너무나 놀랍고, 주의 능력은 너무나 크며, 주의 진리는 너무나 완벽합니다. 주님이 말씀하셨을 때, 만물이 창조되었고, 주님이 명하신 것이 그대로 이루어졌기 때문입니다.

5. 참 하나님이시고 참 사람이신 주 나의 하나님께서 작은 떡과 포도주의 모습으로 자기 자신을 우리에게 온전히 주셔서, 그 몸을 받아먹는 모든 사람에게 영원한 양식이 되게 하신 것은, 기이하고 놀라운 일이고, 믿을 가치가 있는 일이며, 사람의 지각을 뛰어넘는 일입니다.

아무것도 부족한 것이 없으신 만유의 주여, 주께서는 이 성찬을 통해서 우리 안에 거하시고자 하셨사오니, 나의 마음과 몸을 흠 없이 지켜 주셔서, 나로 하여금 순전하고 기뻐하는 양심을 가지고서, 주님이 자신의 영광과 자기를 영원히 기념하게 하시기 위하여 성별하시고 제정하신 성찬에 참여하여, 나의 영원한 구원을 위하여 주의 몸을 받을 수 있게 하소서.

6. 내 영혼아, 이 눈물 골짜기에 남겨진 네게 이토록 고귀한 선물과 특별한 위로를 주신 것을 기뻐하고, 하나님께 감사하라. 왜냐하면, 이 신비를 행하여 그리스도의 몸을 받을 때마다, 너는 주님의 구속사역을 재현하는 가운데, 그리스도께서 이루신 모든 공로에 참여하게 되기 때문이고, 또한 그리스도의 사랑은 결코 줄어들지 않으며, 주의 속죄제사의 효력은 결코 고갈되지 않기 때문이다.

그러므로 너는 늘 마음을 새롭게 함으로써 성찬을 준비하고, 구원의 큰 신비를 깊이 묵상하는 것이 마땅하다. 성찬을 거행하거나 참여할 때마다, 그 성찬은 네게 위대하고 새로우며 기쁜 것이 되어야 한다. 즉, 성찬 속에서 너는 바로 이 날에 그리스도께서 동정녀의 모태 속으로 들어오셔서 사람이 되신 모습, 또는 인류의 구원을 위해서 십자가에 매달리셔서 고난을 받으시고 죽으신 모습을 생생하게 볼 수 있어야 한다.

제3장

성찬에 자주 참여하는 것이 유익함

1. <제자>

   주님, 보십시오. 주님이 그 선하심 가운데서 가난한 자들을 위해 준비하신 거룩한 잔치에서, 내가 주님이 주시는 것들로 말미암아 복을 받고 기뻐하며 부요하게 되기 위하여, 주께로 나아갑니다. 보십시오. 내가 원하거나 원하여야 마땅한 모든 것들은 주님 안에 있습니다. 주님은 나의 구원이자 대속이시고, 나의 소망이자 힘이시며, 나의 존귀와 영광이십니다.

   그러므로 예수 그리스도 나의 주님이시여, 이 날에 내가 주님을 향하여 내 영혼을 높이 들었사오니, 이 종의 영혼에 기쁨을 주소서. 지금 나는 경건하고 경외하는 마음으로 주님을 받아 내 집에 모셔서, 삭개오처럼 주님의 축복을 받고서, 아브라함의 자손들 중의 한 사람이 되고 싶습니다. 나의 영혼은 주님의 몸을 열망하고, 나의 마음은 주님과 하나가 되기를 원합니다.

2. 주님 자신을 내게 주소서. 그러면, 그것으로 충분합니다. 주님 외에는 그 어떤 위로도 소용없고, 주님 없이는 내가 존재할 수 없으며, 주님이 찾아주시지 않으시면, 나는 살아갈 힘이 없기 때문입니다. 그러므로 나는 주님께 자주 나아가서 주님을 영접하여, 내 영혼이 치유를 받아 건강해져야 합니다. 그렇게 하지 않으면, 나는 하늘의 양식을 먹지 못해서, 천국으로 가는 도중에 기진하여 쓰러질지도 모릅니다. 그래서 지극히 자비로우신 예수님께서는 전에 사람들에게 복음을 전하시고 많은 병자들을 고치실 때에 이렇게 말씀하셨습니다: "그들이… 길에서 기진할까 하여 굶겨 보내지 못하겠노라"(마 15:32).

   주께서는 믿는 자들을 위로하시기 위하여 성찬 가운데 자기 자신을 남겨 두셨사오니, 옛적에 사천 명을 먹이시던 그 때처럼, 지금 내게도 하늘의 양식을 주어 먹게 하여 주소서. 주님은 영혼에 새 힘을 주시는 양식이시고, 주님을 합당하게 먹는 자는 영원한 영광에 참여하는 자와 상속받는 자가 될 것이기 때문입니다.

나는 너무나 자주 넘어지고 범죄하며, 너무나 빨리 냉랭해지고 무기력해지는 그런 자이기 때문에, 자주 기도하고 죄를 고백하고 주의 거룩하신 몸을 받음으로써, 새로워지고 정결해지며 뜨거워지는 것이 내게는 정말 필요합니다. 만약 내가 너무 오랫동안 그렇게 하지 않는다면, 나는 거룩한 삶으로부터 멀어지게 될 것입니다.

3. 사람이 생각하는 것들은 어릴 때부터 악하기 때문에(창 8:21), 하나님의 도우심을 받아 치유 받지 않는다면, 사람은 점점 더 깊이 악 속으로 빠져들 수밖에 없습니다. 성찬은 우리로 하여금 "악"으로부터 물러나서 "선"에 견고히 설 수 있게 해 줍니다. 그런데도 내가 너무나 무관심하고 냉랭한 마음으로 성찬에 참여함으로써, 하나님이 나를 치유하시기 위하여 주시는 주님의 몸을 제대로 받지도 않고, 하나님의 지극히 크신 도우심을 구하지도 않는다면, 나는 어떻게 되겠습니까?

나는 비록 언제나 성찬에 참여하기에 합당한 자가 되어 있거나, 성찬에 참여할 준비가 제대로 되어 있는 것은 아니지만, 그럼에도 불구하고 성찬이 거행될 때마다 그 자리에 있어서, 주의 거룩한 몸을 받아서, 그 큰 은혜를 받고자 할 것입니다. 왜냐하면, 신실한 영혼은 죽을 육신으로 말미암아 주님으로부터 떨어져 있을 수밖에 없지만, 성찬을 통해서 하나님을 자주 생각하고, 경건한 마음으로 사랑하는 주님을 받을 수 있는 까닭에, 성찬은 그런 영혼에게 큰 위로가 되는 것들 중의 하나이기 때문입니다.

4. 모든 영혼들을 창조하시고 생명을 주시는 주 하나님께서 황송하게도 이처럼 보잘것없고 가련한 영혼에게 오셔서, 자신의 신성과 인성 전체로 굶주린 영혼을 먹이시는 것은, 우리를 향하신 주님의 놀라운 사랑과 겸비하심을 보여 줍니다. 경건한 마음으로 주 하나님을 받아 영접하여서 신령한 기쁨으로 충만하게 되는 그런 심령은 얼마나 행복하겠으며, 그런 영혼은 얼마나 복되겠습니까!

그 영혼이 영접하는 분은 지극히 크신 주님이 아닙니까! 그 영혼이 맞아들이는 손님은 지극히 사랑스러우신 분이 아닙니까! 그 영혼이 환영하는 분은 지극히 즐거운 동반자가 아닙니까! 그 영혼이 환대하는 분은 지극히 신실하신 벗이 아닙니까! 그 영혼이 끌어안는 분은 지극히 아름다우시고 고귀하신 분이 아닙니까! 그 영혼은 사랑할 만하고 사모할 만한 그 어떤 것보다도 더 사랑할 만하고 사모할 만한 분을 영접하고 있는 것입니다.

내가 사랑하는 지극히 아름다우신 주님, 하늘과 땅과 그 안에 있는 모든 아름답고 영광스러운 것들이 주 앞에서 잠잠하게 하소서. 왜냐하면, 그것들이 칭송 받을 만한 어떤 아름답고 영광스러운 면모를 지니고 있다고 할지라도, 그것은 주께서 자신을 낮추시고 자신의 아름다우심과 영광을 다 드러내지 않으신 까닭이고, 측량할 수 없는 무한한 지혜이신 주님의 이름과 비견될 수 있는 아름다움을 지닌 것은 아무것도 없기 때문입니다.

제4장

경건한 마음으로 성찬에 참여하는 자들에게는 많은 선한 은사들이 주어짐

1. **<제자>**

   주 나의 하나님이여, 주의 귀한 복들을 이 종에게 미리 베풀어 주셔서, 경건한 마음으로 저 고귀한 주의 성찬에 나아가기에 합당한 자가 되게 하여 주소서. 내 마음을 깨우시고 들어올리셔서 주님을 바라보게 하시고, 이 극심한 영적 혼수상태에서 벗어나게 하소서. 구원의 은혜로 나를 찾아 오셔서, 이 성찬 속에 숨겨져 있는 샘물 같은 주의 풍성하신 달콤함을 영적으로 맛보게 하소서. 내 눈을 여셔서 이 큰 신비를 보게 하시고, 나의 믿음을 견고하게 하셔서 그 큰 신비를 의심하지 않고 믿게 하소서.

   왜냐하면, 이 모든 것은 사람의 능력이 아니라 주님의 역사로 되는 것이고, 성찬은 사람이 고안해 낸 것이 아니라 주님이 제정하신 거룩한 제도이기 때문입니다. 이 모든 것은 천사들의 지혜조차도 뛰어넘는 것들이어서, 사람은 그 누구도 스스로의 힘으로는 이러한 것들을 이해하거나 깨달을 수 없습니다. 그런데 어떻게 티끌과 재에 지나지 않는 이 하찮고 무가치한 죄인이 이토록 큰 신비를 살펴서 깨달을 수 있겠습니까?

2. 주여, 내가 진실한 마음과 선하고 견고한 믿음으로 주님을 바라보는 가운데, 소망과 경외심을 지니고서, 주께로 나아갑니다. 하나님이자 사람이신 주님이 여기 이 성찬에 임재해 계신다는 것을 나는 진심으로 믿습니다. 주께서는 내가 주님을 받아서, 사랑 안에서 주님과 하나가 되기를 원하십니다. 그러므로 나는 주께서 내게 자비와 긍휼을 베푸시고, 주의 특별한 은혜를 내게 주심으로써, 내 자신이 주님 안에서 온전히 녹아지고 사랑으로 흘러넘쳐서, 다른 위로들은 더이상 내게로 들어올 수 없게 하시기를 간구하고 탄원합니다.

이 지극히 고귀한 성찬은 영혼과 육신을 강건하게 해 주고, 온갖 영적인 쇠약함을 치료해 주는 약입니다. 성찬을 통해서 나의 악들이 치료되고, 나의 정욕에 재갈이 물려지며, 내게 닥친 시험들이 물리쳐지거나 약화되고, 더 큰 은혜가 내게 부어지며, 내 안에서 시작된 덕이 더욱 성장하고, 믿음이 견고해지며, 소망이 강화되고, 사랑이 불붙거나, 그 불길이 더욱더 널리 퍼져나가게 됩니다.

3. 내 영혼을 지켜 주시고, 나의 연약한 것들을 고치셔서 강건하게 해 주시며, 나의 내면에 온갖 위로를 베풀어 주시는 분이신 나의 하나님이여, 주께서는 성찬을 통해서 거기에 경건한 마음으로 참여하는 주의 사랑하시는 자들에게 자주 많은 은혜들을 차고 넘치게 베풀어 주셨고, 지금도 여전히 베풀어 주시고 계십니다. 왜냐하면, 주께서는 온갖 환난 중에 있는 자들에게 많은 위로를 베풀어 주시고, 절망의 깊은 구렁텅이에 빠져 있는 자들을 일으켜 세우셔서, 주께서 지켜 주실 것이라는 소망을 갖게 하시며, 새로운 은혜들을 부어 주셔서, 그들의 내면에 빛을 비쳐 주시고 새 힘을 얻게 하심으로써, 성찬 이전에는 사랑은 없고 오직 염려만이 가득하던 자들이, 이 하늘의 양식을 먹고 마신 후에는, 자신들이 더 나은 상태로 변화 받았다는 것을 깨닫게 만드시기 때문입니다.

주께서 자신의 택함 받은 자들에게 이렇게 행하시는 것은, 그들로 하여금 자신들에게는 선한 것이 전혀 없다는 것과 온갖 선한 것과 은혜가 모두 다 오직 주님으로부터 온다는 것을, 생생하게 경험하게 하시고 진심으로 인정하게 하시기 위한 것입니다. 그들에게는 원래 냉랭함과 완악함과 불경건함밖에 없었지만, 뜨거운 열심과 생기와 경건함을 지닌 사람들로 변화되었는데, 이 모든 것들은 전적으로 주님으로부터 온 것들입니다.

겸손한 마음으로 생명 샘에 나아온 사람들이라면, 적어도 약간의 생명수는 가지고 돌아가는 것이 당연한 일이 아니겠습니까? 뜨겁게 타오르고 있는 불길 앞에 서 있는 사람들이라면, 적어도 약간의 열기를 느끼는 것은 당연한 일이 아니겠습니까?

주님은 늘 차고 넘치는 샘이시고, 결코 꺼지는 법이 없이 늘 활활 뜨겁게 타오르는 불이십니다.

4. 그러므로 그 차고 넘치는 샘에서 조금이라도 또는 마음껏 생명수를 길어서 마시는 것이 내게 허락되지 않는다고 할지라도, 나는 그 하늘의 물줄기가 흐르는 곳에 내 입술을 갖다대고서, 몇 방울이라도 받아 마심으로써, 내 영혼의 목마름을 해결하여 새 힘을 얻어, 내 영혼이 메말라 죽는 일이 없게 할 것입니다.

   나는 아직 그룹 천사들이나 스랍 천사들 같이 온전히 천상의 존재가 되거나 온통 불로 타오르는 존재가 될 수는 없다고 할지라도, 지금보다 더 경건하게 되고, 나의 마음을 준비해서, 생명을 주는 성찬을 겸손하게 받음으로써, 하늘의 거룩한 불길 중에서 작은 불꽃이라도 받을 것입니다.

   지극히 거룩하신 구원자이신 자비로우신 예수님은 "수고하고 무거운 짐 진 자들아 다 내게로 오라 내가 너희를 쉬게 하리라"고 말씀하시며, 모든 사람을 부르셔서 주께로 나아오라고 초대하신 분이시기 때문에, 내게 부족한 모든 것을 그 인자하심과 은혜로 채워 주시는 분이십니다.

5. 실제로 나는 얼굴에 땀을 흘리며 수고하고(창 3:19), 마음의 슬픔과 근심으로 괴로워하며, 죄의 무거운 짐을 지고 있고, 시험들로 인하여 편안할 날이 없으며, 많은 악한 정욕들에 사로잡히거나 눌려 있지만, 나의 구원자이신 주 하나님 외에는 나를 도울 자도 없고, 나를 구원할 자도 없습니다.

   그러므로 내 자신과 나의 모든 것을 주님께 맡기오니, 주께서 나를 지켜 주시고 영생으로 인도하여 주소서. 주께서는 주의 살과 피를 나의 양식과 음료로 공급해 주셨사오니, 나를 받으셔서, 주의 이름에 찬송과 영광이 되게 하소서. 나의 구원자이신 주 하나님, 나로 하여금 성찬에 자주 나아감으로써, 내 신앙의 열심이 더욱 커지게 하여 주소서.

제5장

성찬의 존귀함과 성직자의 의무

1. **<그리스도>**

   만일 네가 천사 같은 순결함과 세례 요한 같은 거룩함을 지니고 있다고 해도, 성찬을 받거나 집례할 자격이 네게 자동적으로 주어지는 것은 아니다. 어떤 사람이 그리스도의 성찬을 거룩하게 구별하고 집례하거나, 천사들의 떡을 양식으로 받는 것은, 그 사람에게 그럴 만한 자격이 있어서가 결코 아니기 때문이다.

   이 신비는 지극히 크고, 천사들에게도 주어지지 않은 권한이 성직자들에게 주어졌다는 점에서, 성직자들의 권위도 아주 크다. 왜냐하면, 교회에서 올바르게 안수를 받고 임명된 성직자들만이 그리스도의 몸을 거룩하게 구별하고 성찬을 집례할 수 있는 권한을 가지기 때문이다.

   성찬에서 성직자는 하나님의 명령을 따라 하나님의 말씀을 사용하도록 세우심을 받은 하나님의 사역자이다. 하지만 성찬을 주관하시는 분도 하나님이시고, 성찬에서 눈에 보이지 않게 역사하시는 분도 하나님이시다. 모든 것은 하나님의 뜻에 복종하고, 모든 것은 하나님의 명령에 순종한다.

2. 너는 이 지극히 존귀한 성찬에서 네 자신의 지각이나 어떤 눈에 보이는 표징보다도 전능하신 하나님을 더 믿어야 하고, 하나님을 경외하는 두렵고 떨리는 마음으로 성찬에 임하여야 한다. 그러므로 네 자신을 살피고(딤전4:16), 성찬에서 네게 맡겨진 일이 무엇인지를 유의하라. 보라, 너는 성직자로 임명되었고, 성찬을 집례하도록 성별되었으니, 이제는 정해진 때에 믿음으로 경건하게 하나님께 제물을 올려 드리고, 책망 받을 일이 없도록 처신하여야 한다.

   성직자가 되었다고 해서, 너의 짐이 가벼워졌다고 생각하면 오산이고, 도리어 너는 더 엄격한 규율로 묶이게 되었고, 더 온전한 거룩함을 추구해야 할 의무를 지게 되었다. 성직자는 자기 자신을 온갖 덕으로 치장하고, 다른 사람들에게 선한 삶의 모범을 제시하여야 할 책무를 부여받았다. 성직자의 행실은 평신도들과 같은 대중적이고 일반적인 수준이어서는 안 되고, 하늘의 천사들이나 이 땅의 온전한 자들이 보여 주는 것과 같은 수준이어야 한다.

3. 거룩한 예복을 입은 성직자는 그리스도를 대신하는 자로 행하고 있는 것이기 때문에, 자기 자신과 온 백성을 위하여 간절하고 겸손한 자세로 하나님께 기도하여야 한다.

　성직자로 하여금 그리스도의 수난을 늘 기억하게 하기 위하여, 성직자의 앞뒤에는 주님의 십자가가 두어지는데, 예복의 앞에 새겨져 있는 십자가는, 성직자는 그리스도의 발자취를 면밀하게 주시하고서 열심으로 따라가고자 하는 마음을 품어야 한다는 것을 일깨워 주기 위한 것이고, 뒤쪽에 있는 십자가는, 성직자는 사람들로부터 겪는 그 어떤 해악도 하나님을 위하여 온유하게 감내하고자 하는 마음을 품어야 한다는 것을 일깨워 주기 위한 것이다.

　또한, 앞에 있는 십자가를 보면서는, 자기 자신의 죄악들을 인하여 애통해하여야 하고, 뒤에 있는 십자가를 보면서는, 다른 사람들이 범하는 죄악들을 인하여 함께 아파하며 애통해하여야 한다.

　성직자는 하나님과 죄인 사이에 서서 중보하는 자로 세우심을 받았다는 것을 명심하고서, 하나님으로부터 은혜와 자비를 얻게 될 때까지는, 기도하는 것과 제물을 드리는 일을 쉬어서는 안 된다.

　성직자는 성찬을 집례함으로써, 하나님을 영화롭게 하고, 천사들을 기쁘게 하며, 교회에 덕을 세우고, 살아 있는 자들을 도우며, 죽은 자들에게 안식을 제공하고, 모든 선한 일에 참여하게 된다.

제6장

성찬에 참여하기 전에 어떤 준비를 하여야 하는가

1. <제자>

   주님, 주의 존귀하심과 내 자신의 미천함을 생각하면, 내 마음은 온통 떨리고, 몹시 당혹스럽습니다. 내가 성찬에 나아가지 않는다면, 그것은 생명으로부터 도망치는 것이고, 성찬을 받기에 합당하지 않은 상태로 나아간다면, 그것은 주님을 노하시게 하는 것이 될 것이기 때문입니다. 내가 곤경에 처하였을 때에 나의 조력자가 되시고 조언자가 되시는 하나님, 이럴 때에 나는 어떻게 해야 합니까?

2. 내게 바른 길을 가르쳐 주시고, 성찬에 합당한 상태로 나아가기 위해서는, 내가 어떤 준비들을 해야 하는지를 짤막하게 말씀해 주십시오. 주님의 성찬을 받아 내 영혼이 강건해지기 위해서, 또는 이 지극히 크고 거룩한 제사를 드리기 위해서, 나의 마음이 주님을 경외하는 경건한 마음이 되게 하려면, 어떤 식으로 준비하여야 하는지를 아는 것은, 내게 유익할 것이기 때문입니다.

제7장

양심을 잘 살피고, 삶을 고쳐 나감

1. <그리스도>

   성찬을 집례하거나 성찬에서 어떤 일을 맡아 행하거나 성찬을 받고자 하는 하나님의 성직자는, 다른 무엇보다도 특히 지극히 겸손한 마음과 경외하고 기도하는 마음, 그리고 온전한 믿음과 하나님께 영광을 돌리고자 하는 경건하고 간절한 마음으로 성찬에 나아오는 것이 마땅하다.

   너의 양심을 면밀하게 살피고, 참되고 겸손한 통회자복을 통해서 최선을 다해 너의 양심을 정결하게 하여서, 네가 아무런 거리낌 없이 성찬에 나아가는 것을 방해하는 무거운 마음이나 거리끼는 양심이 없게 하여야 한다. 너의 삶에 일반적으로 배어 있는 온갖 죄악들에 대하여 슬퍼하고, 특히 네가 일상적으로 짓는 죄악들에 대해서 슬퍼하고 애통해하라.

   그런 후에, 시간이 허락한다면, 너의 육신과 마음의 정욕으로 인하여 네게 일어나고 있는 온갖 비참하고 참담한 일들을 네 마음의 깊고 은밀한 곳에서 하나님께 고백하라.

2. 너는 너의 다음과 같은 모습을 슬퍼하고 애통하여야 한다:

   너는 여전히 너무나 육신적이고 세상적이며,

   정욕이 죽지 않고 펄펄 살아 있고,

   꿈틀거리는 욕망들이 네 속에 가득하다.

   너는 오감을 통해 밖으로부터 악한 것들이 들어오지 못하게 경계하는 일에 너무나 소홀하고,

   온갖 헛된 망상들에 너무나 자주 사로잡히며,

   바깥일들에 이끌려서, 너의 내면이 어떤 상태에 있는지를 살피는 데 부주의하다.

   너는 웃고 떠들며 즐기는 것은 좋아하지만, 애곡하고 통회하는 것은 싫어하고,

육신의 안락함을 좇아 방탕하게 살아가는 데는 빠르지만,

엄격하게 절제하고 선한 열심을 내는 데에는 느리다.

너는 새로운 것들에 대해서 듣거나 아름다운 것들을 보는 데에는 열심이지만,

비천한 자들과 절망에 빠져 있는 자들을 끌어안는 일에는 별 관심을 보이지 않고,

많은 것을 가지려고 하는 데에는 탐욕스럽지만, 베푸는 데에는 인색하고,

자기에게 있는 것들은 악착같이 지키고자 한다.

너는 깊이 생각하지도 않고 분별없이 말하고,

침묵하기를 꺼리며,

품행이 단정하지 못하고,

거칠고 무례하게 행하며,

먹는 것을 절제하지 못하고,

하나님의 말씀에 귀를 막아 버리며,

쉬는 데는 빠르고 일하는 데에는 느리며,

잡담할 때에는 생기가 돌지만, 철야 예배를 드릴 때에는 정신없이 졸고,

예배에 집중하지 않고 딴 생각을 하면서, 예배가 빨리 끝나기만을 바라며,

예배 시간에 화답하는 것은 건성으로 따라하고,

성찬에는 습관적으로 참여해서 별 생각 없이 주의 몸을 받는다.

너는 금방 정신이 산만해지고,

집중하는 경우가 아주 드물며,

사람들에게 쉽게 화를 내고,

툭 하면 다른 사람들의 마음을 상하게 하고,

다른 사람들을 판단하는 것을 좋아하며,

남이 잘못하는 것을 보면 아주 심하게 꾸짖고,

일이 잘될 때에는 아주 기뻐하지만, 일이 안 될 때에는 금세 풀이 죽어 다니며,

선한 결심은 자주 하지만, 실천에 옮기는 경우는 거의 없다.

3. 이러한 것들을 포함해서 네게 있는 그 밖의 다른 허물과 잘못들을 고백하고 애통
해하면서, 너의 연약함을 크게 못마땅해하고 슬퍼하였다면, 이제 너는 늘 너의 삶

을 고쳐 나가고, 더 좋은 쪽으로 진보해 나가겠다고 단단히 결심하여야 한다.

그런 후에, 네 자신을 온전히 포기하고서, 믿음으로 너의 몸과 영혼을 내게 맡김으로써, 너의 모든 의지를 다 드려서, 나의 이름을 영화롭게 할 영원한 번제로 네 자신을 너의 마음의 제단 위에 바쳐라. 그러면, 너는 하나님께 나아가서 제사를 드리고, 성찬에서 나의 몸을 받고 유익을 얻기에 합당한 자가 될 수 있다.

4. 성찬에서 그리스도의 몸이 봉헌될 그 때에, 사람이 자기 자신을 순전하고 온전하게 하나님께 봉헌하는 것보다 더 가치 있고 합당한 봉헌은 없고, 죄를 씻는 데 그것보다 더 큰 능력이 있는 제사는 없다.

사람이 진심으로 회개하기 위하여 자기가 할 수 있는 모든 것을 다 행한 후에, 은혜와 죄 사함을 받기 위해서 내게로 나아올 때마다, 주께서는 이렇게 말씀하신다: "나의 삶을 두고 맹세하노니 나는 악인이 죽는 것을 기뻐하지 아니하고 악인이 그의 길에서 돌이켜 떠나 사는 것을 기뻐하노라. 그 범죄한 것이 하나도 기억함이 되지 아니하리니, 그 모든 죄가 사함을 받게 되리라"(겔 33:11; 18:22).

제8장

그리스도의 십자가 제사와 자기 포기

1. **<그리스도>**

   내가 양 팔을 벌리고 벌거벗긴 채로 십자가 위에 달려서, 너의 죄를 위하여 아버지 하나님께 내 자신을 드리면서, 하나님의 진노를 풀어 드리기 위하여, 내게 있는 모든 것을 하나도 남김없이 제물로 바친 것처럼, 너도 날마다 행해지는 성찬을 통해서, 너의 온 마음과 뜻과 힘을 다해 네 자신을 자원하여 나에게 순전하고 거룩한 제물로 바치는 것이 마땅하다.

   네가 네 자신을 내게 온전히 바치는 것 외에, 내가 너에게 무엇을 더 요구하겠느냐? 네가 네 자신 이외의 다른 어떤 것들을 내게 바친다면, 나는 그런 것들에는 아무런 관심도 없다. 왜냐하면, 내가 네게 원하는 것은, 네가 내게 다른 어떤 것들을 바치는 것이 아니라, 바로 네 자신을 바치는 것이기 때문이다.

2. 네가 나 이외의 모든 것을 가졌다고 하더라도 만족할 수 없는 것과 마찬가지로, 나도 네가 네 자신을 제외하고 네게 있는 다른 모든 것들을 다 내게 바친다면 결코 기뻐할 수 없다. 네 자신을 내게 바치고, 하나님을 위해 네 자신을 온전히 내어 드리라. 그러면, 너의 제사는 열납될 것이다.

   보라, 나는 너를 위하여 내 자신을 아버지 하나님께 온전히 드렸을 뿐만 아니라, 내가 온전히 너의 것이 되고, 네가 온전히 나의 것이 되게 하기 위하여, 나의 온 몸과 피를 너의 양식으로 주었다. 하지만 네가 네 자신을 기꺼이 내게 바쳐서 나의 뜻을 따르지 않고, 여전히 네 자신을 의지한다면, 너의 제사는 온전하지 않을 것이고, 우리의 하나됨도 온전하지 않게 될 것이다. 그러므로 네가 자유와 은혜를 얻고자 한다면, 네 자신을 기꺼이 하나님의 손에 바치는 것이 다른 그 무엇보다도 선행되어야 한다.

   내면에 빛을 받아 자유를 얻는 사람이 너무나 적은 이유는, 대다수의 사람들이 자기 자신을 온전히 부인하는 법을 알지 못하기 때문이다. 나는 "너희 중의 누구든지 자기의 모든 소유를 버리지 아니하면 능히 내 제자가 되지 못하리라"(눅 14:33)고 말하였고, 내가 한 이 말은 영영히 설 것이다.

　그러므로 네가 나의 제자가 되고자 한다면, 너의 온 마음과 뜻을 다해서 네 자신을 내게 드려라.

우리 자신과 우리의 모든 것을 하나님께 드리고, 모든 사람을 위하여 기도함

1. **<제자>**

   주님, 하늘과 땅에 있는 모든 것이 주의 것입니다. 내 자신을 주께 자원제물로 드려서, 영원히 주의 것이 되기를 원합니다. 주님, 오늘 나는 영원히 주의 종이 되어, 겸손히 주를 섬기며, 영원토록 주를 찬송하는 제사를 드리기를 소원하여, 진실한 마음과 자원하는 심령으로 내 자신을 주께 드립니다. 눈에 보이지 않는 천사들이 임재해 있는 가운데, 오늘 주의 귀하신 몸으로 드려지는 이 거룩한 제사와 함께 내 자신을 주께 드리오니, 받아 주셔서, 나의 구원과 주의 모든 백성의 구원을 이루어 주소서.

2. 주님, 내가 처음 죄를 짓게 된 날부터 이 시간에 이르기까지 주 앞에서와 주의 거룩한 천사들 앞에서 저질러 온 나의 온갖 죄악들과 범죄들을 주 앞에 내어 놓고, 주의 속죄의 제단 위에 올려 드리오니, 주의 사랑의 불로 그 모든 것들을 태우시고 사르셔서, 내 모든 죄의 더러움을 씻어 주시고, 내 양심을 정결하게 하셔서 모든 허물에서 자유롭게 하시며, 주께서 내 모든 죄를 온전히 사하시고 평안의 입맞춤으로 내게 입 맞추시고 그 풍성하신 자비하심으로 나를 받으심으로써, 내가 잃어 버렸던 은혜를 내게 회복시켜 주소서.

3. 내 죄들을 겸손히 고백하고 애통해하며 죄 사하심을 끊임없이 간구하는 것 외에, 내 죄들과 관련해서 내가 할 수 있는 것이 무엇이 있겠습니까? 나의 하나님, 내가 주 앞에 섰을 때, 내게 긍휼을 베푸셔서 나의 기도를 들어주시기를 간구합니다. 나의 모든 죄들을 생각할 때마다, 나는 몹시 우울해집니다. 그런 죄들을 결코 다시는 짓고 싶지 않습니다. 나의 죄들로 인해 슬픔을 감출 수 없고, 내

가 살아 있는 동안에는 늘 그럴 것입니다. 나는 내게 있는 모든 힘을 다해서 기꺼이 회개하고자 하고, 회개에 필요한 모든 것들을 행할 것입니다.

하나님, 주의 거룩하신 이름을 인하여 내 죄들을 사해 주시며, 주의 보혈로 속량하신 내 영혼을 구원하소서. 보십시오. 내 자신을 주의 인자하심에 맡기고, 내 자신을 주의 손에 내어 드립니다. 주의 선하심과 인자하심을 따라 나를 대해 주시고, 나의 죄와 악을 따라 나를 대하지 말아 주소서.

4. 또한, 내게 있는 선한 것이 비록 극히 보잘것없고 불완전한 것이라고 할지라도, 내게 있는 모든 선한 것을 주께 드리오니, 그것을 고치시고 거룩하게 하셔서, 주께서 기뻐하시고 받으실 만한 것이 되게 하시고, 더욱더 선한 것으로 이끌어 가셔서, 나태하고 쓸데없던 내가 복되고 행복한 결말을 맞게 하소서.

5. 또한, 경건한 자들의 모든 소원들, 부모와 친구와 형제와 자매를 비롯해서 내게 소중한 모든 사람들과 주를 사랑해서 나와 다른 사람들을 선하게 대해 준 모든 사람들, 그리고 아직 육신을 입고 살아 있는 사람이든지, 아니면 지금은 이 세상을 떠나 있는 사람이든지, 그들 자신과 그들에게 속한 사람들을 위해 기도와 예배를 드려 달라고 내게 부탁하였던 모든 사람들에게 필요한 것들을 주께 올려 드리오니, 그들 모두로 하여금 주의 은혜로 말미암는 도우심, 주의 위로하심으로 말미암는 힘, 온갖 위험들로부터의 보호하심, 장차 임할 형벌로부터의 구원하심을 얻게 하셔서, 모든 해악들로부터 건짐을 받고, 기쁨으로 차고 넘치는 감사를 주께 드리게 하소서.

6. 또한, 특별히 내게 어떤 식으로든 해악을 입혔거나, 내 마음을 아프게 하였거나, 나를 비방하고 욕하였거나, 내게 손해를 끼치거나 괴로움을 주었던 사람들, 그리고 내가 어느 때든지 알게 모르게 나의 언행을 통해서 그 마음을 아프게 하였거나 낙담하게 하였거나 무겁게 만들었거나 실족하게 만들었던 모든 사람들을 위해서 주께 화해의 기도를 드리오니, 우리가 서로에게 행한 죄들과 잘못들을 모두 사해 주소서.

주님, 우리의 마음에서 모든 의심과 노여움, 분노와 다툼을 제거해 주시고, 사랑을 해치고 형제애를 깎아 먹는 모든 것을 제거해 주소서.

주님, 주의 긍휼을 구하는 자들에게는 긍휼을 베풀어 주시고, 은혜를 필요로 하는 자들에게는 은혜를 베풀어 주시며, 우리 모두를 주의 은혜를 누리며 영생으로 나아가기에 합당한 자들로 만들어 주소서. 아멘.

제10장

성찬을 거르는 것을 가볍게 생각하지 말아야 함

1. <그리스도>

    너의 정욕과 악을 치료받고자 하고, 마귀의 온갖 시험과 속임수에 맞서 이길 수 있을 정도로 더 힘 있게 되고 더 깨어 있고자 한다면, 너는 은혜와 자비의 원천, 선과 완전한 순수의 원천으로 자주 돌아가야 한다.

    원수 마귀는 성찬이 주는 엄청난 유익과 치유력을 알기 때문에, 모든 수단과 방법을 동원해서, 믿는 자들과 경건한 자들이 성찬에 참여하지 못하도록 방해하고, 성찬으로부터 멀어지게 하기 위하여 총력을 기울인다.

2. 실제로 어떤 사람들은 성찬에 참여하기 위하여 미리 자기 자신을 준비하는 동안에, 그들을 현혹시키고 유혹하고자 하는 사탄의 악한 시험을 보통 때보다 더 심하게 겪게 된다. 욥기에 기록되어 있는 것처럼, 이 악한 영은 하나님의 아들들 가운데로 와서는, 언제나 그러하듯이 악의에 가득 찬 공격으로 그들을 괴롭히고 두렵게 만들며 혼란에 빠뜨려서, 그들의 열심에 찬 물을 끼얹고, 그들의 믿음을 무너뜨림으로써, 성찬에 아예 참여하지 못하게 만들거나, 마지못해 형식적으로 참여하게 만들고자 한다.

    이런 경우에는, 너를 현혹시키고자 하는 사탄의 온갖 교활한 속임수들이 아무리 야비하고 소름끼치는 것이라고 할지라도, 너는 그러한 속임수들에 네 눈길을 주지 말고 무시해 버림으로써, 그 속임수들이 소기의 목적을 달성하지 못하고, 사탄 자신의 머리로 되돌아가게 하여야 한다. 너는 그 야비한 자 사탄을 멸시하고, 그의 온갖 속임수들에 대하여 코웃음을 치고 무시해 버리는 태도를 견지해야 하고, 그가 너를 격동시키고 동요하게 만들기 위하여 네게 가해 오는 온갖 공격들에 휘둘려서 성찬에 빠지는 일이 있어서는 안 된다.

3. 또한, 어떤 때에는 성찬에 참여하기 위해서는 신앙과 경건이 깊어야 하는데, 자기는 그렇지 못하다는 지나친 염려, 그리고 성찬에 참여하기 전에 자신의 죄를 고백하여야 한다는 부담감이, 성찬에 참여하는 것을 방해하는 요인이 되기도 하기 때문에, 지혜자가 권면한 대로, 그런 염려와 부담감을 떨쳐 버려야 한다. 왜냐하면, 그러한 염려나 부담감은 하나님의 은혜를 받는 것을 방해하고, 신앙심을 파괴하기 때문이다. 그러한 별 것 아닌 염려와 부담감으로 인해서 성찬에 빠져서는 안 되고, 도리어 즉시 너의 죄를 고백하고, 다른 사람들이 네게 범한 모든 잘못들을 기꺼이 용서하라. 네가 어떤 사람에게든지 잘못을 범하였다면, 겸손히 용서를 구하라. 그러면, 하나님께서는 기꺼이 너의 잘못을 사해 주실 것이다.

4. 죄를 고백하는 것을 오랫동안 미루거나, 성찬에 참여하는 것을 뒤로 미룬다고 해서, 그것이 네게 무슨 유익이 있겠느냐? 지체없이 네 자신을 정결하게 하고, 아주 신속하게 독을 뱉어 내고 나서, 서둘러서 성찬이라는 치료약을 복용하라. 그러면, 너는 이렇게 하는 것을 오랫동안 미루는 것보다는 신속하게 행하는 것이 더 낫다는 것을 알게 될 것이다. 네가 오늘 어떤 이유로 성찬을 미룬다면, 내일은 더 큰 일이 생겨서 또다시 성찬에 참여하지 못하게 되고, 이런 일들이 계속 반복되어서, 너는 오랫동안 성찬으로부터 멀어지고, 성찬에 참여하는 데 점점 더 합당하지 못한 상태가 될지도 모른다.

   네가 현재 안고 있는 부담감과 염려와 나태함을 신속하게 떨쳐 버리라. 일상의 사소한 문제들로 인해서 성찬에 참여하는 것을 미루고서, 네게 있는 염려와 부담감을 끌어안고서 오랜 시간 괴로운 마음으로 살아가는 것은 네게 전혀 유익이 되지 않고, 도리어 성찬에 참여하는 것을 오랫동안 미루는 것은, 심각한 영적 무기력 상태를 가져오기 때문에, 아주 해롭기 때문이다.

   그런데도 안타깝게도, 신앙이 제대로 되어 있지 않고 열심이 없는 사람들은, 자기 자신을 계속해서 좀 더 엄격하게 살펴야 하는 것이 싫어서, 이런저런 핑계를 대고서는, 아무렇지도 않게 회개도 미루고 성찬에 참여하는 것도 미루어 버리고 만다.

5. 너무나 쉽게 성찬에 참여하는 것을 미루는 사람들은 하나님에 대한 사랑이나 신앙적인 열심이 별로 없는 사람들이다. 반면에, 매일같이 성찬에 참여하는 것이 허락되어 있어서, 다른 사람들의 눈치를 볼 필요 없이 자유롭게 날마다 그렇게 할 수 있다면, 언제라도 성찬에 참여할 준비를 잘 갖춘 채로 살아가고, 그렇게 하기 위하여 자신의 양심을 늘 아주 깨끗하게 지키며 살아가는 사람은 정말 행복한 사람이고, 하나님께서 기쁘게 받으시는 사람이다.

어떤 사람이 자기는 성찬을 받을 만한 자격이 없는 자라고 생각하거나, 또는 어떤 다른 합당한 이유로 인해서 가끔 성찬에 참여하지 않는다면, 그 사람은 성찬을 지극히 귀하게 여기는 사람이기 때문에 칭찬 받아 마땅하다.

하지만 어떤 사람이 영적인 무기력 상태 또는 혼수상태에 빠져서 성찬에 참여하지 않는 것이라면, 그런 사람은 스스로 자기 자신을 일으켜 세우고 분발해서, 자기가 할 수 있는 것들을 하여야 한다. 그러면, 주께서는 그 사람이 지니고 있는 선한 의도를 좋게 보시고서, 그의 소원을 들어주실 것이다.

6. 어떤 사람이 정말 합당한 이유가 있어서 성찬에 참여하지 않더라도, 그에게 성찬에 참여하고자 하는 선한 뜻과 경건한 의도가 있다면, 그는 성찬으로 인하여 얻는 유익을 다른 방식으로 얻을 수 있다. 왜냐하면, 경건한 사람이라면 누구든지 언제 어느 때나 그리스도께로 나아가서 영적으로 교제함으로써, 그 어떤 방해도 없이 영적인 유익을 얻을 수 있기 때문이다.

그럼에도 불구하고, 그런 사람도 자신이 위로를 받는 것보다는, 하나님께 영광과 찬송을 돌리는 것을 더 중시하여, 정해진 날과 시간에 거행되는 성찬에 나아와서, 주님을 사랑하고 경외하는 마음으로, 자기를 속량해 주신 분의 몸을 받는 것이 마땅하다.

경건한 사람은 성찬에 나아와서, 그리스도의 성육신과 고난의 신비를 경건하게 묵상함으로써, 그리스도에 대한 사랑으로 불타오르게 되고, 그럴 때마다 그리스도와의 신비로운 교제를 통하여 보이지 않게 새롭게 세워져 가게 된다.

7. 평소에는 아무런 준비도 없다가, 절기가 가까워지거나, 관습을 따라 어쩔 수 없

이 준비해야 할 때에만, 성찬에 나아갈 준비를 하는 사람은 제대로 준비되지 못하는 경우가 비일비재하다. 반면에, 성찬을 집례하거나 참여할 때마다, 자기 자신을 제물로 드리는 사람은 복 있는 사람이다.

성찬을 집례할 때에는 너무 느리거나 빠르게 진행하지 말고, 네가 속해 있는 무리 가운데서 오랫동안 행해져 온 선한 관습을 따르라. 너는 대다수의 사람들이 오랫동안 행해 온 관습을 지키고, 네 자신의 신앙이나 감정을 따르는 것이 아니라, 다른 사람들에게 유익이 되는 것을 따름으로써, 성찬에 참여한 다른 사람들을 지루하게 하거나 짜증나게 하지 않아야 한다.

제11장

그리스도의 몸과 성경은
믿는 자의 영혼에 꼭 필요함

1. **<제자>**

지극히 인자하신 주 예수님, 주께서 베푸신 잔치에서 주와 함께 먹는 경건한 영혼은 정말 너무나 큰 복을 누리는 것입니다. 그 잔치에는 경건한 영혼이 자기가 사모하는 모든 것보다도 더 사모하는 자신의 사랑하는 자이신 주님 외에는 다른 양식은 전혀 차려져 있지 않습니다.

만일 내가 내 마음 가장 깊은 곳에서 흘러나오는 눈물을 주 앞에서 쏟아내어서, 저 경건한 막달라 마리아처럼, 그 눈물로 주님의 발을 씻어 드릴 수 있다면, 나는 너무나 행복할 것입니다. 그러나 현실에서는 그러한 뜨거운 열심과 헌신은 온 데 간 데 없고, 주체할 수 없이 흘러넘치는 거룩한 눈물도 찾아볼 수 없습니다.

분명한 것은, 주님과 거룩한 천사들 앞에서 내 마음이 온통 불타올라서 기쁨의 눈물을 흘리는 것이 마땅하다는 것입니다. 왜냐하면, 주께서는 비록 다른 모습 아래 자신을 숨기고 계시기는 하지만, 성찬에서 진정으로 임재해 계시기 때문입니다.

2. 내 눈으로는 주님이 지니고 계신 있는 그대로의 신성한 광채를 보는 것을 감당할 수 없고, 온 세상도 주님의 그 장엄한 영광의 광채 가운데 서 있을 수 없습니다. 그래서 주님은 나의 연약함을 생각하셔서, 성찬에서 자신을 숨기고 계시는 것입니다.

사실, 천사들이 하늘에서 경배하고 있는 주님을, 나도 이 땅에서 경배합니다. 단지, 나는 아직까지는 믿음으로 주님을 경배하지만, 천사들은 주님을 직접 대면하여 보면서 경배하는 것만이 다를 뿐입니다. 영원한 광명의 날이 동터 와서, 예표들과 모형들이라는 그림자가 걷힐 때까지는, 나는 참된 믿음으로 인한 빛으로 만족하여야 하고, 그 빛 가운데서 행하는 것으로 만족하여야 합니다. 하지만 온전한 것이 도래하였을 때에는, 모든 성례전들은 그치게 될 것입니다. 하늘의 영광 가운데 있게 된 복된 자들에게는 성찬이라는 치료약이 전혀 필요하지 않기 때문입니다.

그들은 하나님 앞에서 늘 기뻐하면서, 대면하여 하나님의 영광을 뵈옵고, 이루 말할 수 없이 깊고 깊은 하나님의 영광을 따라 변화를 받아, 태초부터 계셨고 영원토록 계실 분으로서 육신이 되셨던 "하나님의 말씀"을 향유하게 될 것입니다.

3. 이 놀랍고 경이로운 일들을 생각하면, 영광 중에 계시는 내 주님을 직접 눈으로 보지 못하는 동안에도, 내가 이 땅에서 보고 듣는 모든 것이 하찮은 것으로 여겨지고, 심지어 온갖 영적인 위로조차도 진부하게 느껴집니다.

나의 하나님, 나를 위로해 줄 수 있는 것은 아무것도 없고, 그 어떤 피조물도 내게 안식을 줄 수 없으며, 오직 나의 하나님만을 영원토록 묵상하는 것이 나의 소원이라는 것이 진실임을 증언해 주실 증인은 바로 주님이십니다. 하지만 내가 언젠가는 죽게 되어 있는 삶을 살아가는 동안에는, 나의 그러한 소원은 이루어질 수 없습니다. 그러므로 나는 많이 인내할 수밖에 없고, 나의 모든 소원을 주께 맡기지 않을 수 없습니다. 왜냐하면, 지금 천국에서 주와 함께 기뻐하고 있는 주의 성도들도, 이 땅에서 살아가는 동안에는, 믿음과 큰 인내로 주의 영광이 임하기만을 기다렸기 때문입니다.

그들이 믿었던 바로 그것을 나도 믿고, 그들이 소망하였던 바로 그것을 나도 소망하며, 그들이 당도하였던 바로 그 곳에 나도 주의 은혜로 말미암아 당도하게 될 것을 확신합니다. 그러므로 나는 거기에 당도하게 될 때까지는, 성도들의 모범을 통해 힘을 얻어서 믿음 안에서 행할 것이고, 성경에서 위로를 얻고 성경을 나의 삶을 비쳐보는 거울로 삼을 것이며, 이 모든 것보다도 특히 주의 지극히 거룩하신 몸을 나의 특별한 치료약과 피난처로 삼을 것입니다.

4. 나는 현세의 삶 속에서 내게 꼭 필요한 것이 두 가지라고 생각하는데, 이 두 가지가 없이는, 이 비참한 인생을 감당하는 것은 불가능할 것이라고 느낍니다. 이 육신이라는 감옥에 갇혀 있는 내게 필요한 두 가지는 "양식"과 "빛"입니다. 그래서 주께서는 연약하기 짝이 없는 내게 주의 거룩하신 몸을 "양식"으로 주셔서, 나의 몸과 마음이 새 힘을 얻을 수 있게 하셨고, 주의 말씀을 주셔서, 나의 발걸음을 인도해 주는 "등"이 되게 하셨습니다. 이 두 가지가 없이는, 나는 제대로 잘 살 수가 없습니다. 왜냐하면, 하나님의 말씀은 내 영혼의 빛이고, 주의 성찬은 내게 주어지는 생명의 떡이기 때문입니다.

또한, 이 두 가지는 주의 거룩한 교회의 좌우에 놓여 있는 두 개의 상이라고 할 수도 있을 것입니다. 그 중에서 하나의 상은 거룩한 떡, 즉 그리스도의 귀한 몸이 놓여 있는 거룩한 제단이고, 또 하나의 상은, 사람들에게 바른 믿음을 가르쳐서, 지성소가 있는 휘장 안까지 그들을 확실하게 인도하는 거룩한 교훈을 담고 있는 하나님의 율법이 놓여 있는 상입니다.

5. 빛 중에서 영원한 빛이신 주 예수님, 주께서 선지자들과 사도들을 비롯한 여러 박사들 같은 주의 종들을 통해서 주의 거룩한 교훈의 상을 우리 앞에 베푸신 것을 감사합니다.

인류의 창조주이시고 구속주이신 예수님, 주께서 우리를 위해 성대한 잔치를 베푸셔서, 주님의 모형인 어린 양이 아니라, 주님 자신의 지극히 거룩하신 살과 피를 우리 앞에 양식으로 차려 놓으시고, 그 거룩한 잔치로 모든 믿는 자들을 기쁘게 하시며, 낙원의 온갖 즐거움들이 담겨 있는 구원의 잔을 마음껏 마시게 하시고, 거룩한 천사들도 우리보다 한층 더 즐거워하고 행복해하는 가운데 그 잔치에 참여하게 하심으로써, 온 세상을 향하신 주의 사랑을 분명하게 알리신 것을 감사합니다.

6. 주께서 성직자들로 하여금 거룩한 말씀으로 영광의 주님의 성찬을 성별하게 하시고, 그 입술로 성찬을 축복하게 하시며, 성찬을 그 손으로 잡고 그 입으로 받게 하시며, 성찬을 다른 사람들에게 나누어 주게 하셨사오니, 성직자라는 직

분은 얼마나 크고 존귀한 것입니까!

오, 그들의 손은 얼마나 정결하여야 하고, 그들의 입은 얼마나 순결하여야 하며, 그들의 몸은 얼마나 거룩하여야 하고, 순수함의 원천이신 분이 자주 들어오시는 그들의 마음은 얼마나 흠 없이 깨끗하여야 하겠습니까! 성직자의 입은 자주 그리스도의 성찬을 받는 데 사용되기 때문에, 그 입에서는 오로지 거룩한 말과 정직하고 덕을 세우는 말 외에는 그 어떤 말도 나와서는 안 됩니다.

7. 성직자의 눈은 자주 그리스도의 몸을 바라보는 데 사용되기 때문에, 정직하고 순수하여야 합니다. 성직자의 손은 자주 천지의 창조주를 만지는 데 사용되기 때문에, 깨끗하여야 하고 하늘을 향해 들려 있어야 합니다. 율법에서는 특히 성직자들에 대해서 이렇게 말합니다: "너희는 거룩하라 이는 나 여호와 너희 하나님이 거룩함이니라"(레 19:2).

8. 전능하신 하나님, 우리에게 은혜를 베푸셔서, 성직자의 직분을 맡은 우리로 하여금 오로지 순결함과 선한 양심으로 합당하고 경건하게 주를 섬길 수 있게 하소서. 우리가 죄악을 범함이 없이 순전하게 살아가야 마땅한 데도 불구하고, 실제로는 그렇게 살아가지 못하는 경우에는, 적어도 우리가 범한 죄악들에 대하여 합당하게 애통해하게 하시고, 장래에는 겸손한 심령과 선한 뜻과 의도를 지니고서 더욱더 열심으로 주를 섬기게 하소서.

제12장

그리스도의 성찬에 참여하기 위하여 정성을 다해 준비함

1. **<그리스도>**

나는 순수함을 사랑하는 자이고, 거룩함을 수여하는 자이다. 나는 순수한 마음을 찾아서, 그 곳을 나의 안식처로 삼는다. 나를 위하여 잘 갖추어진 큰 다락방을 준비하라. 그러면, 내가 내 제자들과 함께 네 집에서 유월절을 지킬 것이다.

내가 네게로 가서, 너와 함께 거하기를 원한다면, "묵은 누룩을 내버리고"(고전 5:7), 나의 거처가 될 네 마음을 깨끗하게 하라. 온 세상 및 세상에 우글거리는 온갖 죄악들이 너의 마음속으로 들어오지 못하게 하고, 지붕 위에 앉아 있는 외로운 참새처럼 홀로 앉아서, 비통한 심정으로 네가 범한 죄악들을 생각해 보라.

누구든지 자기가 사랑하는 이를 위해서는 가장 좋고 아름다운 자리를 준비하는 법이기 때문에, 너도 그렇게 하라. 왜냐하면, 네가 그분을 얼마나 사랑하는지는 그것에 의해서 드러나기 때문이다.

2. 하지만 네가 다른 것은 전혀 생각하지 않고, 오직 이 준비를 하는 데만 일 년 내내 공을 들였다고 할지라도, 네 자신의 노력과 능력만으로는 충분한 준비를 할 수 없다는 것을 너는 알아야 한다. 네가 나의 상에 나아오도록 허락받은 것은 오로지 나의 자비로움과 은혜 덕분이고, 이것은 마치 거지가 부자의 만찬에 초대받은 것과 같아서, 너에게는 내가 너에게 베풀어 준 은혜에 보답할 다른 길이 없기 때문에, 오직 자신을 낮추고 내게 감사할 수만 있을 뿐이라는 것을 명심하라.

그러므로 너는 성찬에 나아가기 위해서 네가 준비할 수 있는 것들을 정성을 다해서 준비한 후에, 황송하게도 네가 사랑하는 주 하나님이 네게 오실 때, 습관적으로나 마지못해서가 아니라, 두려워하는 마음과 경외함과 사랑하는 마음으로 주의 몸을 받으라. 너를 성찬에 초대한 것도 나이고, 네게 성찬을 받으라고 명한 것도 나이기 때문에, 네게 부족한 것이 있다면, 내가 채워 줄 것이다. 그러므로 너는 성찬에 나아와서, 나를 받으라.

3. 네가 성찬에 나아와서 믿음의 큰 은혜를 받았을 때에는, 네 하나님께 감사하라. 네가 은혜를 받은 것은 은혜 받을 만한 것이 네게 있어서가 아니라, 오로지 내가 너를 불쌍히 여겨서 긍휼을 베푼 까닭이기 때문이다.

네게 은혜가 없어서, 네 자신이 메마르다고 느껴질 때에는, 즉시 기도를 시작해서, 부르짖으며 계속해서 문을 두드리는 것을 그치지 말고, 한 조각 또는 한 방울의 구원의 은혜를 받을 때까지 포기하지 말라. 내가 너를 필요로 하는 것이 아니라, 네가 나를 필요로 하는 것이다.

네가 나를 거룩하게 하려고 내게 오는 것이 아니고, 내가 너를 거룩하게 하여 더 나은 자가 되게 하기 위하여 네게 가는 것이다. 네가 내게 오는 것은, 네가 나로 말미암아 거룩하게 되어 나와 하나가 되기 위한 것이고, 새로운 은혜를 받아서 삶을 고치기 위한 것이다.

이 은혜를 소홀히 하지 말고, 온 정성을 다하여 네 마음을 준비해서, 네가 사랑하는 이를 네 마음속으로 받아들여라.

4. 너는 단지 성찬 이전에만 은혜를 받기 위하여 정성을 다해 준비하면 되는 것이 아니고, 성찬 후에도 받은 은혜를 유지하기 위하여 온 정성을 다하여야 한다. 성찬 이전에 경건하게 준비해야 하는 것만큼이나, 성찬 후에도 정신을 바짝 차리고서 깨어 네 자신을 잘 살펴야 한다. 왜냐하면, 이렇게 성찬 후에 자기 자신을 정결하게 잘 지켜서 은혜를 보존하는 것이야말로 다음번에 더 큰 은혜를 받기 위한 최선의 준비가 되기 때문이다. 이렇게 하지 않고, 바깥으로 나돌아 다니면서, 네 마음을 외적인 위로들로 채운다면, 너는 다음번의 성찬에 참여하는 데 지극히 합당하지 않은 자가 되고 말 것이다.

많은 말을 하는 것을 피하고, 골방에 머물면서, 너의 하나님과 교제를 나누라. 왜냐하면, 네가 모시고 있는 분은 온 세상이 다 달려들어도 네게서 빼앗아 갈 수 없는 그런 분이시고, 네가 네 자신을 온전히 내어 드려야 할 분은 바로 나이기 때문이다. 네가 그렇게만 한다면, 이후로는 너는 오직 너 홀로 살아가는 것이 아니라, 모든 염려에서 벗어나서 내 안에서 살아가게 될 것이다.

제13장

경건한 심령은 성찬에서 온 마음을 다해 그리스도와 하나 되기를 열망함

1. <제자>

    주님, 어떻게 해야 내가 오직 주를 만나, 나의 온 마음을 주께 열고서, 그 누구의 방해도 받지 않고, 그 어떤 피조물에 의해서도 격동함이나 괴로움을 받지 않는 채로, 내 영혼이 원하는 만큼 주와 교제하는 가운데, 마치 사랑하는 연인들이 서로에게 속삭이고, 친구들이 서로 정담을 나누듯이, 오직 주께서 내게 말씀하시고, 나도 오직 주께 말씀드리는 시간을 가질 수 있겠습니까?

    나는 주님과 온전히 하나가 되고, 모든 피조물들로부터 나의 마음을 거두어들이고서, 자주 성찬과 예배에 참여해서, 하늘에 속한 영원한 것들을 점점 더 많이 맛보는 법을 배우고 싶은 열망이 간절해서, 그렇게 되게 해 달라고 기도합니다.

    아, 주 하나님이여, 내가 언제쯤이나 주님과 온전히 하나가 되고 주님 안에 녹아져서, 내 자신을 완전히 잊어버릴 수 있겠습니까? 주께서 내 안에 계시고, 내가 주님 안에 있어서, 우리가 늘 계속해서 그렇게 하나가 되어 살아가게 하소서.

2. 진정으로, 주님은 내가 사랑하는 분이시고, 만인 가운데서 가장 뛰어나신 분이시기 때문에, 내 영혼이 평생의 모든 날 동안에 주님 안에 거하기를 기뻐합니다.

    진정으로, 주님은 내게 참된 평안을 주시는 분이시기 때문에, 완전한 평화와 참된 안식은 오직 주님 안에 있고, 주님을 떠나서는 수고와 슬픔과 끝없는 불행만이 있을 뿐입니다.

    진정으로, 주님은 "숨어 계시는 하나님"이신데(사 45:15), 주의 말씀과 지략은 겸손하고 순수하며 진실한 자들과 함께 하시고, 악인들과는 함께 하지 않습니다.

주님, 주의 심령은 인자하심이 가득합니다. 주께서는 주의 자녀들을 향하신 주의 인자하심을 나타내시기 위하여, 하늘로부터 내려오는 떡, 인자하심이 가득한 떡을 그들에게 주셔서 소생시키시며 새 힘을 주십니다. 세상 사람들이 섬기는 신들 중에는, 우리 하나님처럼 늘 자기 백성을 가까이 하시고 곁에 계셔 주시는 그런 신은 하나도 없습니다(신 4:7).

우리 하나님이신 주께서는 어디에서나 믿는 자들을 찾아오셔서, 자기 자신을 그들의 양식으로 주어 먹게 하심으로써, 그들로 하여금 날마다 새 힘과 위로를 얻게 하시고, 그들의 마음을 하늘을 향하여 들어올려 주십니다.

3. 이 세상에서 그리스도의 백성처럼 이름을 날리고 있는 족속이 어디 있습니까? 하나님께서는 경건한 영혼 속으로 들어가셔서, 자신의 영광스러운 몸을 그 영혼의 양식으로 주어 먹게 하십니다. 하늘 아래에서 이렇게 그리스도의 백성만큼 하나님의 사랑을 받고 있는 피조물이 어디 있습니까? 이것은 말로는 도저히 다 표현할 수 없는 그런 은혜이고, 놀랍고 경이로운 겸비이며, 특별히 인류에게 수여된 측량할 수 없는 사랑입니다!

하지만 이 한량없으신 은혜와 사랑을 내게 주신 하나님께, 나는 도대체 무엇으로 보답할 수 있겠습니까? 나의 마음을 온전히 하나님께 드려서, 하나님과 온전히 하나가 되는 것 외에, 내가 다른 그 무엇으로 하나님을 기쁘시게 해 드릴 수 있겠습니까?

내 영혼이 하나님과 온전히 하나가 될 때, 내 안에 있는 모든 것들이 기뻐할 것이고, 주님은 내게 이렇게 말씀하실 것입니다: "네가 나와 함께 하고자 한다면, 나도 너와 함께 할 것이다." 그러면, 나는 이렇게 대답할 것입니다: "주님, 나와 함께 하여 주소서. 나는 주와 함께 하기를 원합니다. 내 마음이 주와 하나가 되는 것이 내가 바라는 모든 것입니다."

제14장

경건한 사람들은 그리스도의 몸을 받기를 열렬히 사모함

1. <제자>

주님, 주를 경외하는 자들에게 베풀어 주시려고 주께서 남겨 두신 주의 은총은 이루 말할 수 없이 많아서 차고 넘칩니다.

어떤 경건한 사람들이 지극히 큰 열심과 열망을 품고서 주의 성찬으로 나아오는 것을 생각하면, 나는 내 자신이 부끄럽고 창피해서 어쩔 줄 몰라 하는 경우가 적지 않습니다. 왜냐하면, 나는 아무런 열심도 없이 너무나 냉랭한 마음으로 주의 제단과 성찬의 상 앞으로 나아가고, 내 하나님이 임재해 계시는 성찬이 진행되는 동안 내내 뜨거운 열정이 결여된 채로 메마른 상태로 있으며, 주님 앞에 서 있는데도, 내 마음은 주님을 향한 강한 열망에 이끌리지도 않고, 마음속에서는 뜨거운 불길이 타오르지도 않기 때문입니다.

반면에, 많은 경건한 사람들은 성찬을 간절히 사모하는 뜨겁고 강렬한 마음으로 인해서 눈물을 참지 못하고 하염없이 흘릴 수밖에 없었고, 그들의 영과 육이 둘 다 생명의 샘이신 주님에게서 생명수를 받아 마시지 못하면 마치 죽을 것처럼 저 내면의 깊은 곳으로부터 주님을 갈급해하였으며, 지극히 큰 기쁨과 신령한 열심으로 주의 몸을 받지 못하면 다른 식으로는 그들의 허기를 채울 수 없었습니다.

2. 그들이 성찬에서 보여 준 참되고 뜨거운 믿음은, 주님의 거룩한 임재가 성찬 가운데 존재한다는 것을 보여 주는 증거입니다. 왜냐하면, 부활하신 주님께서 떡을 떼실 때, 그들은 그분이 주님이신 것을 알았고, 예수님께서 그들과 함께 걸으실 때, 그들의 마음은 뜨거워졌기 때문입니다.

하지만 슬프고 안타깝게도, 그러한 열정과 뜨거움, 그러한 강렬한 사랑과 열심은 나와는 거리가 먼 경우가 많습니다. 자비로우시고 인자하시며 은혜로우신 예수님, 나를 불쌍히 여겨 주소서. 이 가련한 자의 간구를 들어주셔서, 이따금씩이라도 성찬에서 주님의 인자하신 사랑을 조금이나마 느끼게 하심으로써, 나의 믿음이 점점 더 강해지게 하시고, 주의 선하심에 대한 나의 소망이 점점 더 커지게 하시며, 전에 하늘의 만나를 맛본 후에 내 안에서 제대로 타올랐던 사랑이 결코 떨어지지 않게 하소서.

3. 주님의 자비와 긍휼은 크고 풍성하시기 때문에, 주께서는 내가 갈망하는 은혜를 내게 주실 것이고, 주의 지극한 인자하심으로 인하여 주께서 기뻐하시는 날에 나를 찾아오셔서, 나의 심령을 뜨겁게 해 주실 것입니다.

　왜냐하면, 지금 나는 주를 향하여 특별한 열심을 지니고 있는 사람들과 같이 큰 열망으로 불타오르고 있지는 않지만, 주의 은혜로 말미암아, 주님을 향하여 뜨겁게 타오르는 열망과 사모함을 갖고자 하는 소원이 있고, 주님을 열렬하게 사랑하는 모든 사람들과 함께 하며, 그 거룩한 무리의 일원으로 살아가고자 하는 소원도 있고, 또한 그렇게 해 주시기를 주님께 기도하고 있기 때문입니다.

제15장

믿음의 큰 은혜는
겸손함과 자기부인에 의해서 얻어짐

1. **<그리스도>**

    너는 믿음의 큰 은혜를 진지하게 추구하고, 간절하게 기도하며, 인내와 믿음을 가지고 기다리고, 감사함으로 받아서 겸손하게 지키며, 그 은혜를 가지고 부지런히 일하고, 그 은혜가 하늘로부터 임할 때와 방식을 하나님께 맡겨 드려야 한다.

    너의 내면에서 믿음이 거의 또는 전혀 느껴지지 않을 때에는, 네 자신을 낮추는 것에 특별히 신경을 써야 하지만, 그렇다고 해서 지나치게 낙심하거나 근심해서는 안 된다. 하나님은 오랫동안 주시지 않으셨던 것을 어느 순간에 갑자기 주시는 경우가 많고, 어떤 때에는 기도하는 내내 주시지 않다가도 기도를 끝냈을 때에 주시기도 하신다.

2. 만일 은혜가 늘 즉시 주어지고, 우리가 원하는 대로 바로바로 주어진다면, 믿음이 약한 사람은 그렇게 주어진 은혜를 제대로 감당하기 어려울 것이다. 그래서 하나님은 우리가 선한 소망을 품고서 오랜 시간 겸손하게 인내하며 기다리는 것을 확인하시고 나서야, 믿음의 은혜를 주신다.

    하지만 이 은혜가 네게 좀처럼 주어지지 않거나, 하나님이 이전에 네게 주셨던 이 은혜를 거두어 가셨다면, 그 이유는 전적으로 네 자신과 네가 저지른 죄들에 있다는 것을 알아야 한다. 종종 사소한 문제가, 네가 이 은혜를 받는 것을 방해하거나, 네게서 이 은혜가 소멸되는 이유가 된다.

    내가 이것을 "사소한 문제"라고 부르는 것은, 이 은혜가 그러한 문제에 비해서 지극히 큰 복이기 때문이다. 그런 경우에는, 그 문제가 크든 작든, 네가 그 문제를 제거하고 온전히 극복하면, 네가 구하던 은혜가 네게 임하게 될 것이다.

3. 네가 온 마음을 다하여 네 자신을 하나님께 드리고, 네 자신이 기뻐하는 뜻을 따라서 이런저런 것을 구하지 않고, 모든 것을 하나님께 온전히 맡기고서, 하나님 안에 거하자마자, 너는 하나님과 하나가 되어 평화를 누리게 될 것이다. 왜냐하면, 하나님이 기뻐하시는 뜻만큼, 네게 만족과 기쁨을 주는 것은 아무것도 없기 때문이다.

    그러므로 누구든지 피조물에 대한 지나친 애착이나 혐오에서 벗어나서, 마음과 뜻을 다하여 하나님을 바라본다면, 그 사람은 은혜를 받기에 지극히 합당한 상태가 되어 있는 것이어서, 믿음의 큰 선물을 받게 된다. 주님은 비어 있는 그릇을 발견하시면, 그 그릇에 자신의 복을 부어 주시기 때문이다.

    세상에 속한 천하고 무익한 것들을 좀 더 온전히 버릴수록, 그리고 자기 자신에 대하여 좀 더 많이 죽을수록, 은혜는 더 속히 임할 것이고, 더 풍성하게 부어질 것이며, 그 은혜는 너의 마음을 더 높이 들어올려서 자유롭게 해 줄 것이다.

4. 그러면, 너의 마음은 은혜가 차고 넘치는 가운데, 하나님 안에서 보게 되고, 경이로워할 것이며, 넓어지게 될 것이다. 왜냐하면, 주의 손이 너와 함께 하고, 너는 네 자신을 주의 손 안에 영원히 두었기 때문이다. 보라. 이렇게 마음을 다하여 하나님을 찾고, 그 마음을 헛된 것들에 두지 않는 사람은 복을 받게 될 것이다.

    그런 사람은 성찬을 받을 때, 하나님과 하나가 되는 은혜를 얻게 될 것이다. 그런 사람은 어떻게 하면 자기가 믿음이나 위로를 얻을 수 있을 것인지에 관심을 두는 것이 아니라, 오로지 어떻게 하면 하나님께 영광과 존귀를 돌려 드릴 수 있을 것인지에 관심을 두기 때문이다.

제16장

무엇이 필요한지를 그리스도께 밝히고 은혜를 구함

1. **〈제자〉**

지극히 인자하시고 사랑이 많으신 주님, 지금 나는 경건한 마음으로 주님을 영접하고 싶습니다. 주님은 나의 연약함을 아시고, 내게 어떠한 것들이 부족하고 결핍되어 있는지를 아시며, 내가 어떠한 큰 악들에 빠져 있는지를 아시고, 내가 얼마나 자주 눌리고 시험 받으며 요동하고 부정하게 되는지를 아십니다. 내가 이 모든 것들을 고침 받기 위해서 주께 나아가 간구하오니, 나를 위로하시고 도와주소서.

내가 지금 아뢰고 있는 분은, 모든 것을 아시는 분이시고, 내 속에 있는 모든 것을 다 훤히 들여다보고 계시는 분이시며, 나를 완벽하게 위로하시고 도우실 수 있으신 유일한 분이십니다. 주님은 내게 어떤 선한 것들이 절실하게 필요한지를 아시고, 내게 있는 덕이 얼마나 빈약한지를 아십니다.

2. 보십시오. 나는 가련하고 벌거벗은 모습으로 주님 앞에 서서 은혜를 구하고 자비를 간구하고 있습니다. 이렇게 거지가 되어 굶주려서 구걸하는 자를 먹여 주시고, 차갑게 얼어붙어 버린 나의 마음이 주의 사랑의 불로 활활 타오르게 하시며, 멀어 버려서 아무것도 보지 못하는 나의 눈에 주님의 임재의 빛을 비추셔서 보게 하소서.

땅에 속한 모든 것들은 내게 쓰디쓴 것으로 느껴지게 하시고, 온갖 괴롭고 거슬리는 일들은 인내하게 하시며, 온갖 비천한 피조물들은 멸시하고 잊어버리게 하소서. 나의 마음을 들어올리셔서 하늘에 있게 하시고, 내가 땅 위에서 배회하거나 방황하지 않게 하소서.

지금 이 순간부터 영원토록 오직 주님만이 내게 감미로운 존재이십니다. 왜냐하면, 오직 주님만이 나의 양식이고 음료이시며, 나의 사랑이고 기쁨이시며,

나의 모든 달콤함과 선함이시기 때문입니다.

3. 주님의 임재로 말미암아 내가 불이 붙어서 완전히 다 타버리고 내 안에 오직 주님만이 남게 하시고, 내적인 하나됨의 은혜 가운데서 주님의 뜨거운 사랑에 녹아져서 주님과 한 영이 되게 하소서(고전 6:17). 나를 주리고 목마른 상태로 돌려보내지 마시고, 주께서 자주 성도들에게 놀라운 자비를 베풀어 주셨던 것처럼, 내게도 그런 자비를 베풀어 주소서.

   설령 내가 주님으로 말미암아 완전히 다 불타버려서, 내 자신이 하나도 남지 않게 된다고 할지라도, 그것이 무슨 놀랄 일이겠습니까? 주님은 영원토록 활활 타오르시고 결코 꺼지지 않으시는 "불"이시고, 사람들의 마음을 정결하게 하시고 사람들의 지성에 빛을 비쳐 주시는 "사랑"이시기 때문입니다.

제17장

뜨거운 사랑과 간절히 사모하는 마음으로 그리스도를 받음

1. **<제자>**

   주님, 거룩한 삶과 지극히 뜨거운 믿음으로 주님을 지극히 기쁘시게 하였던 수많은 성도들과 경건한 사람들이 성찬에 나아가서 주님을 받는 것을 사모하였던 것처럼, 나도 지극히 큰 믿음과 열렬한 사랑과, 온통 감격과 열정으로 뜨거워진 마음으로 주님을 받기를 원합니다.

   오, 영원한 사랑이시고, 나의 모든 선이시며, 다함없는 행복이신 나의 하나님, 나는 성도들이 주님을 향해 지녔거나 지닐 수 있었던 가장 강력한 사모함과 가장 합당한 경외심을 지니고서, 주님을 받기를 원합니다.

2. 나는 부족하여서, 비록 그런 성도들이 지녔던 깊은 신앙과 경건에서 나온 그 모든 감정들을 다 지니고 있지는 못하다고 할지라도, 주님이 지극히 기뻐하시는 그러한 뜨겁고 열렬한 감정들을 마치 내가 혼자 다 지니고 있어서, 그 모든 것을 다 주께 쏟아 내려고 하는 듯이, 내 마음의 모든 사랑과 애정을 주께 다 드립니다. 또한, 경건한 심령이 주님을 향하여 품을 수 있고 바랄 수 있는 모든 것을, 주님을 지극히 경외하고 뜨겁게 사랑하는 마음으로 주께 드립니다. 내 자신과 내게 있는 모든 것 중에서 아무것도 내게 남겨 두지 않고, 기꺼이 이 모든 것을 온전히 주께 드립니다.

   나의 창조주이시자 나의 구속주이신 주 나의 하나님, 천사가 지극히 복되신 어머니이신 영광스러운 동정녀 마리아에게 성육신의 신비에 관한 복된 소식을 전하였을 때, 그녀가 겸손하고 경건한 마음으로 "주의 여종이오니 말씀대로 내게 이루어지이다"(눅 1:38)라고 대답하고서, 주님을 원하고 받으셨던 것처럼, 나도 그러한 애정과 경외심과 찬양하는 마음과 경의를 가지고, 그리고 그러한 감사와 귀히 여기는 마음과 사랑을 가지고, 그리고 그러한 믿음과 소망과 순결함을 가지고, 오늘 주님을 받기를 원합니다.

3. 주님 앞서 온 전령이자 성도들 중에서 가장 뛰어난 인물이었던 세례 요한은, 아직 어머니의 태 속에 있었을 때에도, 주님의 임재 앞에서 기쁨으로 충만하여, 성령 안에서 기뻐 뛰었고, 나중에는 예수님이 사람들 가운데서 다니시는 것을 보고서, 자기 자신을 크게 낮추고, 경건한 애정을 담아, "신부를 취하는 자는 신랑이나 서서 신랑의 음성을 듣는 친구가 크게 기뻐하나니 나는 이러한 기쁨으로 충만하였노라"(요 3:29)고 말하였습니다. 이렇게 나도 주님을 사모하는 크고 거룩한 열심으로 활활 타올라서, 마음을 다하여 나를 주께 드리기를 원합니다.

   그러므로 나는 내 자신은 물론이고, 내게 기도를 부탁한 모든 사람들을 대신해서, 모든 경건한 심령들의 환희와 뜨거운 애정, 그들의 정신적인 황홀경들과 초자연적인 조명들과 하늘로부터 주어진 환상들, 그리고 하늘과 땅에 있는 모든 피조물들에 의해서 송축되고 있거나 송축될 모든 미덕들과 찬양들을 주께 올려드리오니, 주께서는 이 모든 것으로 인하여 영원토록 찬송과 영광을 받으시기에 합당하신 분이십니다.

4. 주 나의 하나님, 무한한 찬송과 끝없는 송축을 드리겠다는 나의 서원과 소원을 받으소서. 주님은 이루 말할 수 없이 크시고 광대무변하시니, 이러한 찬송과 송축을 받으시는 것이 합당합니다. 나는 이러한 찬송과 송축을 날마다 매순간마다 드리기를 원하고, 천상의 모든 영들과 모든 믿는 자들에게 나와 함께 주님께 찬송과 감사를 드리자고 초대하고, 간곡하게 간청합니다.

5. 모든 족속들과 나라들과 언어들이 주님을 찬송하게 하시고, 최고의 경건함과 뜨거운 환희 가운데서 주님의 아름답고 거룩한 이름을 찬양하게 하소서. 경외하는 마음으로 경건하게 이 지극히 고귀한 성찬에 참여해서, 온전한 믿음으로 성찬을 받는 모든 사람들이 주님 안에서 은혜와 자비를 얻게 하시고, 죄인인 나를 위해서 간구하게 하소서. 그들이 그토록 바라던 믿음의 은혜와 하나님과 하

나되는 저 지극히 복된 은총을 받아서, 놀라운 위로와 새 힘을 얻고, 주님이 베
푸신 천상의 식탁으로부터 물러간 후에는, 그들로 하여금 이 가련한 나를 기억
하게 하소서.

제18장

자신의 생각에 사로잡혀서
호기심으로 성찬을 탐색하지 않고,
거룩한 믿음으로 겸손하게 그리스도를 본받음

1. <그리스도>

   의심의 구렁텅이에 빠지고 싶지 않다면, 너는 지극히 심오한 신비를 간직하고 있는 성찬을 호기심으로 쓸데없이 탐색하는 일이 없도록 주의하여야 한다. 성찬에 담겨 있는 엄위함을 탐색하는 자는 그 영광에 의해서 압도당하게 될 것이다(잠25:27). 하나님은 사람이 이해할 수 있는 것보다 더한 일들을 하실 수 있으신 분이시기 때문이다. 하나님이 허용하시는 것은, 늘 기꺼이 가르침을 받고자 하고, 교부들의 건전한 교훈을 따라 행하고자 하는 가운데, 경건하고 겸손하게 진리를 묻고 찾는 것이다.

2. 의문과 논란이 있는 어려운 길들을 버리고, 하나님이 분명하고 확실하게 명하신 길을 정직하게 걸어가는 사람은 복이 있다(시119:35). 너무 심오한 것들을 천착하고자 하다가, 신앙까지 잃어버린 사람이 많았다. 네게 요구되는 것은 믿음과 진실한 삶이고, 높은 지성이나 하나님의 신비들을 꿰뚫어 보는 깊은 통찰력이 아니다.

   너의 능력 안에 있는 것들조차 알지 못하고 이해하지 못하는데, 어떻게 너의 능력 밖에 있는 것들을 알 수 있겠느냐(요3:12)? 하나님께 순복하고, 너의 지각을 믿음 아래에 종속시켜라. 그러면, 네게 유익하고 필요한 정도만큼, 지식의 빛이 네게 주어질 것이다.

3. 어떤 사람들은 믿음이나 성찬과 관련해서 큰 시험을 당하기도 하지만, 이렇게 시험을 당하는 것은 그들 자신의 탓이 아니라, 원수 마귀의 농간이라는 것을 알

아야 한다. 그러므로 너는 염려하지도 말고, 네 자신의 생각들과 싸우지도 말며, 마귀가 네게 넣어 주는 회의적인 생각이나 의심들에 반응을 보이지 말고, 도리어 하나님의 말씀을 믿고, 하나님의 성도들과 선지자들을 믿으라. 그러면, 악한 원수 마귀가 네게서 도망치고 말 것이다(약 4:7).

하나님의 종이 그런 시험들을 겪는 것은 매우 유익한 경우가 많다. 왜냐하면, 원수 마귀는 자신이 이미 안전하게 장악하고 있는 불신자들과 죄인들은 시험하지 않고, 오직 경건한 신자들만을 여러 가지 방식으로 시험하고 괴롭히기 때문이다.

4. 그러므로 일편단심이어서 전혀 의심하지 않는 그런 믿음을 가지고 성찬에 나아가고, 오로지 하나님을 경외하는 한마음으로 성찬에 나아가라. 네가 이해할 수 없는 것들은 무엇이든지 다 안심하고 전능하신 하나님께 맡겨라. 하나님은 너를 속이지 않지만, 자기 자신을 의지하는 사람은 속임을 당한다.

하나님은 한마음인 사람들과 동행하시고, 겸손한 자들에게 자기 자신을 나타내시며, 어린아이들에게 지혜를 주시고, 순수한 마음을 지닌 자들에게 명철을 주시는 반면에, 호기심으로 행하는 자들과 교만한 자들에게는 은혜를 숨기신다. 인간의 이성은 연약하여 속기 쉽지만, 참된 믿음은 속지 않는다.

5. 모든 이성과 본성적인 탐구는 믿음보다 앞서 가거나 믿음을 훼방해서는 안 되고, 도리어 믿음을 뒤따라가야 한다. 왜냐하면, 이 지극히 거룩하고 이루 말할 수 없이 탁월한 성찬에서는, 믿음과 사랑이 모든 것을 주관하는 가운데, 드러나지 않게 역사하기 때문이다.

영원하시고, 모든 지각에 뛰어나시며, 무한하신 능력을 지니신 하나님은, 하늘과 땅에서 측량할 수 없는 큰 일들을 행하고 계시고, 그런 하나님이 행하시는 기이한 일들은 탐색하는 것 자체가 불가능하다. 만일 하나님의 일들이 인간의 이성에 의해서 쉽게 포착되고 이해될 수 있는 일들이었다면, 하나님의 일들을 가리켜서 기이하다거나 인간의 언어로 표현할 길이 없다거나 하는 말들은 생겨나지도 않았을 것이다.

● **독자 여러분들께 알립니다!**
'CH북스'는 기존 '크리스천다이제스트'의 영문명 앞 2글자와
도서를 의미하는 '북스'를 결합한 출판사의 새로운 이름입니다.

세계기독교고전 2

그리스도를 본받아

1판 1쇄 발행 2016년 4월 5일
1판 8쇄 발행 2025년 2월 6일

지은이 토마스 아 켐피스
옮긴이 박문재
발행인 박명곤 **CEO** 박지성 **CFO** 김영은
기획편집1팀 채대광, 이승미, 김윤아, 백환희, 이상지
기획편집2팀 박일귀, 이은빈, 강민형, 이지은, 박고은
디자인팀 구경표, 유채민, 윤신혜, 임지선
마케팅팀 임우열, 김은지, 전상미, 이호, 최고은

펴낸곳 CH북스
출판등록 제406-1999-000038호
전화 070-4917-2074 **팩스** 0303-3444-2136
주소 서울시 강서구 마곡중앙6로 40, 장흥빌딩 10층
홈페이지 www.hdjisung.com **이메일** support@hdjisung.com
제작처 영신사

ⓒ CH북스 2016

"크리스천의 영적 성장을 돕는 고전"
세계기독교고전 목록

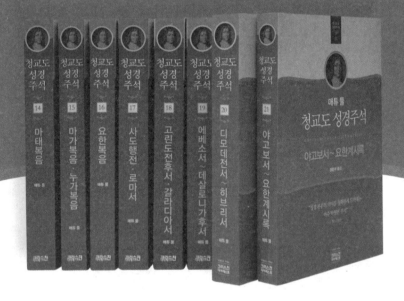